Cornelsen
# ABITURWISSEN KOMPAKT



Peter Kohrs

# Deutsch

Cornelsen
SCRIPTOR

**Der Autor:**
Peter Kohrs ist Deutschlehrer mit langjähriger Erfahrung an einem Gymnasium. Er ist Verfasser von Lernhilfen und Lehrbüchern für die Sekundarstufe I und II.

Cornelsen online http://www.cornelsen.de

**Bibliografische Information:** Die Deutsche Bibliothek verzeichnet diese Publikation in der Deutschen Nationalbibliografie; detaillierte bibliografische Daten sind im Internet über http://dnb.ddb.de abrufbar.

Dieses Werk berücksichtigt die Regeln der reformierten Rechtschreibung und Zeichensetzung.

Dieser Band ist inhaltlich identisch mit dem „Pocket Teacher Abi-Deutsch", der in einem kleineren Format erschienen ist.


Redaktion: Gabriele Teubner-Nicolai, Berlin
Reihenlayout und Herstellung: Julia Walch, Bad Soden
Umschlagentwurf: Magdalene Krumbeck, Wuppertal
Zeichnungen: Rainer Fischer, Berlin
Druck und Bindearbeiten: Clausen & Bosse, Leck
Printed in Germany
ISBN 3-589-22128-3
Bestellnummer 221283

Gedruckt auf säurefreiem Papier,
umweltschonend hergestellt aus chlorfrei gebleichten Faserstoffen.

# Inhalt

## Formen des Darstellens und Schreibens 48



## Epochen und literarische Strömungen der deutschen Literatur 103

## Basiswissen Deutsch 195



## Die Abiturprüfung 212



## Stichwortverzeichnis 221

# Vorwort

**Liebe Leserin, lieber Leser!**

Der POCKET TEACHER Abi Deutsch eignet sich als Wegbegleiter von der 11. Klasse bis zum Abitur. Er hilft nicht nur beim Schluss-Spurt vor dem Abitur, sondern ebenso gut bei Hausaufgaben und Referaten, bei der Vorbereitung von Klausuren und Tests. Selbst wer glaubt, schon fit zu sein, kann hier mit Gewinn noch mal ein Kapitel quer lesen und sein Wissen auffrischen. Vor allem aber werden die Zusammenhänge übersichtlich und anschaulich präsentiert. Dazu tragen auch die zahlreichen Grafiken und Schaubilder bei, die den Text durch anschauliche Beispiele oder Zahlenübersichten illustrieren und vertiefen.

Der Pocket Teacher Abi Deutsch bietet kompakte Informationen zur deutschen Sprache und Literatur sowie eine Zusammenstellung der wichtigsten Arbeitstechniken und Methoden zum Sprechen und Schreiben. Basiswissen in Grammatik, Rechtschreibung und Kommasetzung lässt sich noch einmal rasch nachschlagen. Auch alle Bestandteile der Abiturprüfung werden gründlich beleuchtet, um diese letzte Hürde zu schaffen.

Schnelle Hilfe bei eigenen Problemlösungen bietet das Register am Ende des Bandes. Farbige Pfeile (↗) im Text verweisen auf andere Stellen im Buch, an denen sich weiterführende Informationen finden.

Die farbigen Symbole am Rande des Textes bedeuten:

kennzeichnet ein Beispiel zu dem vorher Gesagten.

markiert ein Zitat. Dieses Zeichen ist vor allem im Kapitel über die Epochen der deutschen Literatur zu finden.

weist auf Checklisten und Tipps hin, z. B. was man beim Schreiben eines Referats beachten sollte.

# Sprache, Sprechen, Kommunikation

## 1 Was ist Sprache ? – Erklärungsansätze

Zu der Frage, was *menschliche Sprache* sei, gibt es eine ganze Reihe unterschiedlicher Antworten, z. B.:

- Sprache ist eine natürliche Fähigkeit, die im Kindesalter erworben und später unbewusst oder bewusst weiterentwickelt wird.
- Sprache ist ein Medium, mit dem wir alle vertraut sind und in dem wir uns in unserem Alltag verständigen.
- Sprache ist ein Mittel zur Verständigung mit anderen.
- Sprache ist das wichtigste ***Kommunikationsmittel*** des Menschen, das gekennzeichnet ist durch die Verwendung gesprochener oder geschriebener Zeichen mit einer festgelegten Bedeutung.
- Sprache ist ein Mittel zur Information, aber auch zur ***Manipulation***.
- Menschliche Sprache unterscheidet sich wesentlich von Tiersprachen.
- Gesprochene Sprache, die vom Kind auf natürliche Weise gelernt wird, ist artspezifisch für den Menschen; die geschriebene Sprache lernt der Mensch nur durch sytematisches Üben.
- Sprache ist ein geordnetes Ganzes.
- Sprache kennzeichnet die Fähigkeit, Äußerungen zu erzeugen und wahrzunehmen.
- Sprache ist ein Mittel zur Organisation des Denkens, sie ist ***Werkzeug des Denkens und Handelns***.
- Sprache ist eine Form des sozialen Handelns.
- Sprache hat mehrere Funktionen, mit Sprache kann man
  - Gefühle zum Ausdruck bringen,

• soziale Kontakte herstellen,
• Neben- und Zusatzbedeutungen (***Konnotationen***) zum Ausdruck bringen,
• auf eine Realität oder Vorstellung Bezug nehmen (Referenz),
• poetische Aussagen machen,
• über Sprache Aussagen machen (***Metasprache***).

- Sprachliche Entwicklung erfolgt nicht nach Naturgesetzen, sie ist das Ergebnis menschlicher Konvention: Die Entsprechung zwischen Wort und gemeintem Gegenstand ist willkürlich gesetzt.
- Sprache ist kein fertiges Erzeugnis, sondern sie wandelt sich in einem lebendigen Prozess.
- Sprache ist ein Kulturgut.
- Sprache ist Ausdruck der Mentalität und des Weltbildes einer Sprachgemeinschaft.

## 1.1 Sprache als künstliches System von Zeichen

Eine der wichtigsten Erkenntnisse der modernen Sprachwissenschaft zu Beginn des 20. Jh.s ist die Theorie der ***sprachlichen Zeichen*** von Ferdinand de Saussure. Dabei wird das Zeichen als Verknüpfung eines Lautbildes mit einer Vorstellung verstanden. Damit sind zwei Bedingungen erfüllt, um mit einem Partner zu kommunizieren:

- ein akustischer Ausdruck bestimmter Qualität und Quantität/Lautbild
- eine Bedeutung/ein Inhalt/eine Vorstellung.

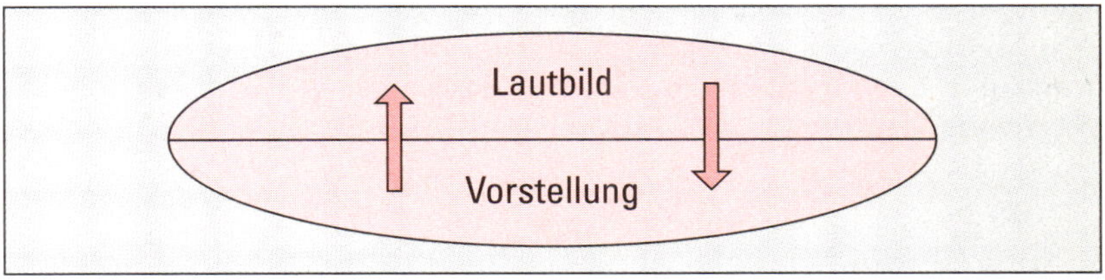


Entscheidend dabei ist, dass es keinen Grund gibt, die Vorstellung von einer bestimmten Sache mit einer ganz bestimmten Lautkette zu assoziieren. Das zeigen die Lautbilder der unterschiedlichen Sprachen, die jeweils die gleiche Sache bezeichnen.

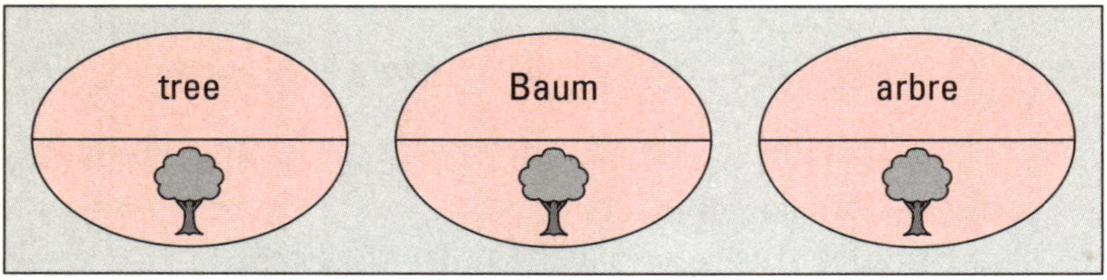


Die Zuordnung der beiden Seiten des sprachlichen Zeichens ist also ursprünglich willkürlich (arbiträr). Sie ist aber für heutige Sprachteilhaber nicht mehr ohne weiteres änderbar, weil die Zuordnung von Inhalts- und Ausdrucksseite des sprachlichen Zeichens festgelegt (konventionalisiert) ist.

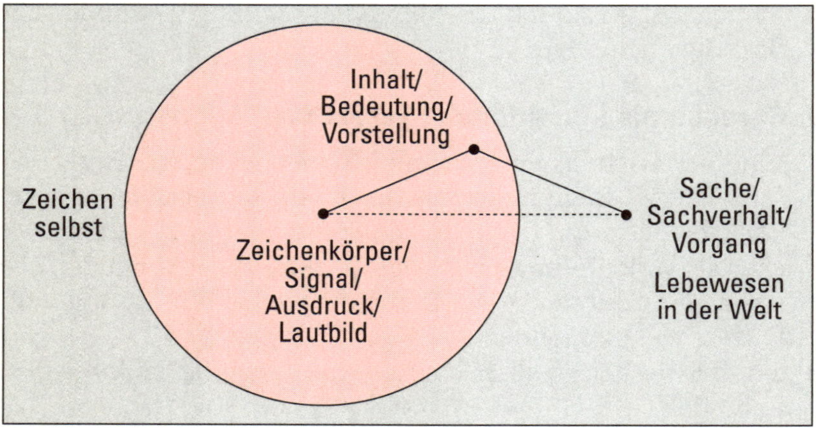


*Semiotisches Dreieck*
*Die Relation* Lautbild/Vorstellung *ist als Zeichen beschrieben. Der Inhalt verweist auf die Sachverhalte, Vorgänge, Ideen und Lebewesen in der Welt. Entsprechend ist die Relation* Lautbild/Sache *als unterbrochene Strecke gezeichnet.*

Sprache kann entsprechend als ein (symbolisches) Zeichensystem verstanden werden, als eine Menge von zeichenhaften Elementen mit Regeln zu ihrer Verknüpfung und ihrem Gebrauch. Für das *künstliche Zeichensystem der menschlichen Sprache* ergibt sich im Gegensatz zu natürlichen Zeichen (Tränen als Zeichen der Trauer oder Freude) Folgendes:

Mit dem Zeichensystem *Sprache* lassen sich neue Sachverhalte erfassen und neue Vorstellungen zum Ausdruck bringen. Auf der Grundlage einer begrenzten Anzahl von sprachlichen Zeichen können unendlich viele Aussagen gemacht werden.

Die Bedeutung kann man also nicht erraten, man muss sie erlernen, weil es keine (von vornherein und grundsätzlich) festgelegte Verbindung zwischen Bedeutung und den Sachverhalten in der Welt gibt. Bei den Sprachzeichen stellen nur die wenigen lautmalenden Wörter *(Onomatopöien* wie Wauwau und Kuckuck) Ausnahmen dar.

Alle Zeichen, die in irgendeiner Hinsicht willkürlich und damit konventionalisiert sind (dies gilt auch für Piktogramme und Verkehrszeichen), nennt man Symbole. Sprachzeichen sind allerdings die abstraktesten Zeichen/Symbole. Sie sind, anders als die Verkehrszeichen, unabhängig von ihrer Situation, über unterschiedliche Räume und Zeiten hinweg verwendbar.

**Beispiel:** Ich kann meiner Freundin aus Rom nach Deutschland eine Postkarte schreiben und darin eine Aussage über das antike Forum Romanum machen.

Zeichen sind also auch nicht mit dem bloßen *Anzeichen* zu verwechseln. Bei diesen besteht eine natürliche Kausalbeziehung zum außersprachlichen Bezugsobjekt.

**Beispiel:** Rauch verweist auf die Ursache Feuer.

Wichtig ist der Erklärungsansatz vom sprachlichen Zeichen für das Verständnis von Texten, besonders von poetischen Texten, die man als eine Art „sprachliches Superzeichen“ betrachten kann, weil hier der Symbolcharakter des Sprachzeichens offensichtlich wird: Etwas verweist auf etwas anderes.

## 1.2 Sprache als Mittel der Verständigung und des sozialen Handelns

Mit Hilfe der Sprache kann man anderen etwas mitteilen und man kann die Wünsche und Gedanken anderer erfahren; dadurch werden Beziehungen zum anderen Menschen hergestellt. Sprache stiftet soziale Bindungen zwischen Menschen; aus diesem Grunde spricht man auch von ***Sprachgemeinschaft.*** Dies wird einem insbesondere dann bewusst, wenn man in ein Land kommt, dessen Sprache man nicht kennt und dessen Schriftzeichen einem nicht vertraut sind. Dann ist man auf Bildzeichen bzw. gestische Zeichen und Zeichensprache angewiesen. Bei der zwischenmenschlichen Verständigung spielen neben den Inhalten auch die Beziehungen zwischen den Beteiligten eine nicht minder wichtige Rolle. Grundsätzlich werden mündliche und schriftliche Texte immer auch von den Absichten, Erwartungen der Beteiligten, der Einschätzung des jeweils anderen, der jeweiligen Sachkenntnis mitbestimmt.

**Beispiel:** Sie trägt ein neues Kleid. Er fragt, ob sie dies im Ausverkauf erstanden habe.
Je nach Beziehung der Beteiligten kann diese Frage Zustimmung oder Ärger hervorrufen.

Die besondere Eigenart sprachlicher Zeichen als Symbol begründet ihre überragende soziale Leistung für den Menschen. Mit Sprache kann er eine kommunikative Situation herstellen, in der es um den Austausch von Inhalten und um Beziehungszusammenhänge geht, er kann über Abwesende reden, er kann Aussagen über Umstände an anderen Orten und zu anderen Zeiten machen (vgl. auch ↗ S. 11).
Da die Art der Kommunikation durch Sprechen, Gebärden oder

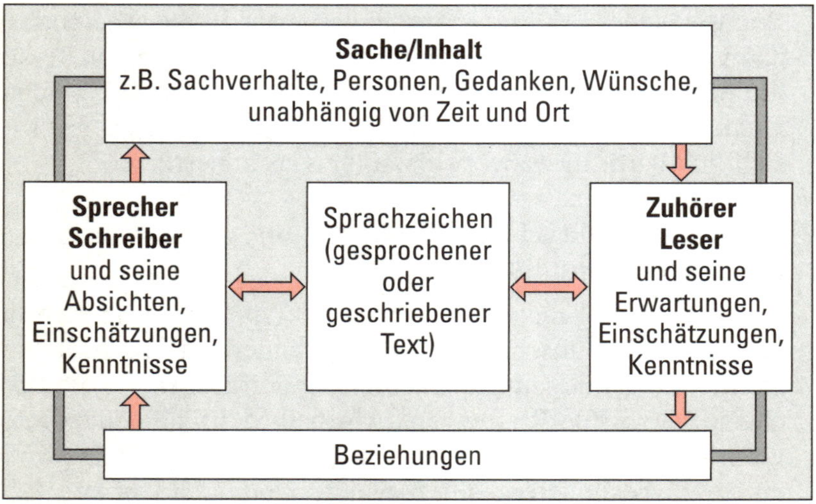

andere Zeichen für alle Menschen gleich ist, kann in jeder menschlichen Sprache der Welt jeder menschliche Gedanke vermittelt werden.

### Mündliche und schriftliche Verständigung

Die ***gesprochene Sprache*** ist artspezifisch für den Menschen. Diese akustische, sich in Sprachlauten äußernde Dimension von Sprache ist die primäre und wichtigere, auch in der Geschichte der Sprache. Sie wird vom Kind auf natürliche Weise gelernt. Die schriftliche Kommunikation dagegen ist eine Kulturtechnik, die vor etwa 6000 Jahren entwickelt wurde. Sie veränderte das Zusammenleben der Menschen, da Wissen unabhängig vom Menschen gespeichert werden konnte. Damit hängt auch die Entwicklung von Technik und Wissenschaft zusammen. Die ***geschriebene Sprache*** lernt das Kind nur durch systematisches Üben. Der Buchdruck (↗ S. 39) hat die Schriftsprache zum Massenmedium gemacht. Auch der Computer hat bereits die Schriftsprache verändert (vgl. z.B. den Einfluss des Anglo-Amerikanischen ↗ S. 47).

In der *Schriftsprache* muss man sich entschieden genauer an die Regeln der Grammatik halten,

- weil die Beteiligten keine gemeinsame Kommunikationssituation haben,
- weil daher der andere nicht unmittelbar zurückfragen kann,
- weil Mimik und Gestik als zusätzliche, unterstützende Verständigungshilfen nicht zur Verfügung stehen.

Die *Schriftsprache*

- ist daher abstrakter als die gesprochene Sprache,
- ist nicht abhängig von Raum und Zeit,
- arbeitet nur mit sichtbaren Zeichen,
- stellt eine Konvention dar.

## 1.3 Sprache und Denken

Unter *Denken* ist im weitesten Sinne jedes bewusste Überlegen im Gegensatz zum Fühlen und sinnlichen Wahrnehmen gemeint. Seit Menschen über ihr eigenes Sprechen nachdenken, wird auch

über das ***Verhältnis von Sprache und Denken*** reflektiert. Die Thesen darüber reichen von der Unabhängigkeit beider voneinander bis zur völligen Identität.
Eine völlige Identität von Sprache und Denken wird heute nicht mehr vertreten; ein solches Sprachverständnis würde grundsätzlich nicht zwischen dem (gesprochenen) Wort/Satz und dem (gemeinten) Gedanken unterscheiden. Allerdings gibt es durchaus gedankenlose Formen des Sprechens, z. B. stereotype Redewendungen oder nichtssagendes Geschwätz. Debile Menschen sind manchmal sehr redegewandt, andererseits verlieren Sprachgestörte nicht automatisch ihre Denkfähigkeit.
Nicht wenige Sprach- und Denkpsychologen des 20. Jh.s sprechen von einer *Funktionssymbiose* zwischen Denken und Sprechen. Dabei wird hervorgehoben,

- dass Sprechen und Denken aufeinander bezogen und angewiesen sind,
- dass eine Identität zwischen beiden jedoch auszuschließen ist.

Man nimmt an, dass im Bereich der praktischen Intelligenz, bei der es um reflexartiges, intuitives Erfassen von Zusammenhängen geht, möglicherweise Denkabläufe existieren, die ohne sprachliches Denken ablaufen (untersprachlicher Denkbereich), wobei jedoch vorhergehende Denkbemühungen und Auseinandersetzungen auch unter Verwendung sprachlicher Begriffe abgelaufen sein dürften. Andererseits wird es Bereiche geben (z. B. spezielle Theorien der Mathematik oder Physik), die mit Hilfe normaler Sprache nicht mehr formuliert werden können und daher einer eigenen Symbolsprache bedürfen (übersprachlicher Denkbereich).
In abgeschwächter Form wird der *Identitätsstandpunkt* vertreten, wenn das Sprechen als lautes Denken bezeichnet wird (vgl. die Schrift von Heinrich von Kleist *Über die allmähliche Verfertigung der Gedanken beim Reden)*. Eine gegenteilige Position (*dualistischer Standpunkt*) wird mit der Behauptung aufgestellt, Denken erfolge weitgehend sprachunabhängig, die Sprache sei nur eine Art Einkleidung des Gedankens, ein Medium, um die Gedankengänge zu bezeichnen; bei dieser Theorie werden einheitliche Denkstrukturen bei den Angehörigen aller

Sprachgemeinschaften vorausgesetzt (vgl. auch die lange Zeit gehegte Auffassung von der lateinischen Sprache als Universalsprache für die geistigen Bereiche in Religion, Wissenschaft und Kunst). Eingewandt wird gegen diese Ansicht, dass natürliche Sprachen widersprüchlich und zu ungenau seien, um allgemein gültige logische Strukturen zu beschreiben; eine Darstellung der Gesetze der Logik könne nur durch eine formale Wissenschaftssprache erreicht werden.

Die Beziehung zwischen Sprache und Denken lässt sich objektiv kaum bestimmen. Der Sprache kann eine *Mittlerfunktion* zugewiesen werden: Zwischen dem Denken und der zu erkennenden Welt steht die Sprache, die unsere Art und Weise der Erkenntnis überformt oder gar lenkt. Alles, was wir über unsere Gedanken zu sagen wissen, wissen wir nur zu sagen, d.h. sprachlich zu vermitteln: Nur sprachlich gefasste Gedanken sind mitteilbar. Man kann also Sprache als Medium ansehen, mit dessen Hilfe wir miteinander kommunizieren und in Gedankenaustausch treten. Wenn man sich mit Hilfe der Sprache verständigt, tauscht man im Gespräch gemeinsame gedankliche Vorstellungen aus, tut man dies nicht, redet man aneinander vorbei. Der Mensch kann mit Hilfe der Sprache *abstrakte Begriffe* bilden, die ihm helfen, die Wirklichkeit zu beurteilen, er kann *gedankliche Hypothesen* aufstellen und *historisches Bewusstsein* entwickeln.

Auch unsere Vorstellungen und Erinnerungen sind mit sprachlichen Bedeutungen verknüpft. Mit Sprache können wir daher unsere Umwelt und Umgebung begreifen, wir können eine geplante oder erträumte Welt erfassen, die z. B. von Dichtern entworfen wird. Der Verstand muss in der Lage sein, die Bedeutung des Gesprochenen zu erfassen. Die Bedeutung ist eine mentale Größe; insofern ist die ***Bedeutung sprachlicher Zeichen*** weder gleich der Wirklichkeit, auf die sie verweist (↗ S. 10), noch ist diese bei allen Sprachteilhabern in gleicher Weise vorhanden. Dies hat z. B. auch Folgen für das Verstehen von Texten durch unterschiedliche Leser; diese können dem gleichen Text unterschiedliche Bedeutungen entnehmen (↗ S. 11).

Sprache und Denken sind nur dem Menschen eigen. Dies drückt ein zeitgenössischer Schriftsteller so aus:

Definition

| | |
|---|---|
| Ein Hund | und der sagen kann |
| der stirbt | dass er weiß |
| und der weiß | dass er stirbt |
| dass er stirbt | wie ein Hund |
| wie ein Hund | ist ein Mensch. |

(ERICH FRIED)

**Das „linguistische Relativitätsprinzip“: Sapir-Whorf-Hypothese**

Das linguistische System (die Grammatik jeder Sprache) ist nach der Hypothese der Sprachforscher E. Sapir (1884–1939) und B. L. Whorf (1897–1941) nicht nur ein reproduktives Instrument zum Ausdruck von Gedanken, sondern es forme vielmehr selbst die Gedanken. Daher sei die Formulierung von Gedanken kein unabhängiger Vorgang. Die Art und Weise, wie die Natur von uns in Begriffen organisiert wird und wie wir diesen Begriffen Bedeutungen zuschreiben, sei dadurch geregelt, dass wir an einem „Abkommen“ (Sprachgemeinschaft; Strukturen unserer Sprache) beteiligt sind. Kein Individuum habe so die Freiheit, die Natur unparteilich zu beschreiben, weil seine Sicht durch die Interpretationsweisen seiner Sprache beschränkt sei. Die relativ größte Freiheit hätte ein Linguist, der mit verschiedenen Sprachsystemen vertraut wäre.

Unter den europäischen Sprachen sei deshalb eine gewisse Einstimmigkeit der Grundstrukturen gegeben, weil diese als frühere „Dialekte“ auf den Ursprung einer (angenommenen) indoeuropäischen Einheitssprache (↗ S. 33) zurückgingen.

Die Divergenz in der Analyse der Welt werde dann besonders deutlich, wenn unserer eigenen Sprache z. B. das Tibetanische, Chinesische, Semitische gegenübergestellt werde. Um diese Unterschiede deutlich zu machen, untersuchte Benjamin Whorf das Hopi, eine Eingeborenensprache Amerikas, die sich einige tausend Jahre unabhängig von anderen Sprachen Amerikas und von der Alten Welt entwickelt hat.

Whorf kommt so zu dem Schluss, die sprachlichen Mittel hätten wesentlichen Einfluss auf die kognitive Gliederung der Wahrnehmungsinhalte (↗ S. 11). Die Formulierung von Gedanken sei also kein unabhängiger (rationaler) Vorgang, sondern sei beeinflusst von der jeweiligen Grammatik einer Sprache; dieses linguistische System forme selbst die Gedanken, sei Anleitung und Schema für die geistige Aktivität des Individuums. Diese Hypothese der beiden Sprachwissenschaftler Sapir und Whorf löste einen bis heute andauernden Meinungsstreit aus.

## 2 Leistung und kommunikative Funktion von Sprache – Erklärungsansätze

Bei der *wissenschaftlichen Untersuchung von Sprach*e stehen – pauschal gesagt – vor allem zwei Aspekte im Vordergrund.

### Untersuchung der Sprachstruktur

Dieser Aspekt der Sprache wird von der ***Linguistik*** untersucht. Je nach Akzentsetzung des Forschungsansatzes wird dabei Unterschiedliches erforscht, z. B.:

- strukturelle Linguistik: Sie untersucht die dreistufige Struktur der Sprache, also die Ebene der Phoneme (Laute), die Ebene der Morpheme (Wörter und wortbildende Einheiten wie Präfixe und Suffixe: *vor-, ver-, zer-/-lich, -ig, -keit, -ung*) und die Ebene der Syntax (Verbindung der Wörter zu Sätzen und Nebensätzen)
- Textlinguistik: Untersuchung des Textes
- komparative Linguistik: historisch-vergleichende Sprachwissenschaft)
- Psycholinguistik: Teildisziplin zwischen Psychologie und Linguistik
- Soziolinguistik: Teildisziplin zwischen Soziologie und Linguistik

### Untersuchung des Sprachgebrauchs

An diesem Bereich zeigen sich z. B. Disziplinen interessiert, in denen es jeweils um Anwendung von Sprache geht, u. a. welche Informationen Menschen miteinander austauschen, wie sie sich dabei ausdrücken, welche sozialen Faktoren ihr Sprachverhalten bestimmen, was sie mit ihrem Sprechen und Schreiben meinen, wie sich ihr Sprachgebrauch verändert hat. Hier kommen folgende Disziplinen in Frage:

- Kommunikationswissenschaft
- Rhetorik
- Literaturwissenschaft
- Sprachgeschichte

Modelle als Erklärungsansätze sind Abstraktionen. Sie haben den Vorteil, dass die erfassten Größen anschaulich miteinander verbunden werden. Sie bergen in sich aber die Gefahr, dass vergessen wird, dass es um Abstraktionen und idealtypische Darstellungen geht. Wenn man komplexe Zusammenhänge zum Thema *Sprache* aufzeigen will, kann man aber auf Modelle als Erklärungshilfen nicht verzichten.

## 2.1 Sprache als Organon/Werkzeug

In diesem Erklärungsansatz (Karl Bühler, 1934), der in besonderer Weise die Leistung der Sprache betont, ist Sprache *Organon* (griech.: Mittel, Werkzeug), mit deren Hilfe Menschen einander etwas mitteilen können. Das ***Sprachzeichen*** wird in drei Relationen dargestellt und bekommt drei Funktionen zugewie-

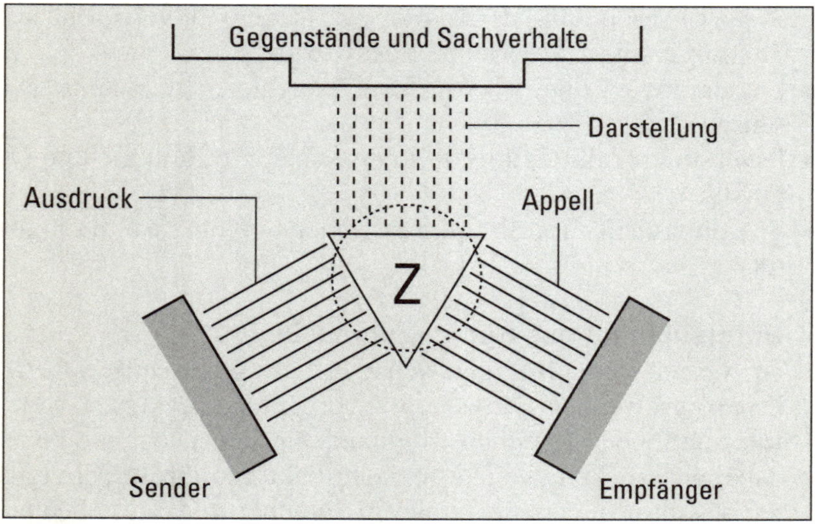


*Sprache als Organon (Z = sprachliches Zeichen; die Linien deuten die unterschiedlichen Bedeutungsfunktionen an)*

sen. Als Werkzeug dient die Sprache in besonderer Weise dazu:

- die Gegenstände, Sachverhalte, Vorgänge, Personen der Umwelt darzustellen (***Darstellungsfunktion***),
- die eigene Verfassung als Sprecher zum Ausdruck zu bringen, auch gegenüber anderen (***Ausdrucksfunktion***),
- sich an andere zu wenden (***Appellfunktion***).

In jeder Mitteilung sind alle drei Sprachfunktionen enthalten, wobei jedoch oft eine der drei Funktionen dominiert; darüber entscheidet die Absicht des Sprechers.

**Beispiele:** In einer Liebeserklärung dominiert die Ausdrucksfunktion, in einer Werbebotschaft die Appellfunktion, in einem Sachbericht die Darstellungsfunktion.

### Anwendungsmöglichkeit

Dieses Modell lässt sich entsprechend auch für eine ***Klassifizierung*** gesprochener und geschriebener Texte nutzen:

- Texte, die in erster Linie Eindrücke, Gefühle und Überzeugungen des Sprechers/Schreibers wiedergeben (z. B. Tagebuch, Gedicht, Rezension),

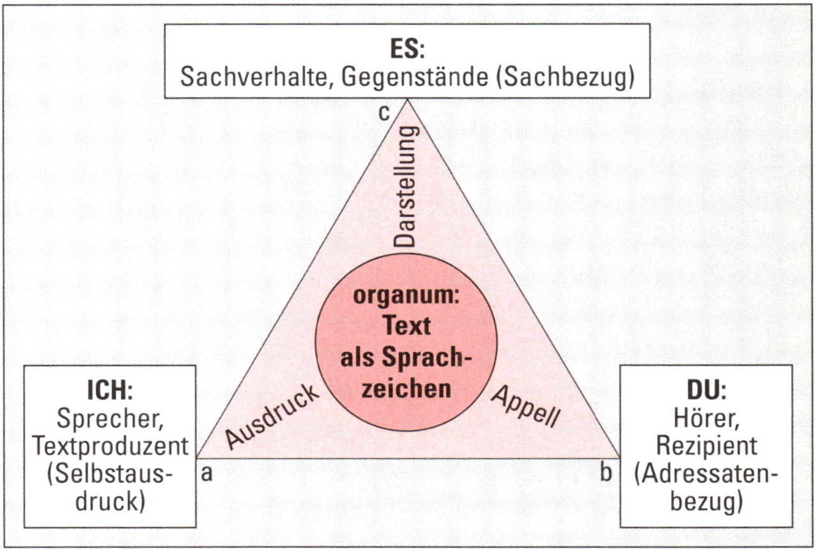


*Anwendung des Organon-Modells. Klassifizierung von Texten*

- Texte, die in erster Linie an andere appellieren, etwas bewirken, Handlungen auslösen sollen (z. B. politische Rede, Werbung, Aufruf),
- Texte, die in erster Linie die Wirklichkeit objektiv darstellen wollen (z. B. Bericht, Beschreibung)

## 2.2 Sprache und menschliche Kommunikation

Die folgenden Erklärungsansätze haben der Kommunikationsforscher Paul Watzlawick u. a. (1969) entwickelt. Sie sind für das Verstehen menschlicher Kommunikation besonders wichtig:

### Die Unmöglichkeit, nicht zu kommunizieren

Wenn man davon ausgeht, dass jede Form von Verhalten in einer zwischenmenschlichen Kommunikation Mitteilungswert hat, kann man nicht *nicht* kommunizieren. Entsprechend können Nichthandeln und Schweigen genauso gut Mitteilungswert haben wie Handeln und Sprechen.

**Beispiel:** Ein Schüler, der im Unterricht nichts sagt, zeigt damit möglicherweise sein Desinteresse, seine Angst, sich mit einer falschen Antwort zu blamieren, o. Ä.

### Der Inhalts- und Beziehungsaspekt

Jede Mitteilung berücksichtigt einen Inhalt, eine Information an das sprachliche Gegenüber. Gleichzeitig aber enthält sie auch einen Hinweis darauf, wie der Sprecher diese verstanden haben möchte und wie er die Beziehung zwischen sich und dem Empfänger definiert.

Das bedeutet: Wir können also jede Äußerung, jede Mitteilung sowohl auf ihren Inhalt wie auf ihre Beziehungsaussage hin betrachten.

**Beispiel:** Wenn Frau A auf Frau Bs Halskette deutet und fragt: „Sind das echte Perlen?“, so bezieht sich der Inhalt der Frage auf die Art der Perlen, gleichzeitig aber beschreibt sie durch die Art, wie sie fragt (Tonfall, Gesichtsausdruck, Situation) die Beziehung zu Frau B., z. B. wohlwollende Freundlichkeit, Neid, Bewunderung, Misstrauen …

### Digitale und analoge Form der Kommunikation

Die ältere analoge Form der Kommunikation äußert sich in Mimik, Gestik und im Ton der Sprache. Sie hat die allgemeine Gültigkeit von Zeichen- und Gebärdensprache, sie übermittelt die emotionale Seite der Kommunikation. Sie kennzeichnet die persönlichen Beziehungen zwischen den Menschen und zu den Dingen; z. B. werden Empfindungen ausgedrückt; die Formen können doppeldeutig sein, wie Tränen, Lächeln.

Die digitale Form der Kommunikation vermittelt als verbale oder intellektuelle menschliche Kommunikation Inhalte und komplexes abstraktes Wissen. Die Sprache ist dabei logisch und abstrakt; sie vermittelt vor allem den Inhaltsaspekt. Sie ist jünger als die analoge Form der Kommunikation. Besonders die analoge Kommunikation birgt zahlreiche Fehlermöglichkeiten. Hier liegt häufig der Grund für Kommunikationsstörungen, wenn z. B. Inhalts- und Beziehungsaspekte der Kommunikation (vgl. oben) nicht übereinstimmen. Als Kommunikationsteilnehmer muss man deshalb zwischen den beiden „Sprachen" übersetzen und rückübersetzen (vgl. auch Metakommunikation ↗ S. 9).

**Beispiel:** Sie und er haben Probleme miteinander. Er: „Warum guckst du mich denn so vorwurfsvoll an?" – Sie: „Wie kommst du darauf, dass ich dich vorwurfsvoll anschaue?" …

### Symmetrische und komplementäre Interaktion

Symmetrische Beziehungen beruhen auf dem Streben nach Gleichheit zwischen den Partnern und nach Verminderung von Unterschieden.

**Beispiel:** Zwei Mitschüler tauschen Informationen aus; der symmetrische Rollenstatus erlaubt keine Anweisung des einen an den andern.

Komplementäre Beziehungen beruhen auf sozialen Unterschieden zwischen den Beteiligten. In der komplementären Beziehung gibt es die unterschiedlichen Positionen der superioren/primären und der inferioren/sekundären Stellung.

**Beispiel:** Der Lehrer gibt der Schülerin einen Auftrag; er erwartet, dass dieser ausgeführt wird; eine umgekehrte Konstellation wäre nicht möglich.

### Metakommunikation

Kommunikationsstörungen können erst dann gelöst werden, wenn die Beteiligten in der Lage sind, sich von ihrem eingefahrenen System zu distanzieren, und darüber reden, wie sie miteinander reden.

## 2.3 Sprache und zwischenmenschliches Kommunikationsverhalten – die vier Seiten einer Nachricht

Der Psychologe Friedemann Schulz von Thun (1981) erklärt Kommunikation als eine Nachricht/Verständigung mit vier Seiten. Er greift dabei auf die Erklärungsansätze von Karl Bühler (↗ S. 18) und Paul Watzlawick (↗ S. 20) zurück.
Der Erklärungsansatz ist von großer Bedeutung für das Funktionieren von zwischenmenschlicher Kommunikation, weil er die Erkenntnis berücksichtigt, dass ein und dieselbe Nachricht mehrere Botschaften einschließt:

- den Sachinhalt (worüber ich informiere)
- die Selbstoffenbarung (was ich von mir selbst kundtue: Ich-Botschaften, Selbstdarstellung, Selbstenthüllung)
- die Beziehung (was ich von dir halte und wie wir zueinander stehen: Ich-Botschaften und Wir-Botschaften)
- Appell (wozu ich dich veranlassen möchte)

Das Kommunizieren unter vier Aspekten gilt sowohl für den Sender (Sprecher) als auch für den Empfänger (Hörer).
**Beispiel** für eine Nachricht aus dem Alltag:
Die Frau sitzt am Steuer; der Mann sagt als Beifahrer vor einer Ampel: „Du, da vorne ist Grün."
Diese Äußerung des Mannes kann im Sinne der vier Aspekte unterschiedliche Botschaften enthalten:

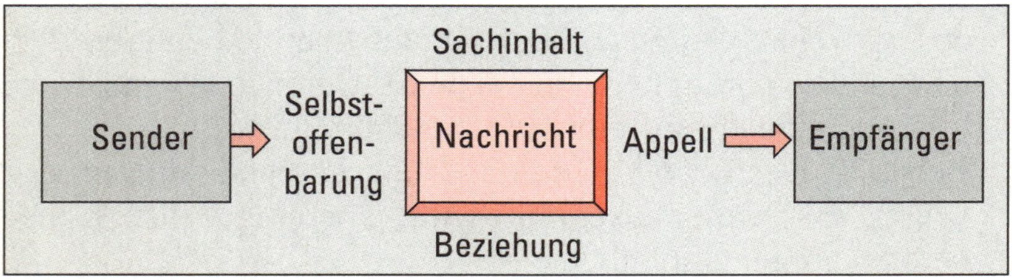

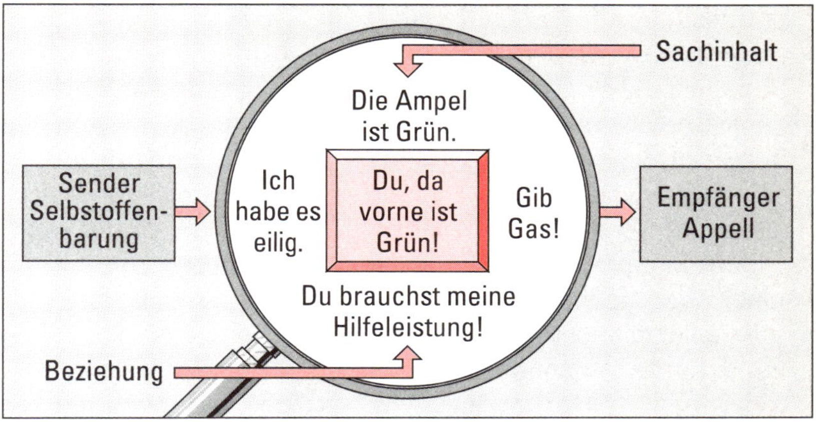


Die Frau reagiert auf den *Beziehungsteil der Botschaft* und antwortet gereizt: „Fahre ich oder fährst du?“. Sie hat damit die Aussage des Mannes als Bevormundung aufgefasst.

Natürlich könnte sie auch auf eine andere Ebene der Botschaft des Mannes reagieren:

- auf die *Sachebene:* „Das habe ich gerade gesehen, danke!“
- auf die Ebene der *Selbstoffenbarung:* „Warum hast du es denn so eilig, du musst doch erst in einer halben Stunde im Büro sein.“
- auf die *Appell-Ebene:* „Ich möchte nicht zu schnell fahren.“

Mit der barschen Frage „Fährst du oder fahre ich?“ richtet sich die Ablehnung der Frau nicht gegen den Sachinhalt, sondern gegen die Beziehungsbotschaft, die sie empfangen zu haben glaubt. Sie hört aus der Äußerung ihres Mannes heraus, dass er ihr keine großen Fahrkünste zutraut.

Das Beispiel zeigt auch: Die gesendete und empfangene Nachricht können übereinstimmen; sie können aber auch der Anlass für Missverständnisse und Störungen sein; dann ist Rückfrage (Feedback) oder Metakommunikation (↗ S. 9) notwendig.

## 3 Sprachvarietäten und ihre Reichweite

Eine Sprache ist nur scheinbar ein völlig einheitliches Gefüge. In Wirklichkeit gibt es viele Sprachen in der Sprache (Sprachvarietäten), die gesellschaftlich, geografisch, kulturhistorisch, politisch, beruflich bedingt sind. So wie jeder Mensch in verschiedenen Gruppen lebt, lebt er auch in den verschiedenen Sprachen dieser Gruppen. Wir wechseln immer wieder von der einen Sprache in die andere, je nachdem, mit wem wir sprechen. Schon in der Muttersprache sind wir also mehrsprachig: Wir sprechen zu Hause eine andere Sprache als im Freundeskreis, als in der Schule oder im Beruf. Daher deckt sich der Begriff „deutsche Sprache“ nicht mit der Standardnorm. Diese ist eine ideale Verallgemeinerung und ein idealer Orientierungsmaßstab, an dem andere Sprachvarianten gemessen werden können, um deren Abweichungen zu erfassen.

Jeder Mensch hat im Laufe seines Lebens und seiner individuellen Lebenserfahrungen auch seine eigene, individuelle Sprache ausgebildet (***Idiolekt***/Individualstil). Es gibt aber auch überindividuelle soziale Varianten des Sprachgebrauchs:

- ***Dialekt*** *oder* ***Mundart****,* gebunden an Regionen oder Landschaften,
- ***Soziolekt****,* gebunden an gesellschaftliche Gruppierungen und deren sprachliche Bedürfnisse (z. B. schnelle Verständigung; Herstellung von Gruppenzugehörigkeit durch sprachliche Übereinstimmung). Dazu gehören z. B. Berufs- und Fachsprachen, Gruppensprache der Jugendlichen, frauen- und männerspezifische Varianten des Sprachgebrauchs.

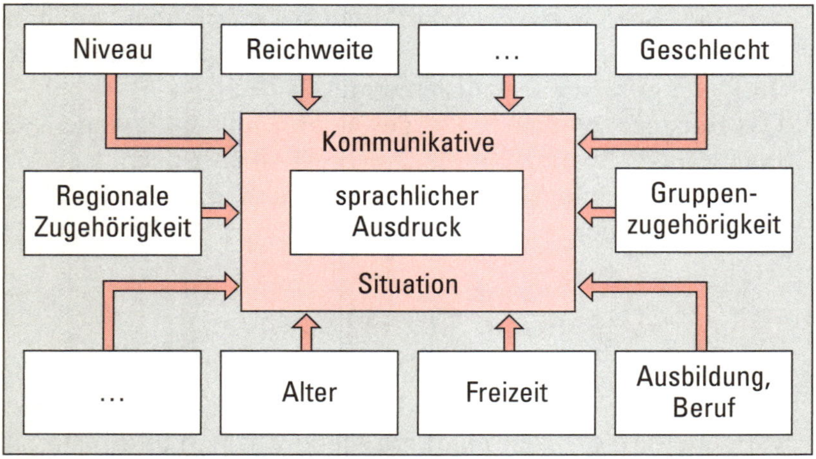

## 3.1 Standardsprache/Hochsprache/Gemeinsprache

Es gibt für diese am höchsten entwickelte Form der Sprache (in gesprochener Form: Sprechen nach grammatischen, lexikalischen und stilistischen Normen; Hochlautung/in geschriebener Form: Schriftsprache, die zu Beginn des 20. Jh.s ihre grammatische und orthografische Normierung gefunden hat) unterschiedliche Bezeichnungen:

- ***Standardsprache***: drückt eher den Bezug zu anderen Sprachvarianten aus,
- ***Hochsprache***: drückt aus, dass es sich um eine vorbildliche Sprachvariante handelt,
- ***Gemeinsprache***: drückt aus, dass diese Sprache als allgemeines Verständigungsmittel für die gesamte Sprachgemeinschaft gilt.

Diese Sprachvariante ist das Produkt eines langen historischen Prozesses (↗ S. 26); sie ermöglicht Kommunikation in allen Lebensbereichen; von vielen wird darin das Ideal der Sprachrichtigkeit und höheren Bildung gesehen.

Die Standardsprache, die heute von der Mehrzahl der deutschen Schreiber/Sprecher als gültiges Deutsch angesehen und im üblichen Sprachverkehr benutzt wird, lässt sich am besten in schriftlichen Sprachäußerungen bzw. in Nachrichtensendungen von Radio und Fernsehen nachvollziehen.

Die Herausbildung einer Standardsprache entsprang politischen Notwendigkeiten. Die sich herauskristallisierenden Einheitsstaaten bedurften auch einer einheitlichen Sprache – aus, neben und über den Dialekten. Durch die Einheitssprachen wurden die Dialekte zurückgedrängt, weil sie für die komplizierten Formen schriftlicher Kommunikation (Geschäftsverkehr, Wissenschaft, Dichtung) nicht mehr in Betracht kamen.

## 3.2 Dialekt/Mundart

Mundart ist im Vergleich zur Gemeinsprache und zum Soziolekt die älteste der drei Sprachvarietäten. Sie wird vornehmlich gesprochen; ihre Orthografie und Grammatik ist nicht normiert; sie verändert sich leichter als die Standardsprache.

**Beispiel:** Wou die Hasn Hosn haßn un di Hosn Husn haßn (oberfränkisch).

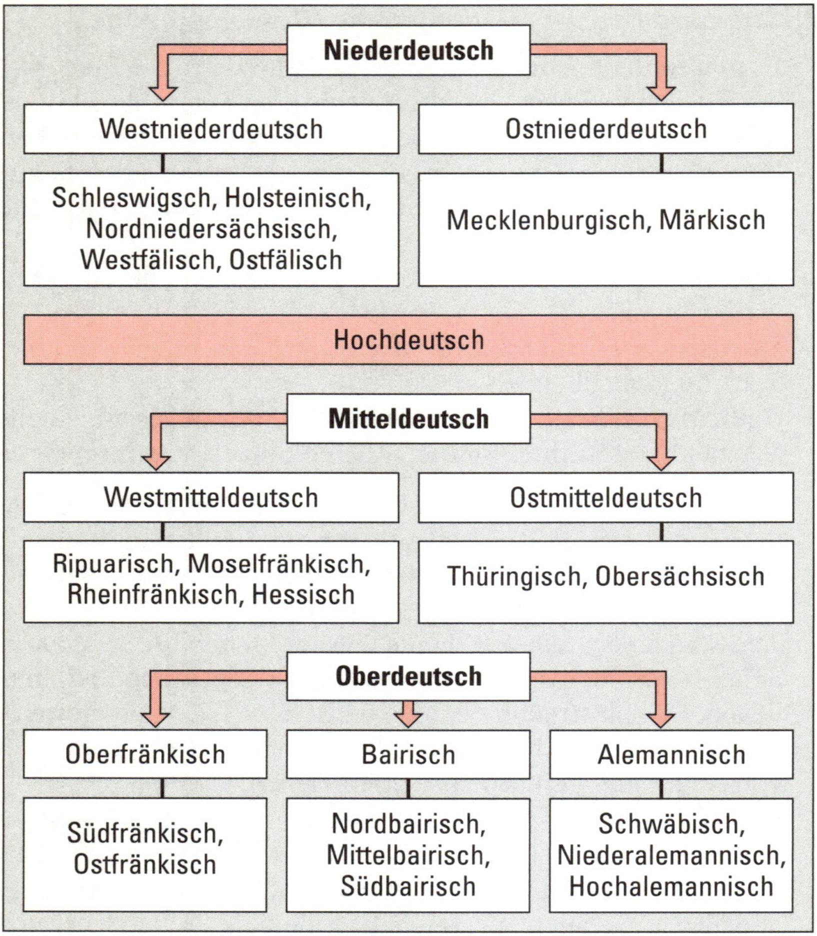


Die ***althochdeutsche Sprache*** (↗ S. 35) wurde in der Form verschiedener Mundarten besonders durch den geistlichen Stand vermittelt; Übersetzungen aus der Bibel in die althochdeutsche Mundart, in der das Kloster oder das Bistum lag, dienten der Missionierung des einfachen Volkes. Die mittelhochdeutsche Sprache als eine oberdeutsch gefärbte Variante wurde als ideale Sprachform vom höfischen Rittertum (↗ S. 38) geprägt. Die Entwicklung zur deutschen Standardsprache setzt um die Mitte des 14. Jh.s ein, geht dabei zunächst von einer Vielzahl von

Schreibdialekten aus und gelangt schließlich zu einer gemeinsamen Schriftsprache auf ostmitteldeutscher Basis. Prägende Einflüsse für diese Entwicklung zu einer Gemeinsprache sind vor allem:

- die Geschäftssprachen der großen Verwaltungskanzleien in den Städten (↗ S. 40); Erfordernisse der Verwaltung und Rechtsprechung
- Handelsinteressen der Städte, die zu Zentren für Verwaltung, Bildung und Kultur werden
- die Erfindung des Buchdrucks mit beweglichen Lettern und die Wirkungen des gedruckten Wortes (↗ S. 39)
- die Bibelübersetzung Martin Luthers (↗ S. 40).

Der Begriff ***Hochdeutsch*** hat eine doppelte Bedeutung: Einmal ist damit heute Hochsprache/Standardsprache gemeint, zum anderen wird dies im Sinne der Sprache einer bestimmten Region verstanden: als eine regional gesprochene Mundart (im mitteldeutschen Bereich) neben dem Niederdeutschen und Oberdeutschen (↗ S. 26). Später entwickelte sich diese Mundart zum überregionalen Deutsch.
Heute kann Dialekt nicht mehr als Regionalsprache im vollen Sinne aufgefasst werden, sondern es geht

- um Restbestände in Bereichen, in denen die modernen Kommunikationsanforderungen weniger gefragt sind
- um die Tatsache, dass die Sprache vieler Sprecher der Standardsprache in der Färbung durch den Dialekt beeinflusst wird.

## 3.3 (Regionale) Umgangssprache

Die Umgangssprache ist zwischen Gemeinsprache und Mundart anzusiedeln und meist regional gefärbt. Die Umgangssprache ist, wie die Mundart, hauptsächlich eine gesprochene Sprache. Sie ist oft überregional verständlich und aufgrund der modernen Massenmedien und der Intentionen der Werbeindustrie in überregionalem Gebrauch. Sie zeigt aber oft regionale Kennzeichnungen und Varianten, an denen man den Sprecher erkennen kann:

- Intention und Färbung der Aussprache
- Wortschatz

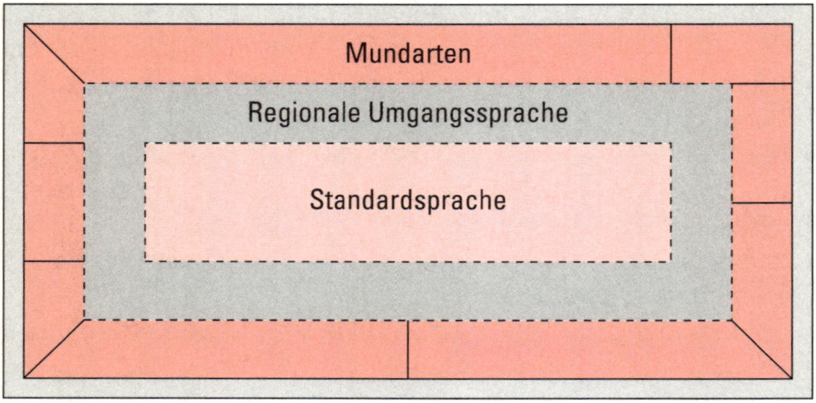


**Beispiele:**

| | |
|---|---|
| norddeutsch | süddeutsch |
| Junge | Bub |
| Sahne | Rahm |
| dreist | keck |
| Weißkohl | Weißkraut |
| Klöße | Knödel |

Die Grenzen zwischen ***regionaler Umgangssprache*** und ***Mundart*** sind fließend. Sie kann
dem gemeinsprachlichen Ideal nahe kommen (s. auch die **Beispiele** zu norddeutschen und süddeutschen Varianten der Wortwahl) und auch mal deutlich auf die jeweilige Mundart bezogen sein.

Hierbei kann man z. B. auch unterscheiden

- nach enger Bindung an die Ortsmundart

**Beispiel** aus dem Raum Bielefeld:
Da kann ich nich chut ohne zu. (Ohne diese Sache komme ich nicht so gut zurecht.)
Der is chut dabei. (Der ist gesund.)

- nach großlandschaftlicher Geltung, z. B. die schwäbische Umgangssprache, die obersächsische Umgangssprache, das Ruhrgebietsdeutsch (Kohlenpott)

**Beispiel** aus dem Ruhrgebiet:
Also wissense, langsam wirtet ein ja richtich zu dumm.
Seit einige Zeit binnich richtich mit mein Latein am Ende!

## 3.4 Gruppensprache und soziale Integration

Gruppensprachen heben durch sprachliche Mittel die Zusammengehörigkeit der jeweiligen Gruppe hervor; es handelt sich nicht um eine eigene Sprache, sondern um soziale Varietäten im Sprachgebrauch, z. B. ***Jugendsprache***, geschlechtsspezifischer Sprachgebrauch von Männern und Frauen, Sprachjargon von Fußballfans (z. B. Kasten), Sprachgebrauch von Süchtigen (z. B. Schuss).
Unter den Gruppensprachen wirken die Geheimsprachen am stärksten isolierend, vgl. z. B. das Rotwelsch als Sprache der Gauner und Vagabunden (Kaschemme = Verbrecherkneipe).

**Beispiel:** Jugendsprache
Jugendsprache ist eine Variante des sozialen Sprachgebrauchs (Soziolekt). Es gibt sie nicht als homogenes Gebilde oder eigene Sprache (vgl. oben), wohl aber hat sie einen eigenen Sprachstil, der allerdings an bestimmte Gruppen bzw. Situationen gebunden ist und sich relativ schnell ändern kann. Radikale Wertungen wie Vereinfachung, Denkfaulheit, fehlende Sprachmoral, restringiertes Sprachverhalten sind einseitig. Die große Verbreitung von Jugendsprache ist vor allem auf Werbeslogans („Echt spitze“) oder Liedtexte moderner Musikgruppen („Verpiss dich“!) zurückzuführen sowie auf die Offenheit der Generationengrenzen.

### Allgemeine Kennzeichnung/Zusammenhang

- Schnelllebigkeit und Flexibilität
- Mediale Funktionalisierung: Jugendsprache als „Spielzeug“ der Medien zur Steuerung der Massenkommunikation (Werbung, Videoclips, Musikgruppen, Comic, Spielfilm, TV-Show, Seifenoper); Massenmedien bedienen sich des Sprachmaterials, sind zugleich aber auch Sprachspender und Sprachvertreter

### Sprachliche Merkmale

- radikale „Sprechsprache“ mit Gesprächspartikeln (ey, hi)
- Anglizismen (cool); Vulgarismen, Neologismen und expressive syntaktische Reduzierungen (Dröhnung, voll, geil)
- Verwendung von allgemeinen Formulierungen (irgendwie)

- spezielle Gruß- und Anredeformeln (hi, hey, du alte Sau): Diese dienen der Festigung der Gruppenzugehörigkeit und der Abgrenzung gegenüber dem „normalen“ Sprachgebrauch Erwachsener.
- Reduzierungen und Vereinfachungen im Vergleich zum Alltag („schleich“)
- intensivierende Ausdrücke (brutal geil, echt total supergeil)

## 3.5 Fachsprache

Fachsprachen/Expertensprachen/Berufssprachen sind sachorientiert und präzise, um das jeweilige Fachgebiet exakt beschreiben zu können. Den Kern einer Fachsprache bildet die Terminologie, in denen sich die Fachkenntnisse spiegeln.

**Beispiele:** Medizin (Karzinom, Encephalitis), Wirtschaft (Marketing, Dax, Wachstumszyklus), Fußball (Freistoß, Abseits), Seemannssprache (Lotse, Luv).

Bei der Entstehung von Fachsprachen verbinden sich

- das Bedürfnis nach möglichst präziser und einfacher Verständigung,
- gruppenpsychologische Mechanismen (Zugehörigkeit zu einer Berufsgruppe bzw. Ausgrenzung von Menschen, die nicht dazugehören).

Der Gebrauch von ***Fachbegriffen*** kann

- sachlich notwendig und dadurch eine Erleichterung sein.

**Beispiel:** Zwei Ärzte unterhalten sich in Gegenwart des Patienten über dessen Krankheit.

- als Imponiergehabe in Erscheinung treten

**Beispiel:** Die Verwendung des für Laien unverständlichen Fachbegriffes fungizid (für pilztötend) auf Etiketten von Medikamenten.

In den folgenden Texten wird mit der Fachsprache der Bürokratie und der Mathematik gespielt (hier wird die Fachsprache zum Jargon):

„Im Kinderanfall unserer Stadtgemeinde ist eine hierorts wohnhafte, noch unbeschulte Minderjährige aktenkundig, welche durch ihre unübliche Kopfbekleidung gewohnheitsrechtlich Rotkäppchen genannt zu werden pflegt …“

„Es war einmal ein Mädchen, dem wurde eineindeutig eine rote Kappe zugeordnet, wodurch es als Rotkäppchen definiert wurde." (Aus: Die Geschichte vom Rotkäppchen, Göttingen 1997)

Die folgenreichste Errungenschaft unserer Zeit ist der ***Computer***; neue Fachbegriffe aus dem Bereich der Computerindustrie stammen fast durchgängig aus dem Anglo-Amerikanischen (browser, cyberspace, homepage, online, server, web). Der Wechsel von Wörtern aus der Fachsprache der Computerindustrie in die Standardsprache geht ständig vor sich.

**Beispiele:** Das Nomen *Computer* ist heute ein Wort der Gemeinsprache, ebenso die Wörter *Internet, Hardware, Software, faxen.* Die Übernahme aus dem Englischen geht in unterschiedlicher Weise vor sich:

- Lehnübersetzungen (z. B.: Fenster auf dem Bildschirm des Computers, Druckertreiber, Grafiktablett, Speicherplatz),
- Fremdwörter als Internationalismen (z. B. aktivieren, formatieren, Diskette, Option),
- Fremdwörter, die direkt aus dem Englischen übernommen sind (Scanner, Desktop, Cursor),
- Abkürzungen, die auf unübersetzte englische Wörter zurückgehen (PC, MS-DOS, RAM-Disc),
- Komposita, die im Wortstamm Fremdwortteile enthalten und die nach den Regeln des Englischen gesprochen werden (z. B. Zeilendisplay, Compilersprache, Kleincomputer).

## 3.6 Weitere Varianten des Sprachgebrauchs

### Geschriebene Sprache und gesprochene Sprache

Der Unterschied zwischen diesen beiden Sprachformen ist beträchtlich. Während man beim Sprechen Ausdrucksmittel wie Betonung, Mimik, Gestik einsetzen, Rückfragen stellen und Ergänzungen geben kann, muss man beim Schreiben unmissverständlich und in genau gegliederter Weise seine Absichten in Sprache fassen. Die Situation, in der geschrieben wird, ist in der Regel förmlicher als das Sprechen (↗ S. 13).

Die Schriftform einer Sprache beruht auf Konventionen und verändert sich nur sehr langsam. Die gesprochene Sprache dagegen ist dynamisch und verändert sich ständig.

**Die stilistische Gliederung der Sprache – Stilarten**

Die Stilebene wird wesentlich von der Wortwahl bestimmt; auch Satzbau, Klang und Rhythmus sowie unterschiedliche sprachliche Varietäten (Fachsprache, Gruppensprache, Jargon) können zum Stilniveau eines Textes beitragen.

| **Stilschicht** | **Beispiel** |
|---|---|
| dichterisch/ poetisch | dahinscheiden |
| gehoben | ableben |
| normalsprachlich | sterben |
| salopp/umgangssprachlich | abkratzen |
| jargonhaft (oft jugendsprachlich) | Abgang machen/<br>Löffel abgeben |
| derb/vulgär | verrecken |

Neben den Stilschichten gibt es im Sprachgebrauch ***Stilfärbungen***, die bestimmte Gefühle anzeigen, z. B.:

| | |
|---|---|
| vertraulich | einen lieben Gruß |
| scherzhaft | Adamskostüm |
| altertümelnd | das Weite suchen |
| übertrieben | unverschämt reich,<br>unglaublich hübsch |
| spöttisch/ironisch | neunmalklug |
| wertend | aufgetakelt |
| beschimpfend | Esel, Schwein |

**Die poetische Sprache der Literatur**

Dies ist eine besondere Form der geschriebenen ***Hochsprache***. Sie zeichnet sich in der Regel durch besonders sorgfältige sprachliche Formulierungen aus (Wortwahl, Satzbau, Bildlichkeit, Symbolik, Sprachebene). Dies ist insbesondere in Gedichten der Fall, wenn formale Gestaltungselemente (Versmaß, Rhythmus und Reim) hinzutreten. In der Sprach- bzw. Literaturgeschichte gab es Zeiten, in der durch Dichter eine einheitliche, als ideal angesehene schriftliche Literatursprache entwickelt wurde, so dass die Dichtung (allerdings nur für eine ganz bestimmte Gruppe von Menschen) als besonders beispielhafte Form geschriebener Sprache galt, u. a. zur Zeit des Mittelhochdeutschen (↗ S. 38) und zur Goethe-Zeit (↗ S. 130).

**Beispiel** für poetische Sprache:

Mondnacht
Es war, als hätt der Himmel
Die Erde still geküsst,
Dass sie im Blütenschimmer
Von ihm nun träumen müsst.
(…) (JOSEPH VON EICHENDORFF, 1837)

**Sprache in der Wirtschaftswerbung**
Durch ihre massenhafte Verbreitung hat die Werbesprache heute einen starken Einfluss auf die Umgangssprache. (Einzelheiten ↗ S. 190–194)

## 4 Sprachgeschichte und Sprachwandel

Bei der Betrachtung der Sprache unterscheidet man als Verfahren

- die ***synchrone Sprachbetrachtung***: Diese untersucht den Zustand eines funktionierenden Sprachsystems zu einem bestimmten Zeitpunkt. Sie befragt z. B. unsere Gegenwartssprache daraufhin, mit welchem Inventar von Sprachelementen und mit welchen Regeln sie funktioniert (Querschnitt).
- die ***diachrone Sprachbetrachtung***: Sie untersucht die Entwicklung einer Sprache durch verschiedene Zustände und Epochen hindurch (Längsschnitt).

Man nimmt an, dass die europäischen Sprachen auf eine indoeuropäische Sprache zurückgehen. Dies wird u. a. aus Ähnlichkeiten von Sprachelementen erschlossen.

**Beispiel:** das Wort *Mutter*

| | |
|---|---|
| altindisch | matar |
| englisch | mother |
| französisch | mère |
| niederländisch | moeder |
| italienisch | madre |

Eine Ursache des ***Sprachwandels*** ist die Sprachmischung. Keine unserer Sprachen ist ein autonomes, aus einem Block beste-

hendes System. Jeder Wandel ist insofern zu bejahen, weil er nichts als eine notwendige Anpassung an das gewandelte Sprachbewusstsein ist. So wird im heutigen Sprachgebrauch die Konjunktivform nicht selten durch eine Ersatzform mit *würde* ersetzt: *Er sagte, er würde kommen* statt *Er sagte, er komme.*
Insofern ist es kaum sinnvoll zu werten, z. B.

- die Sprache sei ursprünglich primitiv und komme im Verlaufe ihrer Entwicklung zu immer größerer Differenzierung,
- die Sprache sei ursprünglich vollkommen, würde aber zunehmend verfallen und damit flacher und primitiver.

Die Vorstellung von einer reinen Sprache ist eine Illusion: Zu jedem Zeitpunkt ihrer sprachlichen Entwicklung ist eine Sprache ihrem Zweck angemessen.
Da sich die Welt sehr schnell verändert, ändert sich mit ihr unsere Vorstellung von der Welt und mit ihr unsere Sprache. In älteren Texten entdeckt man oft Wörter, die man nicht mehr kennt, in aktuellen Texten Wörter, die man noch nicht kennt. Nicht jede sprachliche Neuerung weist bereits auf einen ***Sprachwandel*** hin; davon kann erst gesprochen werden, wenn viele Menschen über längere Zeit die gewandelte Sprachform verwenden. Urheber dieses Wandels sind nicht Einzelne, sondern die Sprachgemeinschaft (alle Sprecher und Schreiber einer Sprache). Die Sprachhistoriker decken die Ursachen, nämlich veränderte Lebensbedingungen und Interessen, auf. Jede von ihnen vorgenommene *sprachliche Periodisierung* ist künstlich, weil sich Sprachen nicht einheitlich entwickelt haben und daher die Übergänge zwischen den einzelnen Perioden der Entwicklung fließend sein müssen. Die herkömmliche Einteilung der deutschen Sprachgeschichte geht auf Jacob Grimm (1785–1863) und auf die Anfänge der Germanistik zurück. Diese Einteilung legt vor allem lautliche Veränderungen zugrunde; es können auch Änderungen des Wortbestandes, des Satzbaus sowie Kriterien der Gesellschaft, der allgemeinen Geschichte und der Literaturgeschichte einbezogen werden.
Zur Zeit der großen germanischen Völkerwanderung (etwa 370–570 n. Chr.), als die Germanen (Franken, Goten, Burgunder) die ersten großen Reiche bildeten, umfasst das Germanische

- das Westgermanische (u. a. das spätere Deutsche, Englische),
- das Nordgermanische (u. a. das spätere Norwegische, Schwedische),
- das Ostgermanische (u. a. das Gotische).

Im 6.–7. Jh. entwickeln sich die einzelnen germanischen Sprachen auseinander.

Die in mundartlicher Hinsicht zu machenden Unterscheidungen zwischen ***Niederdeutsch*** und ***Hochdeutsch*** weisen über den deutschen Sprachraum hinaus. Durch die hochdeutsche Lautverschiebung, die so genannte 2. Lautverschiebung, werden z. B. die vorhochdeutschen Wörter *ik, maken, dorp, da* zu *ich, machen, dorf, das*. Diese hochdeutsche Lautverschiebung macht das Niederdeutsche nicht mit; dies hat das Niederdeutsche mit anderen germanischen Sprachen wie dem Englischen gemeinsam (make – machen; that – das). Der englische Satz *the door is open* wird in den niederdeutschen ***Dialekten*** ähnlich gesprochen. Die heutige deutsche Standardsprache entwickelt sich dann später auf ostmitteldeutscher (d. h. hochdeutscher) Grundlage (↗ S. 40).

## 4.1 Althochdeutsche Sprache (um 750–1050)

Der Begründer des Frankenreiches ist Chlodwig (König von 482 –511). Im Jahre 486 besiegt er den letzten römischen Statthalter in Gallien. Weitere germanische Stämme (Alemannen, Westgoten) werden in das Reich eingegliedert. Unter Karl dem Großen (768–814) hat das Frankenreich seine größte Ausdehnung (von den Pyrenäen bis zur Nordsee, vom Atlantik bis zum heutigen Ungarn). Karl dem Großen gelingt es, die Sachsen, den letzten heidnischen Germanenstamm, zu unterwerfen und mit Gewalt zum Christentum zu bekehren. Die Enkel Karls des Großen teilen das Reich auf. Die deutschen Stämme bilden im 10. Jh. unter den Ottonen ein „deutschsprachiges“ Reich.
Das Adjektiv *deutsch* hat seinen Ursprung nicht in einem Stammesnamen, es kommt etymologisch über althochdeutsch *diutisc* und mittelhochdeutsch *diutisch* vom germanischen Substantiv thiot (Volk). Es heißt also *zum Volk gehörend*. Die *Einheitssprache* des christlichen Europa blieb bis etwa 1100 die *latei-*

*nische Sprache*. Das Deutsche tritt nach der Großen Völkerwanderung nicht als einheitliche Sprache auf, sondern in der Sprache einzelner Stammesverbände bzw. Völkerschaften (z. B. das Sächsische oder Alemannische).

**Merkmale im Überblick**

- Etwa 2 Mio. „deutschsprachige" Menschen (zum größten Teil nicht schreibkundig) leben zu dieser Zeit.
- Der schriftliche Gebrauch des Deutschen wird besonders durch Karl den Großen gefördert.
- Schreiben und Lesen beherrschen fast nur die Geistlichen; überlieferte schriftliche Texte sind daher vor allem Texte der Geistlichen.
- Das Lateinische als Schriftsprache ist Amts-, Gelehrten- und Kirchensprache.
- Klöster sind die wichtigsten Stätten kulturellen Lebens.
- Im Dienste der Missionierung entwickeln sich unter Einfluss des Lateins aus der bislang nur gesprochenen Volkssprache eine althochdeutsche Schreibsprache, die aber aufgrund der verschiedenen Dialekte unterschiedlich und uneinheitlich ist. Diese Schreibsprache ist notwendig zur kirchlichen und verwaltungstechnischen Eingliederung der missionierten Menschen und zur Durchführung der Mission. Bei der Übernahme germanischer Begriffe kommmt es auch zu Umdeutungen.

**Beispiel:** Hölle
ursprünglich: germanisches Totenreich
neue Bedeutung im christlichen Sinne: Ort der Pein und Qual für Sünder

- Ebenso kommt es zu ***Lehnwortbildungen*** aus dem Lateinischen.

**Beispiele**:
papa >Papst
crucem >Kreuz
magister >Meister
poenia >Pein
Die aus dieser Zeit überlieferten Texte sind in einer ostfränkischen Mundart geschrieben.

Zum althochdeutschen Schrifttum ↗ S. 104

Die Sprachentwicklung vom Althochdeutschen zum Neuhochdeutschen machen die folgenden Übersetzungen der Bibel deutlich.

**• Lateinische Übersetzung (des ursprünglich griechischen Neuen Testaments)**

Pater noster, qui es in cœlis, sanctificetur nomen tuum. Adveniat regnum tuum.

**• Althochdeutsch (9. Jh.)**

Fater unser, thu in himilom bist, giuuihit si namo thin. quaeme richi thin.

**• Mittelhochdeutsch (um 1230)**

Got vater unser, dâ dû bist in dem himelrîche gewaltic alles des dir ist, geheiligt sô werde dîn nam, zuo müeze uns komen daz riche din!

**• Neuhochdeutsch (Martin Luther, 1520)**

Vatter unßer, der du bist im hymell. Geheyliget werde dein name. Zu kome dein reych.

## 4.2 Mittelhochdeutsch (um 1050–1350)

Gegenüber der althochdeutschen Zeit zeigt die Gesellschaft des hohen Mittelalters einen differenzierteren Aufbau. In einer mehrere Jahrhunderte dauernden Entwicklung hat sich der Feudalismus ausgebildet und gefestigt. Während das frühe Mittelalter noch geprägt ist vom starken Einfluss der Kirche, entsteht im Hochmittelalter eine neue weltlich-ritterliche Kultur mit der Dichtkunst und Literatursprache als entscheidendem Merkmal. Von großer Bedeutung ist die Entstehung des Ritterstandes; dieser ist Träger der Kultur und strenger ethischer Normen. Diese *ritterlich-höfische Kultur* ist bestimmend für die Zeit vom 11.–14. Jh., unter den Stauferkaisern erlebt sie ihren Höhepunkt.

Zur Minnelyrik ↗ S. 107.

**Weitere Hinweise im Überblick**

- Es ergeben sich häufige Kontakte mit anderen Ländern und Kulturen (wirtschaftlich bedingt durch Zunahme des Fernhandels, religiös bedingt durch die Kreuzzüge).
- Verschiedene Volkssprachen werden häufiger auch geschrieben; auch außerhalb des kirchlichen Rahmens entwickelt sich eine eigene Kultur.
- Der Ritterstand entwickelt die erste einheitliche schriftliche Literatursprache. Um auch an anderen Höfen verstanden zu werden, werden in dieser höfischen Dichtung des klassischen Mittelhochdeutschen (höfischer Roman, der die Wertvorstellungen und Verhaltensnormen des neuen Ritterstandes erzählerisch gestaltet, und höfische Lyrik/Minnelyrik, in der ein Gegenbild zu altadeligem Sexualverhalten gezeichnet wird) Dialektausdrücke vermieden, zumal diese auch im Widerspruch zu dem verfeinerten Formwillen der höfischen Kultur stehen: Die Texte der ***Minnelyrik*** werden dem höfischen Publikum mündlich dargeboten. Im Alltag wird in Mundart gesprochen bzw. geschrieben, wahrscheinlich auch von den Rittern; die übrige Bevölkerung spricht ohnehin in Mundart.
- Nach dem Niedergang der höfisch-ritterlichen Kultur des Minnesangs verschwindet diese Kunstsprache und zugleich erste deutsche Gemeinsprache (mit einer allerdings sehr schmalen sozialen Basis) wieder aus der Literatur. Auch wenn diese Sprache ihre soziale Geltung verliert, fördert sie doch insgesamt den Prozess der Verschriftlichung einer Volkssprache; sie bedeutet auch eine Emanzipation vom Lateinischen, der Schriftsprache des Mittelalters schlechthin. Die sprachschöpferische Leistung dieser ersten überregionalen Schriftsprache kann man mit der Luthers (↗ S. 40) bzw. der Goethezeit (↗ S. 130) vergleichen. An ihre Stelle treten wiederum die ***Dialekte*** einzelner Landschaften bzw. von Bürgern getragene Erscheinungsformen (z. B. die Geschäftssprachen der städtischen Kanzleien). Im Spätmittelalter erhalten die Bürger aufgrund des Aufblühens der Städte eine zunehmende Bedeutung.
- Die französische Kultur wird als beispielgebend angesehen; deshalb werden Wörter übernommen und eingedeutscht.

**Beispiele**: Turnier, Abenteuer, Tanz

- Zur Zeit der Kreuzzüge kommen aus dem arabischen Orient mit begehrten Waren bestimmte Wörter nach Deutschland, die zum Teil noch heute im Gebrauch sind.

**Beispiele**: Zimt, Kümmel, Safran, Kaffee, Limonade, Taft, Damast, Atlas, Mohair

**Beispiele** für eine ***Bedeutungsverschiebung*** mittelhochdeutscher Ausdrücke

| | mhd. | heute |
|---|---|---|
| arebeit | Mühsal | Arbeit |
| hochgezît | Fest | Hochzeit |
| maget | Magd; | Mädchen |
| hoher muot | edle Gesinnung, gepaart mit hohem Selbstgefühl | Hochmut |
| vrouwe | Herrin (verheiratete adelige Frau) | Frau |

Zur mittelhochdeutschen Dichtung ↗ S. 105–108

## 4.3 Frühneuhochdeutsch (um 1350–1650)

Um 1350 ist die Ostkolonisation abgeschlossen; bis zum Jahre 1945 bleibt diese östliche Sprachgrenze bestehen. In den besetzten und kolonisierten Gebieten entstehen neue Mundarten. Zu Beginn der frühneuhochdeutschen Zeit gewinnen die großen Städte als Zentren der fürstlichen Verwaltungen (Kanzleien) für Kultur und Bildung größere Bedeutung (z. B. Köln, Straßburg, Nürnberg, Zürich). Zu Beginn der frühneuhochdeutschen Zeit kann die Masse der Bevölkerung (ca. 90 %) noch nicht lesen und schreiben.

Reformation, Bauernaufstände und Gegenreformation vertiefen die kulturellen, religiösen und machtpolitischen Gegensätze und führen zum Dreißigjährigen Krieg (1618–1648). Die Erfindung des Buchdrucks mit beweglichen Lettern durch Johannes Gutenberg um 1440 sorgt für eine schnelle Verbreitung von Geschriebenem. Die Ideen, die dem Bauernkrieg und der Reformation zugrunde liegen, werden in Flugblättern verbreitet und vorgelesen.

**Weitere Hinweise im Überblick**

- In den Städten des 14. Jh.s führt das Streben nach verwaltungstechnischer Vereinheitlichung zwischen den Dialekten zu ersten überregionalen Kanzleisprachen. Aus den Erfordernissen des Geschäfts, der Politik, der Verwaltung (z. B. Stadtchronik, Steuerlisten, Aufzeichnung des Stadtrechts) erwächst ein lebhafter Schriftverkehr zwischen den Kanzleien der Städte und der Fürstenhöfe. Dabei wirkt vor allem die ostmitteldeutsche Meißner Kanzlei (Sachsen) als Vorbild; an der Entwicklung mehrerer Schreibsprachen hat auch der Buchdruck Anteil.
- Luther schließt sich bei seinen sprachlichen Tätigkeiten (vor allem Bibelübersetzung ) den ostmitteldeutschen Schreibtraditionen an, sodass diese Schreibsprache gegenüber anderen Schreibsprachen weite Ausbreitung und besonderes Ansehen gewinnt. Luther bemüht sich zudem um einen verständlichen Stil, bei dem er sich auch an der gesprochenen Volkssprache orientiert (Metaphorik, Redensarten, Sprichwörter). Seine Sprache wirkt in einem normativen Sinn; die ***Reformation*** insgesamt stärkt die Stellung der deutschen Sprache gegenüber dem Lateinischen und trägt zur Verbreitung der ostmitteldeutschen Variante in ganz Deutschland bei.
- Es gibt in dieser Zeit keine einheitliche Rechtschreibung und keine einheitliche Beachtung grammatischer Normen. Luther schreibt z. B. *war* für *wahr*, *kriegisch* für *griechisch*, *unzehliche* für *unzählige*, als Perfektform bildet er *habe troffen* für *habe getroffen*.
- Das Latein bleibt die Sprache von Schule, Wissenschaft und kirchlicher Liturgie; erst im 18. Jh. setzt sich Deutsch als Unterrichtssprache an den Universitäten durch.
- Der ***Humanismus***, eine geistige Strömung aus Italien, befestigt zunächst die Stellung des Lateins, die Anzahl der lateinischen und griechischen Fachausdrücke schwillt stark an.

**Beispiele**: Autor, Exemplar, Initiale, Faksimile, Kolumne

- Aufgrund der wirtschaftlichen und wissenschaftlichen Entwicklungen im Spätmittelalter entstehen Sonderwortschätze.

**Beispiele**:

Kaufmännischer Bereich: Hanse, Kaufmannschaft, Schuldner, Wechsel, verrechnen

Seefahrt: Bug, Mast, Ruder, Segel, Steven
Verwaltung: kopieren, Magistrat
Druck: Korrektur, Makulatur
Mathematik: multiplizieren, Produkt

Zur Literatur zur Zeit der Reformation ↗ S. 110–112

## 4.4 Neuhochdeutsch (um 1650–1900)

- In dieser Zeit wird intensiv an der Normierung der deutschen Sprache gearbeitet (vgl. die Sprachgesellschaften ↗ s. unten).
- Nach dem Dreißigjährigen Krieg überwiegt der französische Einfluss (Ludwig XIV.). In den gehobenen Kreisen gilt es als vornehm, Französisch zu sprechen. Eine große Anzahl französischer Lehnwörter hat sich bis heute erhalten.

**Beispiele**:
Küche: Bouillon, Omelette, Ragout
Mode: Kostüm, Parfüm, Perücke
Wohnkultur: Balkon, Salon, Gardine, Büfett

- Im 17. Jh. verstärkt sich der Einfluss der deutschen Nationalsprache: Deutsche ***Sprachgesellschaften*** wie die „Fruchtbringende Gesellschaft" in Weimar haben sich zum Ziel gesetzt, die Sprache zu normieren und sie von fremden Einflüssen zu „reinigen" und damit eine deutsche Literatursprache zu schaffen (vgl. Martin Opitz ↗ S. 116). Bei dem Bemühen der Sprachgesellschaften kommt es auch zu Übertreibungen.

**Beispiele**: Tageleuchter für Fenster; Dichtmeister für Poet.
Es werden damals allerdings auch Begriffe gebildet, die noch heute im Gebrauch sind.

**Beispiele**: Anschrift für Adresse; Mitlaut für Konsonant; Selbstlaut für Vokal.

- Im Zeitalter der ***Aufklärung*** sind die Bemühungen zur Normierung der geschriebenen Sprache erfolgreich. Damit setzt sich die ostmitteldeutsche Variante der Schriftsprache (↗ S. 38) schneller durch, auch in Österreich und Bayern. Bedeutenden Anteil daran hat J. Chr. Gottsched (↗ S. 122).
- In der 2. Hälfte des 18. Jh.s wird die Dichtung von entscheidender Bedeutung für die einheitliche Entwicklung der deutschen Schriftsprache(↗ S. 130). Die Sprache der Dichter (der

Aufklärung, des Sturm und Drang, der Klassik) gilt in Stil und Wortwahl als Vorbild der Hochsprache. Die geistigen Strömungen hinterlassen ihre Spuren im Wortschatz.

**Beispiele**:
Aufklärung: Vernunft, Toleranz, Weltbürgertum
Pietismus: Erleuchtung, Innigkeit, durchglühen
Sturm und Drang: Genie, Volkslied, Volksseele, Wehmut
Romantik: geheimnisvoll, Schicksal

- Um 1800 ist die Schaffung einer deutschen Literatur- und Schriftsprache zu einem relativen Abschluss gekommen. In der Schreibweise gibt es noch keine Einheitlichkeit. Dies wird durch die damalige staatliche Zersplitterung erschwert (1815 gibt es in Deutschland 34 erbliche Monarchien und 4 freie Städte ). Im Jahre 1800 sind noch etwa 4 % der gedruckten Bücher in Latein abgefasst. Zum Vergleich: 1570 ca 70 %, 1780 ca. 17 %.
- Durch die Entwicklung der Zeitungen und Zeitschriften wird allmählich ein breiteres Publikum (zumindest passiv als Leser) mit der Schriftsprache vertraut. Zum Vergleich: Im Jahre 1750 kommt ein Zeitungsexemplar auf 225 Einwohner; 1850 kommt ein Exemplar auf 30 Einwohner.
- Durch wirtschaftliche und politische Einflüsse sowie Übersetzungen englischer Literatur nimmt die Bedeutung englischer Lehnwörter im 19. Jh. zu.

**Beispiele**:
Wirtschaft: Lokomotive, Streik
Gesellschaftliches Leben: Smoking, toasten, Klub
Sport: Match, Trainer, Tennis

- Wörter aus dem Bereich Wissenschaft und Technik werden aus lateinischen und griechischen Spracheinheiten gebildet und finden als Internationalismen weite Verbreitung.

**Beispiele**:
Kommunismus (lat. communis = gemeinsam)
Automobil (griech. Autós = selbst; lat. mobilis = beweglich)

- Nach der Reichsgründung (1871) vollzieht sich ein Weg zur Vereinheitlichung von Aussprache und Orthografie (vgl. Konrad Dudens „Orthographisches Wörterbuch“, 1880). Im Jahre 1901 schließen sich die Schweiz und Österreich dem Regelwerk der deutschen Rechtschreibung an.

## 4.5 Besondere Entwicklungen und Tendenzen im 20. Jh.

### Sprachlenkung während der nationalsozialistischen Herrschaft (1933–1945)

Von einer nationalsozialistischen Sprache kann man nicht reden. Allerdings haben die Nationalsozialisten die Gemeinsprache im Sinne ihrer Ideologie verfälscht und für ihre Interessen missbraucht. Teilweise knüpfen die Nationalsozialisten auch an nationalistischen Sprachstil der Kaiserzeit an. Auch wird „positives" Wortgut aus älterer Zeit (z. B. aus der Zeit der Romantik) in den Vordergrund gerückt und mit nationalsozialistischen Vorstellungen verbunden. Die ***Ideologie*** der Nationalsozialisten gewinnt in dieser Zeit einen starken Einfluss auf den Sprachgebrauch. Wichtige Ideologieaspekte zeigen sich in der Sprache.

**Beispiele**:

• Rassenideologie (Judentum als Antirasse; Antisemitismus): Rassefremder, Rassegesetze, Arier, Nichtarier, Halbarier, Aufnordung, Judenausrottung, Blutschande

• Ideologie von Kampf und Gewalt: Reichsberufswettkampf, Ordensburg, ausradieren, Blitzkrieg, einsatzbereit

• Führerideologie (Führerkult, Unterordnung, Dienstbereitschaft und Gläubigkeit gegenüber dem Führer): Gefolgschaft, Fahnenschwur

• Gemeinschaftsideologie („Du bist nichts, dein Volk ist alles"): gesundes Volksempfinden

Die ***Sprache*** erhält insbesondere die Funktion, Emotionen zu wecken. Mit Hilfe der von der Ideologie durchsetzten Sprache wird die Wahrnehmung der Wirklichkeit entstellt. Die Argumentation im totalitären Kontext ist auf Lüge und Verbergen der gesellschaftlichen Wirklichkeit aufgebaut; Sprachmuster der Dialektik, des Infragestellens, der Zweidimensionalität sind nicht gefragt.

Wichtige sprachlich-rhetorische Mittel im nationalsozialistischen Sprachgebrauch, z. B. in Reden oder in der Literatur, sind:

- Häufung des Ausdrucks als rhetorisches Verstärkungsmittel: eigenstes und totales Erlebnis; Deutschtum und Deutschheit
- Übertreibungen (Superlativismus): totaler Krieg, tausendjähriges Reich, Großdeutschland

- Falsches Pathos und Schwulst: „… Heute wird das Starke, das Tröstliche, das Gläubige, das stille feste Dennoch im Mittelpunkt stehen …"
- ***Euphemisierung*** von Begriffen: *Endlösung der Judenfrage* = der Massenmord an den Juden; *Sonderbehandlung* = die systematisch geplante Tötung von Menschen, die als rassisch minderwertig angesehen werden
- Wiederholung, Worthäufung, Übermaß an rhetorischen Stilmitteln: „… Und das ist Geist von unserem Geiste, das ist unsere Entschlossenheit, unsere Härte, das ist die Repräsentation des Lebens unserer Rasse."

Im Sinne der Ideologie erhalten im Nationalsozialismus bestimmte Wörter eine neue Bedeutung.
**Beispiele**:
Blutvergiftung – Verfallserscheinung in Völkern und Rassen
rücksichtslos – erhält in der Sprache des Nationalsozialismus vielfach einen positiven Sinn und bedeutet dann so viel wie *zielstrebig, energisch.* Auf die Gegner bezogen behält das Wort nach wie vor seine negative Bedeutung;
Hass – „der heldische Hass der nordischen Rasse" steht in starkem Gegensatz zum „feigen Hass des Judentums".

Zur Sprachlenkung werden durch das Propagandaministerium Presseanweisungen an die Chefredakteure gegeben.
**Beispiel** vom 28.7.1937:
„Es wird gebeten, das Wort Propaganda nicht mehr missbräuchlich zu verwenden. Propaganda ist im Sinne des neuen Staates gewissermaßen ein gesetzlich geschützter Begriff und soll nicht für abfällige Dinge Verwendung finden … kurzum – Propaganda nur dann, wenn für uns, Hetze, wenn gegen uns."

## Zum politischen Sprachgebrauch in den beiden deutschen Staaten ab 1945

Ziel des politischen Sprachgebrauchs ist es, die Menschen zu beeinflussen. Dies gilt gleichermaßen für die DDR wie für die Bundesrepublik Deutschland.
Typisch für den politischen Sprachgebrauch in der DDR ist jedoch, dass es nur *eine* offizielle ***politische Sprache*** gibt. Durch

die Massenmedien mit ihrer besonderer Funktion für politische Agitation und Propaganda, die Schulbücher und Wörterbücher hat diese Sprache in der DDR einen prägenden Einfluss ausgeübt. Im Gegensatz dazu gibt und gab es in der Bundesrepublik Deutschland mehrere politische Gruppensprachen, die miteinander konkurrieren. Zwar wird auch in der Bundesrepublik durch die Massenmedien öffentlicher Sprachgebrauch verbreitet; der charakteristische Unterschied liegt aber in der Monopolisierung der einseitigen parteilichen Begriffsdefinitionen (z. B.: Arbeiter-und-Bauern-Staat).

Typische Kennzeichnungen des politischen Sprachgebrauchs in der DDR:

- ideologiegebundene neue Bedeutung (Bedeutungserweiterung/Bedeutungsverschiebung)

**Beispiele**:
parteilich = im Sinne der Interessen der Arbeiterklasse
kämpfen = für das sozialistische System kämpfen
aufklären = agitieren, jemanden politisch bekämpfen

- Darstellung der sozialistischen Beziehungen von Menschen mit Hilfe bestimmter Begriffe

**Beispiele**:
schöpferisch, kollektiv, Solidarität, Initiative, Verpflichtung, mitgestalten; vgl. auch die DDR-Devise „Plane mit – arbeite mit – regiere mit!"

- agitatorisches Vokabular (zur politischen Rede ↗ S. 181–182)

**Beispiele**:
Positive Wertung für die eigene Politik: Friedenskampf, fortschrittlich, friedliebend, produktiv
Negative Wertung für die Gegenseite/Schimpfvokabular: Bonner Ultras, Bonner Imperialisten, faschistisch, revanchistisch, kapitalistische Profitgier
Hohes Maß an massivem Eigenlob; vgl. auch Formelhaftigkeit der Sprache (vergleichbar auch westdeutschen Texten in Zeiten des Wahlkampfs)

- häufig auftretendes marxistisches Grundvokabular

**Beispiele**:
Arbeiterklasse, Proletariat, Ausbeutung, Sozialismus, Kapitalismus

- Formelhaftigkeit der Sprache (Schlagwörter, stereotype, hochtönende Formulierungen, Gebrauch von wir und unser)

**Beispiele**:
Unser sozialistischer deutscher Friedensstaat; tiefgreifende Veränderungen; zielstrebige Verwirklichung; weitreichender Beschluss; millionenfache Zustimmung

- bürokratisch-machtzentrierte Sprache der SED-Spitze, z. B. aus den Stasi-Unterlagen ersichtlich

**Beispiel:**
„Am 12. Januar 1989 wurden gegen 12 Uhr 1 männliche Person. und 1 weibliche Person … auf frischer Tat bei der Verbreitung von Hetzflugblätttern in Leipzig – Gohlis gestellt und zugeführt …“

Zum öffentlichen Deutsch und zur Sprache der Politik vgl. auch politische Reden ↗ S. 180 ff.;
Zur Literatur in der Bundesrepublik Deutschland und in der Deutschen Demokratischen Republik, vgl. S. 158–164; 164–171

## 4.6 Deutsch von heute – allgemeine Tendenzen

Das Deutsch von heute ist kaum auf einen einheitlichen Nenner zu bringen. Sprachliche Norm, das zeigen die **Beispiele** zur Sprachgeschichte (↗ S. 39), ist ein relativer Begriff. So hängt die explosionsartige Entwicklung des Wortschatzes mit vielfältigen gesellschaftlichen Veränderungen und Trends sowie historischen Ereignissen zusammen. Die Sprachentwicklungen haben auch etwas zu tun

- mit Bestrebungen zur Vereinheitlichung und Vereinfachung auf internationaler Ebene (Globalisierung),
- mit Bestrebungen zur Individualisierung und Differenzierung (spezialisierte Fachsprachen ↗ S. 30 und Gruppensprachen ↗ S. 29).

**Beispiele** für sprachliche Veränderungen im Zusammenhang mit historischen Ereignissen und gesellschaftlichen Trends:
Zeit der „Wende“ (1989 und danach): Ossi, Vorzeige-Ossi, Wessi, Mauer in den Köpfen, Entstasifizierung, Solidaritätspakt
Krieg im ehemaligen Jugoslawien: ethnische Säuberung
Ökologie: Verkehrsinfarkt, Lärminfarkt

Gesellschaft: Mobbing, Outing, Dinomanie
Politik: Politik- und Parteienverdrossenheit, Protestwähler, Nichtwähler, Wahlverweigerung

**Allgemeine Sprachtrends**

- größere Toleranz in der Umgangssprache: meinem Vater sein Auto
- vereinfachende Tendenzen in der Orthografie bei der jüngsten Rechtschreibreform, z. B. bei den Fremdwörtern wie *Biografie, Delfin* und bei der ss-Schreibung wie *Kuss, Flüsse*
- Erfindung neuer Ausdrücke durch die Werbung (↗ S. 193): erntefrisch, Verwöhn- Aroma, Geld-zurück-Garantie (als wörtliche Übersetzung von *money-back-guarantee*)
- starker Einfluss des Anglo-Amerikanischen seit Ende des Zweiten Weltkrieges durch neue Produkte und Moden (Aerobic, Walkman); durch Filme mit Originaltitel (Message in a Bottle; Eyes Wide Shut); durch Computerindustrie (gateway, chat, browser, vgl. ↗ S. 31)
- Einfluss der Massenmedien (Talkshow, Gameshow, Late-Night-Show, News, Reality-TV)

# Formen des Darstellens und Schreibens

## 1 Bedingungen des Schreibens

Schreiben unterscheidet sich durch folgende Punkte vom Sprechen (↗ S. 13, 31, 50):

- Der Schreiber ist beim Schreiben auf sich allein angewiesen, auf seine Vorstellungen und auf sein Denken.
- Er muss alles, was er sagen will, in Worte fassen, die lautliche Seite und die Körpersprache stehen nicht zur Verfügung.
- Er legt sich mit dem Geschriebenen fest; damit werden seine Äußerungen für Leser interpretierbar.
- Der Adressat und Kommunikationsparter ist nicht anwesend, insofern ist eine doppelte Abstraktion gefordert.
- Beim üblichen Schreiben wird der Schreiber nicht situativ gesteuert und motiviert. (Dies ändert sich jedoch durch die neuen Formen der Internet- und E-Mail-Kommunikation; hier ist oft ein unmittelbares Reagieren auf schriftliche Äußerungen erforderlich.)

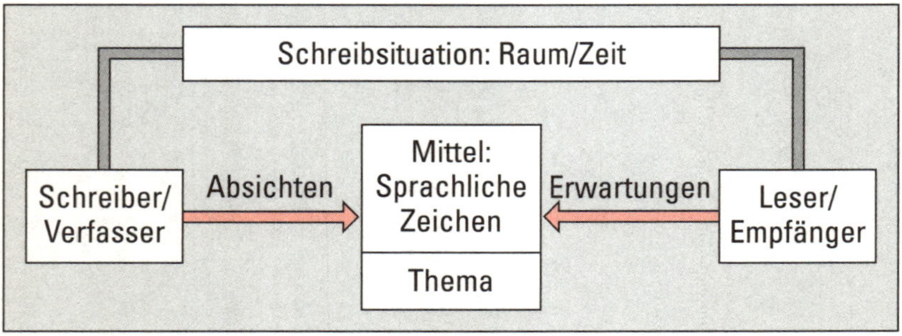


*Schreibsituation und ihre Faktoren*

Das Schreiben verlangt eine höhere Bewusstheit und Absichtlichkeit als das Sprechen (vgl. mündliche und schriftliche Formen der Kommunikation ↗ S. 13, 31).

Folgende Faktoren sind beteiligt:

### Schreibsituation

Schreiben setzt im Gegensatz zum Sprechen eine Situation voraus, in der der Adressat nicht selbst zugegen ist. Sie ist bewusst gestaltet. Die Situation schließt auch den sozialen Bezug (Empfänger) ein. Damit ergibt sich die Absicht des Schreibens und die Rolle, die der Schreiber dabei hat.

### Der Schreiber: seine Rolle und seine Intentionen

Wer schreibt, muss sich seine Absicht und seine Rolle als Schreibender klarmachen; er muss sich seine Schreibabsicht verdeutlichen, z. B.: informieren, aufrufen, belehren, in Kenntnis setzen, einen Verstehensprozess beschreiben und dazu jeweils die geeigneten Mittel wählen.

**Beispiel:** Bei einer Prüfungsarbeit in der Schule muss der schreibende Schüler sich klarmachen, dass er einem Beurteilenden (Lehrer) gegenüber bestimmte Leistungen, Methoden, Kenntnisse nachweisen muss.

### Der Leser und seine Erwartungen

Die Einstellung auf die Erwartungshaltung des Lesers ist notwendig, damit die vom Leser erwartete und vom Schreiber intendierte Mitteilung verstanden wird.

**Beispiel:** Bei einer schriftlichen Aufgabe in der Schule wird sich der Schüler auf die Erwartungen des Empfängers einstellen, auch bei der Berücksichtigung formaler Normen (Rechtschreibung/Zeichensetzung).

### Das Thema

Ein Stoff/Sachverhalt wird zum Thema, wenn der Schreiber diesen in einer bestimmten Absicht gestaltet. Damit entscheidet der Schreibende, in welcher Weise er sich mit dem Sachverhalt beschäftigt.

**Beispiel:** In der Schule ist die richtige Erfassung des Themas eine Bedingung dafür, die Erwartung des Themenstellers zu erkennen und zugleich die geforderte Leistung in einer bestimmten Form zu erbringen. Das heißt: Wenn die Beschreibung eines Textes verlangt wird, darf dies nicht mit den sprachlichen Mitteln der Werbung geschehen.

### Zur Sprache

Die Leistung der Sprache beim Schreiben kann in dreifacher Weise gekennzeichnet werden (vgl. den Erklärungsansatz von Hans Bühler ↗ S. 18).

- Sprache als ***Ausdruck*** persönlicher Einstellungen
  Wiedergabe von eigenen Gefühlen, Empfindungen, Vorstellungen

**Beispiel:** Eintrag in ein persönliches Tagebuch

- Sprache als sachbezogene ***Darstellung***
  Sachverhalte und Gegenstände in sachlicher Weise darstellen; sachliche Erkenntnisse darstellen; Probleme sachbezogen erläutern und erörtern

**Beispiele**: Bericht über ein Ereignis, Sachbuch, Problemerörterung

- Sprache als wirkungsbezogener ***Appell***
  auf das Verhalten anderer einwirken; ihr Fühlen und Denken beeinflussen

**Beispiel:** Werbung/politische Agitation

Diese Grundleistungen der Sprache treten meist nicht in reiner Form auf. Auch eine Werbebotschaft enthält informative Teile und auch ein Agitationstext kann Ausdruck von Gefühlen seines Verfassers sein.

## 2 Elementare Schreibformen und Textsorten

### 2.1 Inhaltsangabe

Die Inhaltsangabe ist eine wichtige Form des informierenden Schreibens: Für Leser soll der Inhalt eines Textes, eines Buches, eines Films knapp zusammengefasst werden. Der Leser erwartet einen Gesamtüberblick und eine möglichst objektive und neutrale Darstellung ohne persönliche Bewertung.

### Grundsätze für die sprachliche Gestaltung

- Sachlich schreiben; persönliche Bewertungen und Empfindungen unterlassen; Verzicht auf aussschmückende Formulierungen,
- keine Orientierung am Stil der Vorlage; mit eigenen Worten wiedergeben; nur wichtige Aussagen werden wörtlich zitiert; Zitate werden in Anführungszeichen gesetzt (↗ S. 61); die Abfolge von Handlungen oder Gedanken werden in geordneter Weise knapp wiedergegeben,
- Tempusform Präsens (bei Vorzeitigkeit: Perfekt),
- direkte wörtliche Rede in indirekter Rede wiedergeben,
- Satzbau/Stil: inhaltlich komplexe Zusammenhänge lassen sich durch Satzgefüge mit konjunktionalen Gegensätzen angemessen darstellen (besser als mit Satzreihen); Konjunktionen wie *weil, obwohl, während, als* bringen die Bedeutungszusammenhänge zum Ausdruck.

### Unterschiedliche Formen

Bei handlungsintensiven erzählenden Texten (Erzählung/ Kurzgeschichte) muss der Ablauf der Handlung wiedergegeben werden. Häufig ist es dabei sinnvoll, sich an den äußeren Abschnitten zu orientieren und ihnen zu folgen.
Bei Problem- oder Erörterungstexten muss der Gedankengang wiedergegeben werden. Dazu ist es notwendig, die Sinnabschnitte zu erfassen. Hier muss man allerdings besonders bedenken, dass diese oft nicht identisch mit den äußeren Abschnitten sind.

### Mögliche Gliederung

- Einleitung
  Titel, Verfasser, (wenn bekannt: Erscheinungsjahr), Textart, Thema/Problem des Textes
- Hauptteil
  Handlungsverlauf oder Aufbau des Gedankengangs, Ort, Zeit, Personen und ihre Beziehungen zueinander
- Schluss
  Knappe Zusammenfassung; knapper Hinweis auf die Aussage des Textes (Schluss darf auch fehlen)

**Vorgehensweise/Methode**

Bei der Bearbeitung eines Textes, zu dem eine Inhaltsangabe anzufertigen ist, kann man in folgender Weise vorgehen:

- Wichtiges durch Markierungen kenntlich machen (bei längeren Texten)
- Unwichtiges wegstreichen, sodass die Kernaussagen stehen bleiben (bei kürzeren Texten)
- Stichpunkte aufschreiben, die das Wesentliche erfassen
- Kombination unterschiedlicher Methoden, z. B. Wichtiges markieren und Stichpunkte machen

**Zusammenfassung**

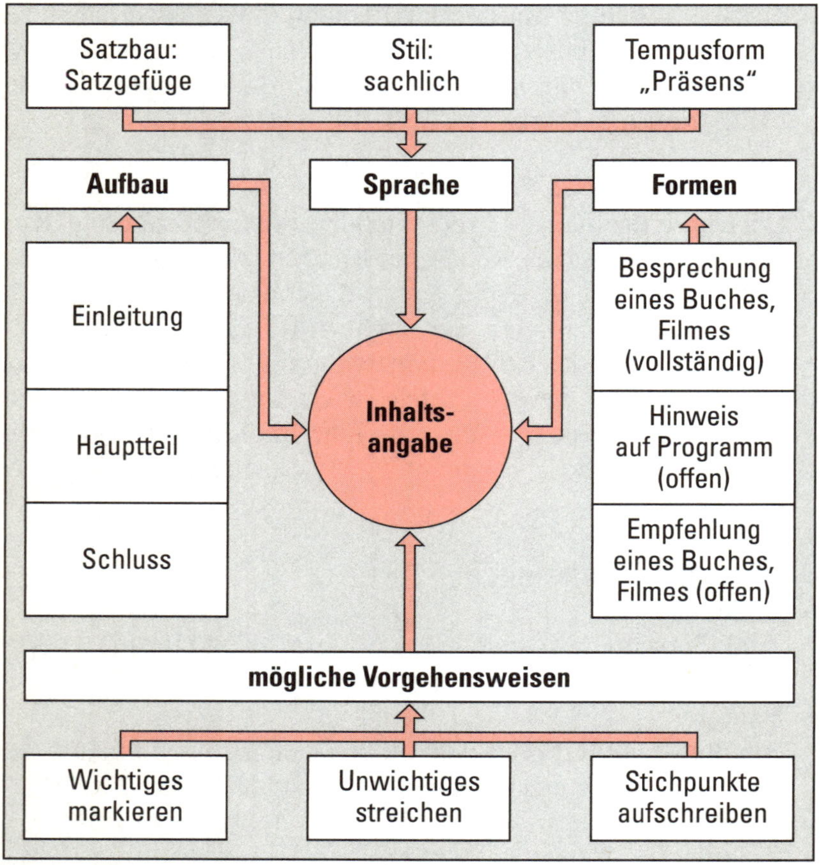


*Mind-map zur Inhaltsangabe*

## 2.2 Beschreibung

Auch die Beschreibung gehört zu den sachlich-informierenden Textformen. Einem Leser soll ein Gegenstand, ein Bild, eine Person, ein Vorgang (z. B. ein Experiment) so beschrieben werden, dass er eine detaillierte Vorstellung erhält.
Für den Deutschunterricht besonders wichtig ist die Textbeschreibung; diese ist oft Teil oder Vorform einer Textanalyse bzw. einer Texterschließung. Oft geht es bei der Textbeschreibung um Einzelaspekte eines Textes (z. B. zum Inhalt, zum Aufbau, zu den Hauptpersonen, zur Kernaussage, zur sprachlich-ästhetischen oder rhetorischen Gestaltung).
**Beispiel** für eine Aufgabenstellung: Beschreiben Sie die Verhaltensweisen der drei Hauptpersonen des Textes und kennzeichnen Sie ihre Beziehung.

### Grundsätze für die sprachliche Gestaltung

- Bei der Beschreibung einer inhaltlichen Abfolge variieren, nicht nur mit *dann* und *darauf* anfangen, sondern auch mit Satzgefügen und Konjunktionen arbeiten.
- Sachliche Eindeutigkeit verlangt den Einsatz von Fachvokabular und präzise kennzeichnenden Adjektiven; schildernde, erlebnishafte Darstellung muss vermieden werden.
- Wechsel von Passiv- und Aktivformen
- Zeitform: Präsens

**Beispiel:** In der satirischen Kurzgeschichte „An der Brücke" von Heinrich Böll geht es um die sinnlose Arbeit im Alltag eines Kriegsversehrten, die darin besteht, die vorbeigehenden Passanten auf der neu gebauten Brücke zu zählen. Bei seiner täglichen Arbeit verliebt sich der traurig wirkende Ich-Erzähler in eine junge Kellnerin …

## 2.3 Protokoll

Das Protokoll gehört zu den informierenden, zusammenfassenden Textarten. Es werden Ablauf bzw. Hauptergebnisse von bestimmten Veranstaltungen (Unterricht, Konferenz, Gespräch, Verhandlung, Vernehmung) übersichtlich und in sachlicher Weise dargestellt. Das Protokoll dient als

- Erinnerungshilfe für Beteiligte
- knappe Information für Nichtbeteiligte
- Grundlage für weitere Arbeit
- Dokument (daher auch die Unterschrift des Protokollanten)

**Unterschiedliche Formen**

- Ergebnisprotokoll: Zusammenfassung der wichtigsten Ergebnisse als gebräuchlichste Form
- Verlaufsprotokoll: Wiedergabe des Diskussionsverlaufs und der Ergebnisse
- Schulische Formen: Unterrichtsprotokoll (Thema, Verlauf, Ergebnis von Stunden), Versuchsprotokoll (Wiedergabe von Versuchsabläufen)

Das Unterrichtsprotokoll ist insofern eine Mischung aus Ergebnis- und Verlaufsprotokoll, als der Verlauf in groben Zügen und sprachlich knapper Form wiedergegeben wird und die wesentlichen Einzelheiten in klarer Form festgehalten werden.

**Grundsätze für die sprachliche Gestaltung**

- Grundlage für das Protokoll ist die Mitschrift des Protokollanten: stichwortartiges Mitschreiben wichtiger Beiträge; besonders Hauptaussagen/Zusammenfassungen, umfangreiche Beiträge durch zentrale Begriffe zusammenfassen, wichtige Formulierungen (Beschlussfassungen u. Ä.) wörtlich notieren oder wiedergeben
- Kürze und Prägnanz, sachliche Sprache, keine persönlichen Bemerkungen

**Endgültige Abfassung**

- Als Textart mit dokumentarischem Charakter sind im „Kopf“ bestimmte festgelegte Angaben notwendig:
  - Thema der Stunde
  - Kursbezeichnung
  - Angabe der Zeit: Datum, Beginn, Ende
  - Kursleiter
  - Anwesende (Anzahl)
  - Abwesende (Namen; ggfs. mit Begründung für die Abwesenheit)

• Schriftführer/ Protokollant

- Gliederung nach den Tagesordnungspunkten (TOP 1, TOP 2,) oder nach den Phasen des Unterrichtsverlaufs (1., 2.,); wichtige mündliche Äußerungen (z. B. Beschlussfassungen) wörtlich wiedergeben
- Unterschrift des Protokollanten

## Zusammenfassung

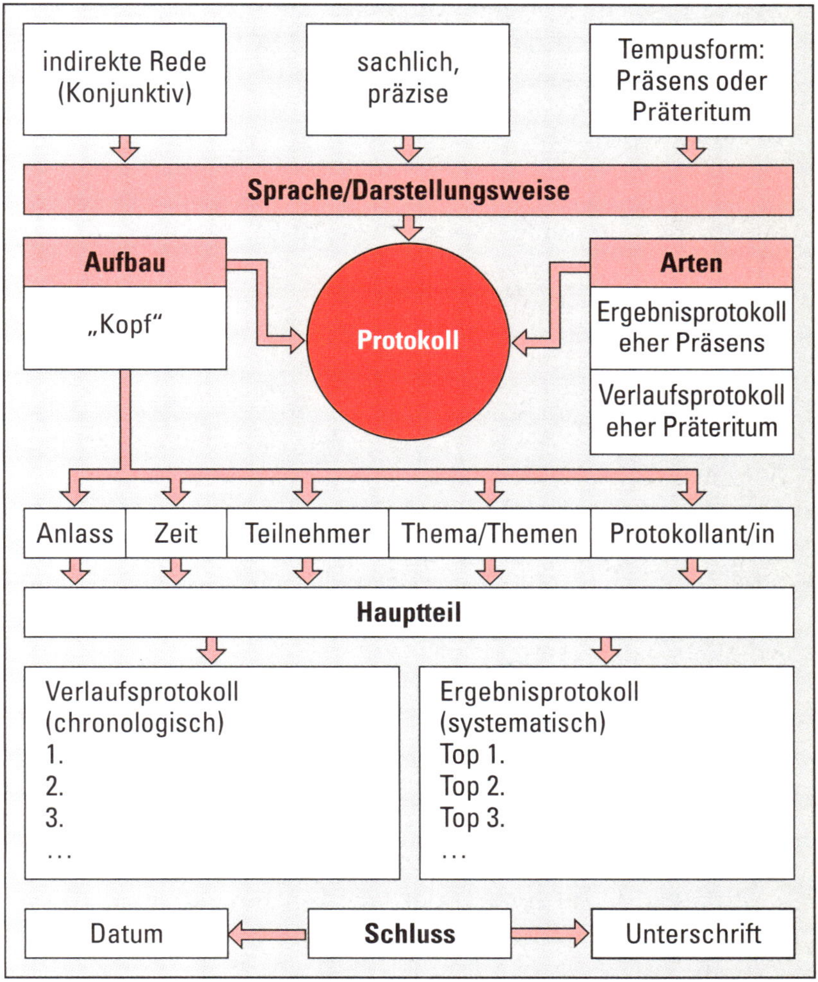


*Mind-Map zum Protokoll*

## 2.4 Literarische Charakteristik/literarisches Porträt

Die Hauptperson eines Textes (einer Kurzgeschichte, einer Erzählung, eines Romans, eines Schauspiels) wird in ihrem Aussehen, ihrem Charakter, ihrem Verhalten, ihrer Eigenart und ihrer Beziehung zu anderen Personen (↗ S. 20) genau gekennzeichnet. Man legt dabei den gesamten Text zugrunde, weil es auch um die Entwicklung der Person über den gesamten Zeitraum geht.
Zweck einer literarischen Charakteristik ist das genaue Erkennen der Personen und ihrer Motive und Beziehungen zu den andern; damit ist auch ein intensiveres Textverständnis und die Ausbildung von Menschenkenntnis verbunden.

**Grundsätze für die sprachliche Gestaltung**

- äußere Beschreibungsaspekte wie Aussehen, Alter, Kleidung, Gestik, Gesichtszüge …
- charakterisierende Wesensmerkmale: Eigenarten und Besonderheiten der Person, Charakter, Wesensart, Weltbild, Beziehung zu anderen
- Wertung: Wertungen, die im Text (z. B. vom Erzähler, von den handelnden Figuren) gegeben werden, und eigene Wertung des Schreibenden
- Tempusform: meist Präsens; Adjektive spielen zur genauen Kennzeichnung eine wichtige Rolle
- wichtige Gesichtspunkte mit Beispielen/Textstellen belegen, Zitate einsetzen
- Mögliche Gliederung
  - Einleitung Bedeutung der Figur innerhalb des Werkes
  - Hauptteil: Die Inhalte der beiden folgenden Punkte können auch zusammen bearbeitet bzw. aufeinander bezogen werden.
  - Allgemeine Kennzeichnung der Person (Name, Geschlecht, äußeres Erscheinungsbild, Sprechweise, Herkunft, Beruf, Familie, charakterlicher Grundzug, Geisteshaltung)
  - Verhalten im Einzelnen: typische Einzelhandlungen (Textbelege); Selbsteinschätzung/Einschätzung der anderen (Textbelege)
  - Wertung: Wertung im Text und eigene Wertung

• Schlussteil: ggfs. Gesamtwertung; diese kann auch entfallen, wenn aus dem Hauptteil ersichtlich

## 2.5 Facharbeit

Als Facharbeit bezeichnet man in der Sek. II eine langfristig gestellte schriftliche Hausarbeit von ca. 10 Seiten. Sie soll erkennen lassen, dass der Verfasser mit Hilfe wissenschaftlicher Arbeitstechniken selbstständig ein Thema zu einem begrenzten Sachgebiet bearbeiten kann.
Wie bei einem Referat (↗ S. 182) geht es darum, zu einem eingegrenzten Thema detaillierte Beiträge zu formulieren; anders als beim Referat ist der Zeitaufwand für Materialbeschaffung und -bereitstellung größer.
Die Facharbeit ist sachbezogen und partnerorientiert: Unmittelbarer Adressat ist in der Regel der jeweilige Fachlehrer. Allgemein gebräuchliche Fachbegriffe können also als bekannt vorausgesetzt werden.

### Leistungsanforderungen

- Material beschaffen, Material sichten, kritisch auswerten und ordnen, d.h. wichtige Textstellen herausschreiben, ggfs. auf Karteikarten; den Inhalt von Texten erschließen bzw. ihre Aussagen deuten
- Beherrschung wissenschaftlicher ***Arbeitstechniken*** (↗ S. 59), Nachweis der verwendeten Literatur und Quellen, sachgemäßes Zitieren (↗ S. 61ff.)
- Angemessene Darstellung; Unterscheidung zwischen Vermutungen/subjektiven Wertungen und sicherer Kenntnis

### Sprachliche Darstellungsweise

- Kenntnis der wichtigen Darstellungsformen ist notwendig: sachlich beschreiben (↗ S. 53), analysieren und deuten (↗ S. 71–92), erörtern und erläutern (↗ S. 93–102).
- Sachlicher Stil: keine erlebnishaften, witzigen, pathetischen Darstellungen und Vorsichtsformulierungen („In der Kürze der Zeit ist es leider nicht möglich …")
- Veranschaulichung durch Diagramm (↗ S. 70) oder Statistik

- Ansprechend gestaltete Form, zum Beispiel DIN-A4-Format; einseitige Beschriftung; Ränder: links etwa 4–5 cm zum Einheften, rechts 2–3 cm für Korrekturen
- Textgliederung durch Absätze; Anordnung von Zusatzangaben durch Fußnoten am Ende der Seite oder fortlaufend am Ende der Arbeit; Einsatz des PC
- Zur Orientierung des Lesers nach einem längeren Kapitel knappe Zusammenfassung bzw. zu Beginn eines neuen Kapitels Überleitungen geben

**Reihenfolge der Arbeitsschritte**

- Vorplanungen: Terminplan
- Literaturbeschaffung
- Bearbeitung des Materials (vgl. oben)
- Entwurf der Gliederung nach unterschiedlichen Systemen:

a) nach der Buchstaben-Ziffern-Gliederung
A
I
1.
a.
b.
…
2.
….
B
I
1.
…

b) nach dem dezimalen System
1.
1.1
1.1.1
….
2.
2.1
2.1.1

- Ausführung der Gliederungspunkte
- Möglichkeit für Aufbau/Gliederung

1. Titelseite mit Thema, Name, Kursgruppe, Kurslehrer, Schule
2. Inhaltsverzeichnis/Gliederung mit einzelnen Gliederungspunkten
3. Haupttext (ggfs. mit Bildern, Diagrammen, Übersichten)
4. Anhang mit Zusatzmaterialien und Belegen
5. Literaturverzeichnis
6. Eigenhändig unterschriebene Erklärung, dass die Facharbeit ohne fremde Hilfe angefertigt und nur die im Literaturverzeichnis angegebenen Hilfen genutzt worden sind.

**Nutzung neuer Medien**

Insbesondere zur Informationsbeschaffung lassen sich neben den üblichen Informationsquellen (Einzelbücher, Sammelwerke, Lexika/ Bibliotheken, Archive, Museen/ Befragungen, Interviews) die neuen Medien gut nutzen.

- CD-ROM

  **Beispiele**: das allgemeine Multimedia-Nachschlagewerk Encarta (Microsoft); Kindlers Literaturlexikon
- Internet

  Das Internet stellt dem Benutzer kein aufbereitetes Inhaltsverzeichnis zur Verfügung. Die Inhalte sind eher „chaotisch-verstreut", der Internet-Benutzer muss sich daher (anders als beim Fernsehen) in aktiver Weise und mit einer kritischen Einstellung seine Informationen selbst holen und zusammenstellen. Das Internet zwingt den Benutzer, sich Strategien zur Recherche anzueignen. Wenn man z. B. einen Zeitungsartikel/Kommentar zu einem bestimmten Thema sucht, wird man über das Suchwerkzeug *Paperball*, das alle im Internet verfügbaren deutschsprachigen Tageszeitungen und Magazine durchsucht, sicher fündig. Internet-Adresse: http://www.paperball.de

  Eine interessante Adresse für deutsche Literatur ist das Projekt *Gutenberg* (http://gutenberg.net).

  Für die Arbeit im Internet bieten Bildungsserver aufbereitete Informationen an. Sie helfen, sich im unübersichtlichen Angebot des Internets zurechtzufinden, z.B.

- Der Deutsche Bildungsserver (http://dbs.schule.de) oder (http://www.schule.de)
- Landesserver: Alle Länder bieten inzwischen Landesserver an, wie z. B. Zentralstelle für Computer und Unterricht (http://www.zs-augsburg.de);
- Learn-line: Bildungsserver-NRW (http://www.learn-line.nrw.de)
- Bildung online, der Bildungsserver der Verlage Cornelsen, Klett, Schroedel, Westermann (http://www.b-o.de)

Für eine gezielte Suche im Internet sind als „Werkzeuge" Suchmaschinen entwickelt worden. Eine Suchmaschine untersucht nur bestimmte Bereiche im Dokumentenangebot des Internets, sodass es sinnvoll ist, mit mehreren Suchmaschinen zu arbeiten. Spezielle Adressen für Suchmaschinen sind z. B.:

- WEB (http://web.de)
- Dino (http://dino-online.de)
- ALADIN (http://www.aladin.de)
- altavista (http://www.altavista.digital.com/)
- Die besten WWW-Suchroutinen findet man unter der Adresse: http://www.zum.de/schule/Suchen/ html.

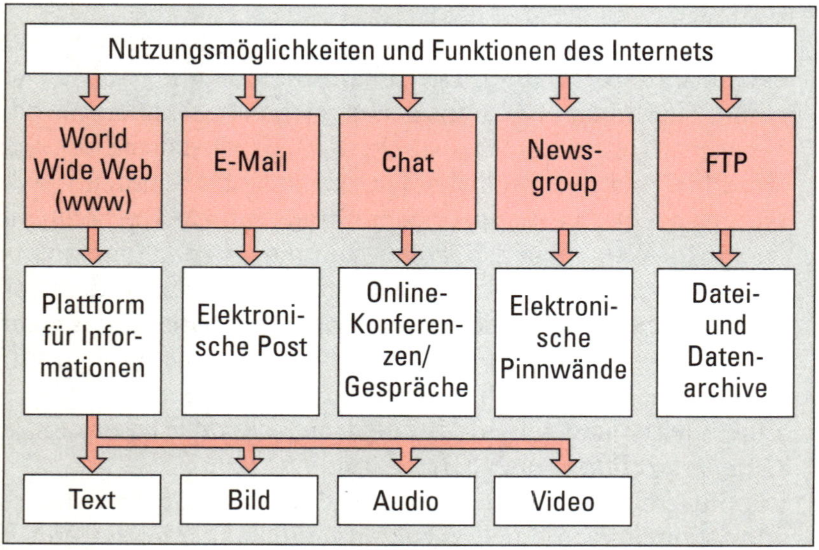

## Zitate benutzen und Quellen angeben

Wenn man fremde Gedanken für seine eigene Arbeit übernimmt, müssen diese Übernahmen kenntlich gemacht werden.

### Das wörtliche Zitieren

- Bei Textanalysen/Texterschließungen oder bei Erörterungen im Anschluss an Texte wird mit Zitaten nachgewiesen, dass Deutungen oder Behauptungen durch den Text belegt sind.
- Zitate müssen genau sein; sie dürfen in ihrem Wortlaut nicht verändert werden. Kürzungen werden durch drei Punkte in eckigen Klammern […] angezeigt.
- Notwendige Erläuterungen können ebenfalls in eckiger Klammer in ein Zitat eingefügt werden.
- Zitate müssen stimmig in den Text eingepasst werden; ihr Sinn darf nicht verändert werden.
- Zitate sollten nicht zu umfangreich sein; sie sollen bei Analyseaufgaben die eigene Auseinandersetzung belegen, aber nicht ersetzen.

**Beispiele**:
Im ersten Satz der Kurzgeschichte *Die drei dunklen Könige* von W. Borchert „tappte" er „durch die dunkle Vorstadt". Am Ende des ersten Abschnitts stellt der auktoriale Erzähler fest, dass „Sterne […] nicht da" sind …

### Zeichensetzung beim Zitieren

Wörtlich zitierte Sätze stehen in doppelten Anführungszeichen (s. o.); enthält der zitierte Satz bereits Anführungszeichen, werden diese als einfache Anführungszeichen übernommen.
Wenn im Satz eine zitierte Stelle eingebaut wird und das Zitat steht am Ende, folgt der Schlusspunkt nach dem Zitatzeichen und nach der Klammer mit der Seiten- bzw. Zeilenangabe. Ein Schlusspunkt hinter einem zitierten Satz wird in der Regel weggelassen.

**Beispiele**:
Die alte Frau in Borcherts Kurzgeschichte *Das Brot* kann nicht ertragen, „dass er [ihr Ehemann] log" (S. ■, Z. ■).
Borcherts Kurzgeschichte *Die drei dunklen Könige* wird eingeleitet mit dem Satz „Er tappte durch die dunkle Vorstadt".

**Indirekter Verweis auf eine Textstelle durch sinngemäße Wiedergabe**

Die sinngemäße Wiedergabe geschieht in der Regel

- bei einer Äußerung in der Form der indirekten Rede (meistens Konjunktiv) bzw.
- durch einen allgemeinen Verweis auf eine Textstelle.

**Beispiele**:

Der Erzähler kennzeichnet die Verbitterung des Mannes, indem dieser wiederholt bemerkt, er habe niemanden, dem er seine Fäuste ins Gesicht schlagen könne (S. ■, Z. ■ und ■).

Schon im zweiten Satz wird auf den Krieg angespielt.

**Angaben der Textquelle**

Zitate müssen überprüfbar sein. Dazu müssen (z. B. bei einer Facharbeit) die Textquellen benannt werden. Dazu gehören

- Verfasser mit Vornamen; wenn es sich um den Herausgeber handelt, muss *Hg.* in runden Klammern dahinter stehen.
- Buchtitel (ggf. mit Untertitel)
- Erscheinungsort (ggf. mit Verlag)
- Erscheinungsjahr
- Seite

Beispiel zu Wolfgang Borcherts Kurzgeschichte *Die drei dunklen Könige:*

Aus: Wolfgang Borchert, Das Gesamtwerk. Rowohlt Verlag, Hamburg 1949, S.185 ff.

**Möglichkeiten der Quellenangabe in umfangreicheren Arbeiten (z. B. Facharbeit)**

- Im Anschluss an das Zitat verkürzte Quellenangabe in Klammern

**Beispiel:** (Borchert 1949, S.  )

Das vollständige Literatur- und Quellenverzeichnis muss am Ende der Arbeit im Anhang stehen. Die Angaben sind dort alphabetisch nach Verfassern anzuordnen.

- Im Anschluss an das Zitat wird durch eine hochgestellte Ziffer auf eine Fußnote am unteren Rand der Seite oder auf den Anhang der Arbeit verwiesen, wo jeweils die Quelle unter der entsprechenden Nummer angegeben ist.

Wenn man mehrmals aus einer Quelle zitiert, kann man diese so kennzeichnen:

- bei derselben Seite und direkt hintereinander: ebd. (= ebenda)
- bei demselben Buch mit: a. a. O. (am angegebenen Ort)

## 2.6 Rezension

### Kennzeichnung/Zweck

Das Wort geht auf den lateinischen Begriff recensio (= Musterung) zurück. Rezensionen sind in Zeitungen und Zeitschriften, mündliche auch in Hörfunk und Fernsehen verbreitet. Sie stellen eine kritische Darstellung und Würdigung von literarischen Werken oder Filmen dar, insbesondere bei Neuerscheinungen. Wichtig ist die Berücksichtigung der Adressaten. Gelegenheiten im Unterricht:

- nach einer Buchlektüre
- nach einem gemeinsamen Theaterbesuch
- nach der Bearbeitung einer Literaturverfilmung

### Grundsätze für die sprachliche Gestaltung

• Zunächst den zu bewertenden Text genau kennzeichnen (z. B. durch eine knappe Inhaltsangabe; durch Kennzeichnung der handelnden Personen)

• Bestimmte Untersuchungsaspekte herausstellen (keine Vollständigkeit), z. B.:
Originalität in Inhalt und Sprache
Darstellung der Hauptperson
ästhetische Qualität/Stil

• Kritisch werten: Vorzüge ggfs. Schwächen herausstellen

• Leserbezogen schreiben und auf die Interessen der Leser eingehen; eine Empfehlung oder Ablehnung formulieren; zur eigenen Meinungsbildung anregen

• Tempusform *Präsens*

## 2.7 Bewerbung und Lebenslauf

Bewerbung und Lebenslauf sind Zweckformen, die ein bestimmtes Ziel verfolgen. Sie können nach formalen Kriterien angelegt werden.

**Grundsätze für die sprachliche Gestaltung**

Zu einer vollständigen Bewerbung gehören:

- Bewerbungsschreiben
- Lebenslauf (in der Regel tabellarisch)
- Zeugniskopien
- Foto im Passbildformat (Name und Anschrift auf der Rückseite)
- Bescheinigungen über Ausbildung, Betriebspraktika, besondere Qualifikationen

**Inhalt, Form, Sprachstil der Bewerbung**

- sachlicher Stil, sinnvolle inhaltliche Gliederung
- Form (DIN-A4-Format)

**Formaler Aufbau**

Vorname, Name
Straße, Hausnummer
Postleitzahl, Wohnort
Telefonnummer
E-Mail-Adresse

Firma/Frau/Herr
Personalabteilung
Straße/Postfach
Postleitzahl/Ort
Bewerbung um eine Lehrstelle
Ihre Anzeige …

Sehr geehrte Damen und Herren,
…

Mit freundlichen Grüßen
Unterschrift

*Anlagen*
Lebenslauf
Passbild
Beglaubigte Zeugnisabschrift(en)

**Inhaltlicher Aufbau des Hauptteils**

- Einleitender Satz: Stelle, um die man sich bewerben möchte, wie man darauf aufmerksam wurde
- Nähere Angaben zur Person: Schulausbildung, Abschluss, besondere Fähigkeiten, Neigungen

**Tipps für Bewerbungsschreiben und Lebenslauf**

- Format DIN-A 4, unliniertes weißes Papier
- links Rand lassen, Papier nur auf einer Seite beschreiben
- Streichen, Radieren, formale Fehler (Rechtschreibung und Zeichensetzung) auf jeden Fall vermeiden
- beglaubigte Kopien von Zeugnissen (DIN-A4)
- für die eigenen Unterlagen von Bewerbungsschreiben und Lebenslauf eine Kopie anfertigen (oder im PC speichern)
- Lebenslauf auf Wunsch handschriftlich erstellen (mit Tinte schreiben); normalerweise kann er mit PC geschrieben werden

**Beispiel für eine Bewerbung (Hauptteil)**

Ihre Anzeige in der … zeitung vom … – Ausbildungsplatz als Bankkaufmann

Sehr geehrte Damen und Herren,
auf das von Ihnen ausgeschriebene Stellenangebot möchte ich mich deshalb bewerben, weil es meinen beruflichen Interessen entgegenkommt. Ich besuche zur Zeit die Klasse 13 des Einstein-Gymnasiums in R … und habe in der Jahrgangsstufe 13 mein Praktikum an Ihrer Bank absolviert. Schon in diesen 10 Tagen habe ich mein Interesse an einer Laufbahn im Bankwesen entdeckt. Weitere Einzelheiten können Sie dem beigefügten Lebenslauf entnehmen. Über eine Einladung zu einem Vorstellungsgespräch würde ich mich freuen.
Mit freundlichen Grüßen
Unterschrift

**Gliederungsmöglichkeit für einen kursorischen Lebenslauf**

In der Regel reicht ein kursorischer, mit PC angefertigter Lebenslauf, nur auf Wunsch ein handgeschriebener.

**Beispiel: Kursorischer Lebenslauf**

| | |
|---|---|
| Persönliche Daten: | Julia Berger<br>Binnerweg 1<br>33106 P …<br>Tel.: …<br><br>geb. am 15.2.19..<br>in Bielefeld |
| Name und Beruf des Vaters: | Heinrich Berger,<br>Einzelhandelskaufmann |
| Name und Beruf der Mutter: | Marie-Therese Berger,<br>Grundschullehrerin |
| Geschwister: | 1 jüngere Schwester |
| Schulbildung: | von Sept. 19.. – Juli 19..:<br>Grundschule in P …<br>seit Sept. 19..:<br>Heinrich-Heine-Gymnasium<br>in D … |
| Voraussichtlicher Schulabschluss: | Abitur, Juni 20.. |
| Besuchte Kurse und Kenntnisse: | Teilnahme an Arbeitsgemeinschaften:<br>Textverarbeitung WORD;<br>Tabellenkalkulation EXEL;<br>Präsentationstechniken;<br>Internet;<br>Fremdsprachen:<br>Englisch u. Französisch<br>(Schulkenntnisse) |
| Berufswunsch: | Bankkauffrau |
| P …., 17.3.20.. | |

## 2.8 Wichtige Medientextsorten im Überblick

### Kommentar

Es geht um das Ziel, bestimmte Sachverhalte zu beleuchten und dabei den Leser zu informieren und seine Meinung zu beeinflussen. Entsprechend werden
- Fakten wiedergegeben,
- Argumente genannt,
- Wertungen formuliert.

### Glosse

Sie dient vor allem dazu, den Leser zu belustigen und zugleich nachdenklich zu stimmen. Ihre Merkmale sind:
- Kurze prägnante, kommentierende Textart zu aktueller Thematik (Ursprünglicher Wortsinn: *Randbemerkung)*
- Stil: witzig, ironisch, polemisch
- Schlusspointe, die aus Überraschungseffekten entsteht: Dem Leser soll schlaglichtartig eine Erkenntnis oder Einsicht vermittelt werden; der Leser soll einerseits unterhalten werden, zugleich geht es andererseits um ein ernstes Anliegen
- Wirkung umso besser, je knapper und angriffslustiger
- Mittel zur Steigerung der Wirkungen: Anspielungen, Zitate, aber auch Anapher, Anrede, Ironie, Metaphorik, rhetorische Frage, Neologismen, Archaismen
- Doppeldeutigkeiten und Bilder können auch ironisch gemeint sein (vgl. oben)
- Prägnante Überschrift
- Schneller Einstieg in die Thematik
- Durchhalten eines Bildes, eines inhaltlichen Zusammenhangs
- Witz und Pointe überraschend auf den Punkt bringen

### Leserbrief

- Möglichkeit der Beteiligung an der öffentlichen Meinungsbildung; eine öffentliche Antwort (mit Namen) auf einen zuvor veröffentlichten Artikel in der Zeitung
- Schreiber steht mit seinem Namen für seine Ansicht ein.
- Schreiber bewertet den Artikel, auf den er sich bezieht, indem er ihn ablehnt, unterstützt, korrigiert, ergänzt, kommentiert oder neue Fragen aufwirft.

• Einfache, klare Sprache
• Knapper Platz; daher sofort auf das Hauptanliegen eingehen
• Für alle Leser, nicht nur für Experten; daher klarer Aufbau
• sachliches Vertreten des eigenen Anliegens; persönliche Polemik oder Beleidigungen unterlassen

**Essay (von franz.: essayer = versuchen)**
• Nicht zu umfangreicher, stilistisch anspruchsvoller Prosatext zu einem beliebigen Thema
• Freie assoziative Form des Erörterns, nicht strenge analysierende Darstellung, daher Verzicht auf strenge Systematik in der Gedankenfolge
• In der Regel keine neuen Fakten, sondern Bekanntes in neuer Sicht
• Versuch und assoziatives Gedankenexperiment (vorläufig, interessant, subjektiv)
• Lockere und subjektive Darstellungsweise
• Aufbau und Gedankenführung assoziativ; Perspektivenwechsel und Durchspielen von Denk- und Lösungsmöglichkeiten
• Sprache geschliffen, pointiert, ironisch oder aphoristisch
• Auslösen von Denkanstößen beim Leser; emotionale Zustimmung, nicht Überzeugung des Lesers
• Keine fest umrissene Textart; bietet großen Spielraum von Gestaltungsmöglichkeiten und persönliche Stilnote

## 3 Arbeitstechniken

Für den Deutschunterricht besonders wichtig sind Verfahren für den Umgang mit Texten.
Texterschließende und textverarbeitende Operationen können auf folgenden Ebenen angewendet werden:

### Wiedergeben

Voraussetzung jeder Textwiedergabe ist das genaue Lesen des Textes. Hierbei geht es insbesondere um

- Resümieren und Referieren des Inhalts (Hinweise zur Inhaltsangabe ↗ S. 50),
- Zitieren des Textes (↗ S. 61).

## Beschreiben und deuten

Für das Beschreiben und Deuten (↗ S. 74) lassen sich vor allem folgende Verfahren nutzen:

- Analyse des Inhalts, des zentralen Problems, Konflikts, Themas,
- Analyse des Aufbaus, der Komposition (z. B. mit Hilfe des Mind-Mappings, ↗ S. 70),
- Analyse der sprachlichen Bedeutungszusammenhänge (Wort – Satz – Text – Kontext),
- Analyse der bildlichen und rhetorischen Mittel,
- Analyse der Produktions- und Rezeptionsbedingungen,
- Vergleich mit anderen Texten.

## Visualisierungstechniken

Lernleistungen lassen sich durch das Nutzen mehrerer Sinne steigern. Visuelle Darstellungen z.B. bieten besondere Möglichkeiten der Veranschaulichung und Einprägung.

**Beispiel**: Personenkonstellation zu Georg Büchner, *Woyzeck*

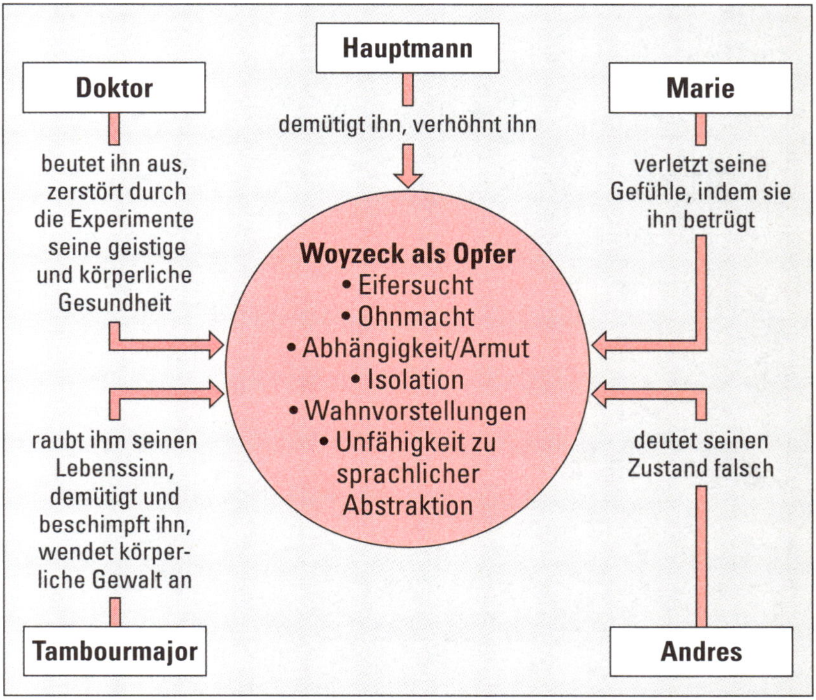

- Mit einer Mind-Map (Gedankenlandkarte) kann man
  - Ideen zu einem Thema entwickeln und gliedern,
  - das Verständnis von Texten, Schreibformen (z. B. Protokoll, Inhaltsangabe ↗ S. 50) übersichtlich gestalten,
  - Begriffe, Zusammenhänge gedanklich gliedern,
  - Lernstoff neben der üblichen verbalen Form auf andere Weise wiederholen und zusammenfassen,
  - Referate gliedern,
  - Bücher und Aufsätze zusammenfassen,
  - in kreativer Weise Ideen sammeln und strukturieren,
  - umfangreiche Projekte mit Arbeitsaufteilungen planen.

**Beispiele**: ↗ S. 50, 55, 185

- Diagramm

  Mit Diagrammen lassen sich bestimmte Inhaltszusammenhänge, Textstrukturen und Gliederungen von Referaten zusammenfassen bzw. veranschaulichen.

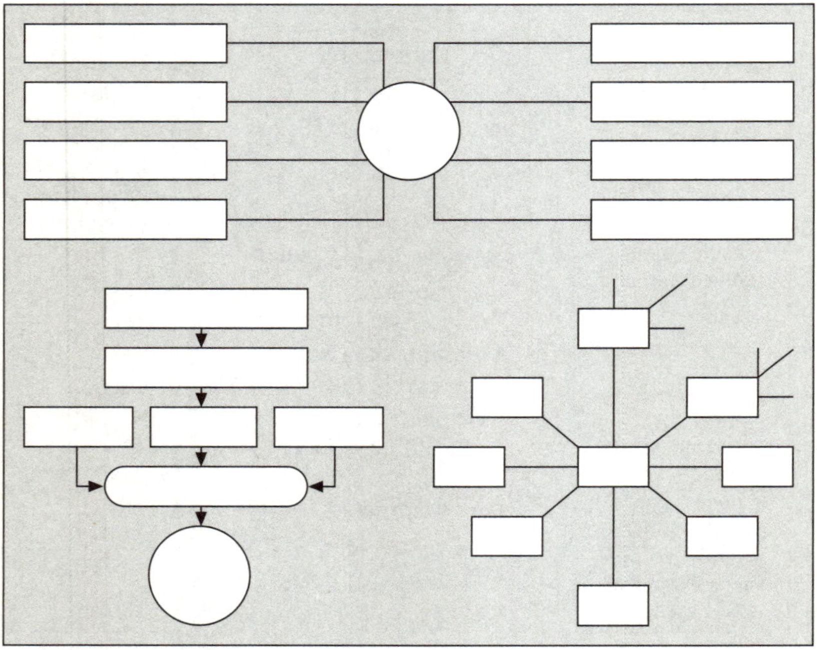

*Zweigdiagramm (oben), Flussdiagramm (links), Netzdiagramm (rechts)*

## 4 Analyse, Erschließung und Deutung poetischer Texte

Die folgenden Ausführungen lassen zunächst einmal außer Acht, dass die Abituraufgaben im Fach Deutsch (wie auch Klausuren in der Oberstufe) in aller Regel einen konkreten Arbeitsauftrag zu einem speziellen Aspekt eines Textes enthalten (und selten die Aufforderung, den gesamten Text zu deuten: „Deuten Sie den Text …“).

Es geht an dieser Stelle um eine allgemeine Darstellung von Kriterien zur Analyse/Erschließung/Deutung von Texten. (Zur Aufgabenstellung in Abiturarbeiten ↗ S. 218)

### Begriffsklärung

Die Begriffe *Analyse, Erschließung* und *Deutung* meinen gemeinhin das, was unter Interpretation verstanden wird: die schriftliche Ausdeutung eines poetischen Textes (z. B. Gedicht, Dramen- oder Romanausschnitt, Kurzgeschichte).

Dazu gehört auch die Beschreibung einzelner Gesichtspunkte (wie Inhalt, Aufbau, Personen, formale und sprachliche Gestaltung) und ihre Erläuterung im Sinne der Aussage.

Der Begriff *Analyse* allein wird oft benutzt, wenn die Beschreibung von Sachtexten gemeint ist; die Begriffe *Erschließung* bzw. *Deutung* legen den Schwerpunkt eher auf das Herausarbeiten von Bedeutung und Struktur poetischer Texte.

### Erwartete Leistungen/Ziel

Unabhängig von den o. g. Begriffen Analyse, Erschließung und Deutung wird bei einer entsprechenden Aufgabenstellung Folgendes erwartet:

- das Verständnis des Textes zu verdeutlichen,
- das Zusammenwirken einzelner Gesichtspunkte des Textes deutlich zu machen (zum Beispiel Aufbau und Form),
- die Bedeutung des poetischen Textes (seine Aussage) zu kennzeichnen.

Es kommt bei der schriftlichen Interpretation darauf an

- die Ergebnisse des Verstehensprozesses darzustellen,
- sich dabei einen nicht informierten Leser vorzustellen,
- in einer geordneten Form zu schreiben.

## 4.1 Hilfen für die Interpretation

Wenn es bei der Textinterpretation um die Deutung des gesamten Textes geht, könnte eine entsprechende Aufgabe lauten: Interpretieren Sie den Text von Wolfgang Borcherts Kurzgeschichte *Die drei dunklen Könige*. In der Regel wird aber die Bearbeitung eines bestimmten Gesichtspunktes gefordert. Dann ist es wichtig, nicht den gesamten Text zu deuten, sondern exakt auf die Aufgabenstellung einzugehen.

**Beispiel:** Interpretieren Sie Wolfgang Borcherts Kurzgeschichte *Die drei dunklen Könige*. Verdeutlichen Sie dabei vor allem inhaltliche und sprachliche Kennzeichnungen der drei „Dunklen" in ihrer Beziehung zu der jungen Familie.

Sinnvollerweise wird die Deutung eines Textes bei *dem* Aspekt ansetzen, der dem Leser bei der ersten Lektüre des Textes ins Auge gefallen ist (subjektiver Verstehensprozess); diese Deutungshypothesen am Anfang der Darstellung müssen später durch eine genauere Untersuchung des Textes für richtig befunden oder ergänzt/korrigiert werden.
Interpretiert wird im Wechsel von beschreibenden und deutenden Teilen. Der Interpretierende hält sich möglichst eng an das im Text gegebene Beweisbare, darf sich aber, wenn es um die Deutungsebene geht, damit nicht begnügen. Wichtig ist, dass der Interpret dem Leser darüber Rechenschaft gibt, wie er zu seinen Einsichten und Deutungen gekommen ist.

**Tipps für mögliche Arbeitsschritte**
Dies sind Vorschläge, die für jeden individuellen Text und die speziellen Aufgabenstellungen variiert werden müssen.

**1. Was hat mir der Text zu sagen?**
Sie lesen den Text sorgfältig und formulieren Ihre ersten Eindrücke, Beurteilungen, möglicherweise die ersten Bedeutungshypothesen.

**2. Was steht im Text?**
Sie lesen den Text noch einmal genau (möglicherweise auch wiederholt). Wichtig sind dabei folgende Tätigkeiten:
- Unterstreichen bzw. hervorheben
- Besonderheiten am Rand kommentieren

- Einzelheiten in ihrem Zusammenhang sehen
- Abstrahieren von der Sprachebene zur Bedeutungsebene

Fragestellungen:

- Worum geht es (Thema)?
- Was passiert (knappe Inhaltsangabe)?
- Welche sprachlichen Auffälligkeiten gibt es und welche Funktion/Wirkung haben diese?
- Welche Personen treten auf, in welcher Beziehung stehen sie zueinander?
- Welche Bedeutungen haben bestimmte Formulierungen (Wortwahl, Satzbau, Bilder …)?
- Um welche Kernaussage könnte es in dem Text gehen?

**3. Die Interpretation in geordneter Reihenfolge formulieren und dabei sinnvoll gliedern**

**4. Den Text überarbeiten**

- Ist die Darstellung insgesamt schlüssig?
- Passen die einzelnen Teile zueinander?
- Ist der Text sprachlich und orthografisch fehlerfrei?

## Mögliche Gliederung

Das folgende Schema einer Gliederung kann als Orientierung dienen. Ein für alle poetischen Textarten allgemein gültiges Schema gibt es nicht. Je nach Textart (episch, lyrisch, dramatisch ↗ S. 80 ff.) und je nach spezieller Eigenart des einzelnen Textes (Verfasser, literarische Epoche ↗ S. 103 ff.) ist im Hauptteil entsprechend zu differenzieren.

Bei der Erschließung/Deutung eines poetischen (fiktionalen) Textes muss auf jeden Fall Schematismus vermieden werden. Literarische Texte bieten dem Interpretierenden selbst die Chance, über Möglichkeiten und Grenzen der eigenen Existenz und am Beispiel der fiktiv angelegten Figuren über eigene Verhaltens- und Denkweisen nachzudenken (ästhetische Wahrnehmungsfähigkeit). Die Deutung muss sich am konkreten literarischen Text orientieren; es kann daher kein formalisierbares Verfahren geben. Daraus ergibt sich auch eine gewisse Offenheit für das Vorgehen und die folgende hierfür vorgeschlagene Gliederung soll anhand der oben genannten Arbeitsschritte verdeutlichen, dass nur allgemeine Hilfen gegeben werden können.

**Einleitungsmöglichkeiten**

Ersten individuellen Eindruck des Textes formulieren/vorläufige Deutungshypothese nennen
oder
Thema/inhaltlichen Schwerpunkt des Textes formulieren
oder
Text situieren in Bezug auf Entstehungszusammenhang, Leben des Autors, zeithistorischen Hintergrund, Vergleich mit anderen Texten

**Hauptteil**

- Text beschreiben
  - Thema und Inhalt
  - Aufbau
  - Personenkonstellation
  - Textart und sprachlich-rhetorische Auffälligkeiten und deren Funktion und Wirkung im Text
- Aussage/ Bedeutung des Textes klären: Erfordernisse und Möglichkeiten
  - Inhaltliche und sprachliche Einzelheiten aufeinander beziehen
  - ggfs. mehrere Deutungsmöglichkeiten nennen
  - die Kernaussage des Textes benennen
  - auf die Überschrift eingehen
  - mit dem Text belegen/zitieren
  - Deutung durch zusätzliche Kenntnisse zum Kontext absichern (Verfasser, Entstehungszeit, historische Hintergründe)

**Schlussteil**

- In einem Rückbezug auf den Anfang wird auf die Deutungshypothese Bezug genommen und diese (in begründeter Weise) bestätigt, korrigiert, verändert oder gänzlich verworfen.
- Oder: Es wird ein Fazit gezogen und das Ergebnis der Interpretation auf den Punkt gebracht.
- Oder: Es wird ein begründetes Werturteil zum Text oder zu bestimmten Gesichtspunkten abgegeben. Dies stützt sich auf die vorangegangenen Ergebnisse im Hauptteil.

## Die schriftliche Darstellung: linear oder aspektorientiert?

Man unterscheidet zwei Möglichkeiten, die Deutung eines poetischen Textes im Hauptteil der Interpretation zu gliedern.

### Lineares Verfahren

Man interpretiert Schritt für Schritt an den Abschnitten des Textes entlang; dazu muss man eine sinnvolle Gliederung des Textes (Sinneinheiten) finden oder aus dem Text übernehmen.
Beschreibung und Deutung des jeweiligen Abschnittes müssen deutlich getrennt, es muss von der Sprachebene zur Bedeutungsebene abstrahiert werden, sonst wird die Interpretation zur reinen Inhaltswiedergabe (Paraphrase).
Die Gesamtdeutung folgt dem Lesegang; dieser ist die Leitlinie der Interpretation. Der Verfasser darf nicht an Einzelheiten hängen bleiben und die Gesamtdeutung nicht aus dem Auge verlieren; bei jedem Schritt wird auch die Deutung sprachlicher Besonderheiten einbezogen.

### Aspektorientiertes Verfahren

Man geht von übergeordneten Deutungsgesichtspunkten bzw. Deutungshypothesen aus; diese müssen zunächst aus dem vorläufigen Verständnis des Gesamtzusammenhangs heraus gesetzt werden. Diese Deutungsgesichtspunkte sind Wegweiser oder Leitaspekte für die Niederschrift.
Jeweils einen der unterschiedlichen Aspekte verfolgt man dann nacheinander durch den gesamten Text (Längsschnitt), betrachtet also zu einem Aspekt mehrere Textstellen und bezieht auch die sprachliche Gestaltung mit ein.

## Vergleichende Interpretation (Analyse/Deutung/ Erschließung) zweier Texte

In aller Regel werden die beiden zu vergleichenden Texte thematisch miteinander verwandt sein. Häufig enthält die Arbeitsaufgabe einen einschränkenden bzw. akzentuierenden Aspekt.
**Beispiel:** Vergleich der beiden Goethe-Gedichte *Prometheus* und *Grenzen der Menschheit*: Fertigen Sie eine vergleichende Gedichtinterpretation an; arbeiten Sie dabei inhaltlich und

sprachlich vor allem die Unterschiede des Menschen- und Gottesbildes heraus und berücksichtigen Sie dabei die literarische Strömung bzw. Epoche *Sturm und Drang* bzw. *Weimarer Klassik*.

Der Vergleich der beiden Texte setzt die Interpretation beider Texte voraus, wenngleich diese nicht so intensiv sein kann wie bei einer Einzelanalyse.

Es ist also davon auszugehen, dass die beiden zu vergleichenden Texte

- etwas gemeinsam haben (z.B. Thema, Textart, Autor, Epoche),
- sich in einzelnen Aspekten deutlich unterscheiden.

Für einen ***Textvergleich*** werden die folgenden beiden *Möglichkeiten* vorgeschlagen:

**a)** Man deutet die beiden Texte in straffer Form nacheinander und beschränkt sich dabei jeweils auf die zentralen Aspekte der Aufgabenstellungen. Danach schließt man einen dritten Teil an,

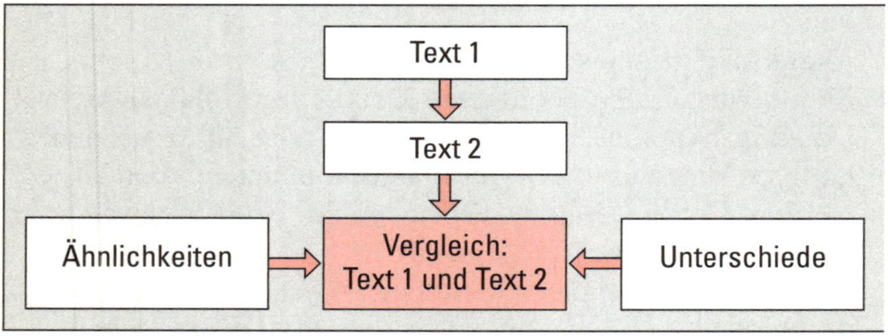


*Textvergleich: Möglichkeit a*

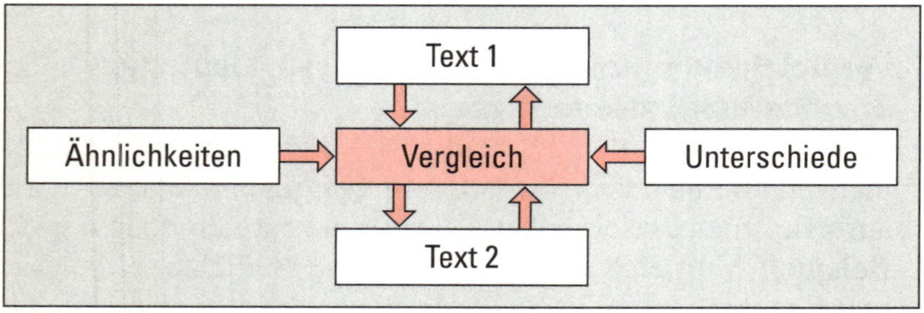


*Textvergleich: Möglichkeit b*

in dem die beiden Texte systematisch miteinander verglichen werden. Dabei werden die Ergebnisse der beiden Einzelinterpretationen gebündelt und unter übergeordneten Gesichtspunkten miteinander verglichen (in Bezug auf das oben genannte Beispiel etwa: Menschenbild, Vorstellung von Gott; Sprache/Stil und Funktion; Epochenzusammenhang).
Vorteile: Eigenart der jeweiligen Einzeltexte wird deutlich; roter Faden ist vorgegeben; mögliche Nachteile: Gefahr der Wiederholung; im Vergleichsteil bleiben die Ausführungen zu allgemein.
**b)** Zunächst wird einer der beiden Texte interpretiert (man beginnt am besten mit dem Text, der einem am meisten zu sagen hat). An die Deutung des ersten Textes schließt sich die des zweiten an, die jedoch in unmittelbarem Rückgriff auf den ersten erfolgt; bereits während der Deutung des zweiten Textes werden die einzelnen Aspekte des Vergleichs in die Darstellung einbezogen. Den roten Faden für die Gliederung bilden also die Vergleichsgesichtspunkte.
Vorteile: Vergleich steht im Vordergrund; Gemeinsamkeiten und Unterschiede werden deutlich; mögliche Nachteile: Einzelne Gesichtspunkte des jeweiligen Textes bleiben unberücksichtigt; Unübersichtlichkeit; der zweite Text kann zu kurz kommen.

## 4.2 Textdeutung/Texterschließung im Zusammenhang: textimmanent und textübergreifend

### Textimmanente Deutungsmethode

Bei der Deutung eines Textes kommt es zunächst darauf an, sich auf die Details des Textes einzulassen. Der Ausgangstext ist die Grundlage aller Deutungen. Hierbei werden alle Gesichtspunkte berücksichtigt, die den Text selbst, seinen Sinn und seine Aussage erklären können (vgl. z. B. ↗ S. 74):

- Inhalt
- Thema/Motiv
- Personenkonstellation
- Aufbau
- Gebrauch sprachlich-rhetorischer Mittel und ihrer Funktion im Textzusammenhang

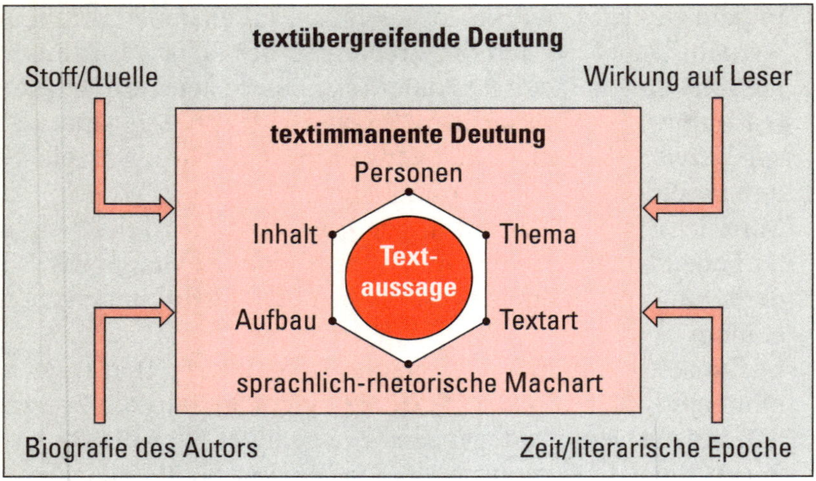


*Textdeutung im Zusammenhang*

**Textübergreifende Deutungsaspekte**

Die komplexe Bedeutung eines Textes erschließt sich oft erst, wenn man neben den textimmanenten Aspekten (vgl. oben) auf zusätzliche, über den konkreten Text hinausgehende Kenntnisse, Materialien, Quellen zurückgreift, z. B.

- Biografie des Autors

**Beispiel:** Für das Verständnis eines Brecht-Gedichtes zum Thema *Emigration* ist es wichtig zu wissen, dass Brecht selbst emigrieren musste.

- Geistesgeschichtliche Zusammenhänge der Zeit

**Beispiel:** Lessings Drama *Nathan der Weise* ist nur ganz zu verstehen, wenn man es vor dem Hintergrund der Zeit der Aufklärung liest.

- Soziologie (Berücksichtigung politischer, gesellschaftlicher, wirtschaftlicher Zusammenhänge, z. B. bei politischer Lyrik)
- Wirkungs- und Rezeptionsgeschichte (z. B. Unterschiede in der Rezeption von Goethes Briefroman *Die Leiden des jungen Werther* zur Zeit der Erstveröffentlichung und heute)

Mit der Erkenntnis dieser Mehrdeutigkeit kann auch der heutige Leser seinen Verstehenshorizont erweitern.

- ***Produktionsorientierte Deutung***: Indem man einen Text umschreibt, neu schreibt, in eine andere Textart umschreibt, mit dem Original vergleicht, kann man seine Aussage erfassen (z. B. wird die Kernaussage von Max Frischs Drama *Andorra* in ein kurzes modernes Gedicht mit freien Versen gefasst.)

**Beispiel:**

Schwarz-weiß
Andorra, weißes Andorra,
ruhig und unberührt liegst du da.
Höchstes Ansehen genießt du überall.
…
Die Schwarzen bleiben draußen.
Alle mögen, alle beneiden dich.
Andorra, schwarzes Andorra.

Schülerarbeit, Auszug

Vgl auch Tipps für die praktische Arbeit ↗ S. 91

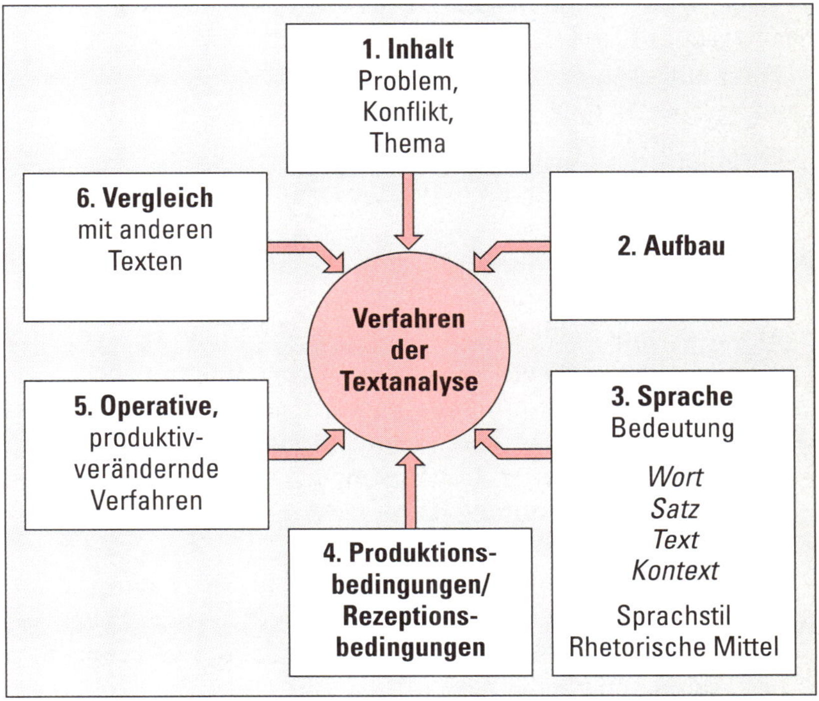

## 4.3 Hinweise zur Interpretation unterschiedlicher poetischer Textarten

Bei der Interpretation eines poetischen Textes aus den Bereichen der Lyrik, Epik und Dramatik ist die Berücksichtigung der jeweiligen Textart von Bedeutung. Die folgenden Kriterien stellen jeweils allgemeine Kennzeichnungen dar. Nicht alle Kriterien gelten für einen einzelnen Text der jeweiligen Textart, weil es in idealtypischer Weise wohl kaum *die* Kurzgeschichte, *das* Drama oder *das* Gedicht gibt.

### Kennzeichen epischer Texte

(z. B. Erzählung, Novelle, Roman, Kurzgeschichte, Parabel)

Erzähler

Dieser ist eine fiktive Erzählerfigur; nicht zu verwechseln mit dem Autor; die Erzählerfigur ist vom Autor geschaffen und soll als Vermittler zwischen Autor und Stoff das Geschehen steuern; auch Standpunkte und Wertungen des Erzählers kennzeichnen seine fiktive Welt. Der Erzähler kann das Geschehen
aus großer Distanz,
unter eingeschränktem Blickwinkel,
aus großer Nähe wahrnehmen.

Erzählperspektiven

- Ich-Erzähler erzählt als Figur der Handlung, er erzählt, was er denkt und fühlt.
- Er/Sie-Erzähler (handelnde und erzählende Figur sind nicht identisch):
  **a)** allwissender (auktorialer) Erzähler, der gleichsam von außen als eigenständige Figur in das Geschehen hineinblickt;
  Mittel: Erzählereinmischungen; Kommentare, Einblick in das Innere einer Figur, in Vergangenheit und Zukunft
  **b)** personaler Erzähler: Das Geschehen wird aus der Sicht einer der Figuren der Handlung dargestellt; die innere Wahrnehmung wird erweitert;
  Mittel: Innerer Monolog; Personenrede als direkte Figurenrede (z. B. direkte Rede, indirekte Rede )
  **c)** neutraler Erzähler: neutrale Wiedergabe des Geschehens ohne Bindung an eine Person.

Erzählerstandpunkt
Gemeint ist die wertende Einstellung des Erzählers zu seinen Figuren (Zustimmung, Ablehnung, Kritik, Mitgefühle).

Figur der Handlung
erdachte Figur (Mensch, Fabelwesen) in einem Erzähltext

Figurenkonstellation
die Beziehung der Figuren zueinander

Zeit
- Zeitdeckung: Erzählte Zeit (Zeitraum, über den erzählt wird) und Erzählzeit (Lesezeit eines Textes) sind fast identisch
- Zeitdehnung: Erzählzeit ist länger als die erzählte Zeit
- Zeitraffung: Erzählzeit ist kürzer als die erzählte Zeit

Zeitstruktur/Bauform
- Die Handlung wird in chronologischer Abfolge erzählt
- Reihenfolge der Handlung wird umgestellt
- Handlung wird unterbrochen; evtl. mehrere Handlungsstränge nebeneinander

Zusammenhang von Handlung und Raum
- idealer Raum: Umgebung und menschliches Handeln sind im Einklang
- konfliktgeladener Raum: Spannungsverhältnis zwischen Handlung und Raum
- sozialer Raum: Milieu, Weltbild
- symbolischer Raum: z. B. Wohnung als Schutzraum
- zeitlicher Raum: z. B. Abend als Ende

**Kennzeichen dramatischer Texte**

Figuren
vom Autor geschaffene Personen; diese sind im Drama auf sprachliche und spielerische Ausgestaltung durch einen Schauspieler mit Hilfe von Kostümierung, Mimik, Gestik angelegt.

Figurenkonstellation
Beziehung zwischen den einzelnen Figuren (Hauptfigur, Nebenfiguren, Protagonist/Held, Antagonist/Gegenspieler, soziale Rolle, Interessen, Absichten, Erwartungen)

Dialog

bewirkt im Drama den Handlungsfortschritt; die Personen werden charakterisiert; Personen handeln sprachlich (sie fragen, bitten, befehlen, …) Ebenfalls wichtig sind auch:

- Gesprächssituation
- Beziehung zwischen den Redenden (komplementär, symmetrisch, aktives/passives Gesprächsverhalten, gelungene/misslungene Kommunikation ↗ S. 22)
- Beweggründe der Redenden
- Redestil und sprachliche Eigenart (Dialekt, Alltagssprache, gehobener Sprachstil ↗ S. 32)
- Einstellungen der Gesprächspartner (Menschenbild, Moralvorstellung, …)

Monolog

Selbstgespräch, in dem die Figur persönliche Einstellungen/Gefühle und Beziehungen zu anderen Figuren preisgibt.

Handlung

Die Dramenhandlung wird in größere Abschnitte (Akt/Aufzug) oder kleinere (Auftritt, Szene, Bild) gegliedert. Der klassische Aufbau geht zurück auf die antike Poetik des Aristoteles.

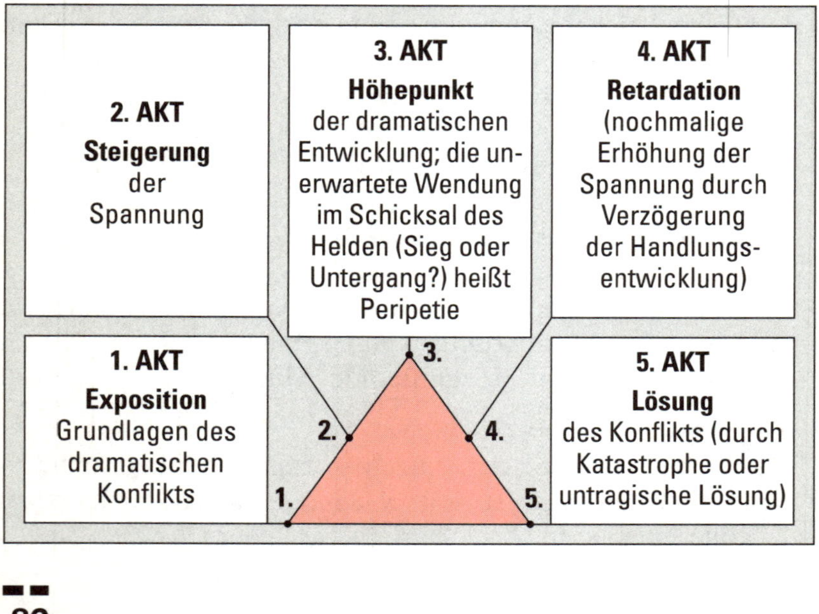

Das moderne *offene* Drama folgt diesem Aufbau oft nicht mehr; es gliedert sich in einzelne Bilder. Oft hat es einen Prolog (Vorspiel) und einen Epilog (Nachspiel).
Es kann also (grob) zwischen folgenden Dramenformen unterschieden werden:

- aristotelische Bauform (z. B. bei G. E. Lessing; Johann Wolfgang Goethe, Friedrich Schiller): symmetrischer Handlungsgang ohne Sprünge, strenger pyramidaler Aufbau (↗ S. 130), zentraler Konflikt, dichte Verknüpfung der Handlung
- offenes Drama (z. B. bei Georg Büchner ↗ S. 140; Bertolt Brecht ↗ S. 149; Max Frisch ↗ S. 159): oft locker zusammengefügte Bilder/Szenen, verschiedene Handlungsstränge, Unterbrechung der Handlung durch Reflexionen, offener Schluss

Raum/Zeit

Der Bühnenraum bildet für die Schauspieler ihr Aktionsfeld. Im streng aristotelisch gebauten Drama (vgl. die Abb. ↗ S. 82) sind Raum (an einem Ort), Zeit (24 Stunden) und Handlung begrenzt und einheitlich aufeinander bezogen (Übergänge gibt es bereits bei Lessing).
Im Konzept des offenen Dramas dagegen sind Unterschiedlichkeiten und *Brüche* des Ortes, der Zeitpunkte und Handlungselemente vorgesehen.

Dramatische Gattungen

- Tragödie: dramatisch-dichterische Gestaltung der Tragik
Bei einer untragischen Lösung des Konflikts, z. B. bei einem Sieg des Helden und seiner Verklärung (Lessing, *Nathan der Weise*) spricht man auch von Schauspiel. Die Tragödie ist die Hauptgattung des Dramas; ihr Ursprung liegt in der Antike: Der tragische Held muss sich oft zwischen zwei Wertesystemen entscheiden (Sophokles, *Antigone).*
- Komödie/Lustspiel: Bühnenstück mit komischem Inhalt
Grundthema: Verspottung menschlicher Unzulänglichkeit mit den Mitteln des Humors und der Satire. Die Anfänge gehen ebenfalls auf die Antike zurück; lange Zeit besteht die Ständeklausel, dass nur bürgerliche Figuren der Lächerlichkeit preisgegeben werden dürfen.

- Tragikomödie: Verschmelzen von Tragischem und Komischem
  Für den Schweizer Dramatiker Dürrenmatt (↗ S. 159) spiegelt die Tragikomödie die moderne Welterfahrung wider.

**Kennzeichen lyrischer Texte**

(Lyrik von griech.: lyra = Leier; diese ist das Attribut Apolls, des Gottes der Dichtkunst)
Lyrik zeichnet sich inhaltlich im Vergleich zu epischen und dramatischen Texten vor allem durch Konzentration und Intensität aus. In sprachlicher Hinsicht sind vor allem Symbol (Zeichen, das etwas nicht Wahrnehmbares veranschaulicht und eine tiefere Bedeutung besitzt) und sprachliche Bilder (Metapher, Vergleich, Personifikation) kennzeichnend. Daher bedarf ein Gedicht in ganz besonderer Weise der Deutung.
Traditionelle Gedichtformen wie das Sonett (↗ S. 117) unterscheiden sich sehr von modernen Gedichten, die oft auf Reim und strophische Form verzichten.

<u>Typische Inhalts- und Formelemente</u>

- Vielfalt von Themen und Motiven, z. B. Liebeslyrik/ Naturlyrik/politische Lyrik; Stimmungslyrik/Erlebnislyrik
- Formprinzipien wie Rhythmus, Metrum, Reim, Strophik
- Symbolik und Bildlichkeit
- Kunstvoller Aufbau
- Nicht alltägliche Äußerungen, die sich einer leichten Verstehbarkeit entziehen
- Anordnung in Versen oder Verszeilen

<u>Lyrischer Sprecher (lyrisches Ich)</u>

Hiermit ist der vom Autor erfundene fiktive Sprecher, ein Rollen-Ich gemeint (vergleichbar dem fiktiven Erzähler in epischen Texten). Das lyrische Ich kann sich im *Ich* oder im *Wir* zeigen, es kann ein fiktives Du ansprechen, es kann aber auch im Verborgenen bleiben.
Das ***lyrische Ich*** darf mit dem realen Autor des Gedichts nicht verwechselt werden. Die dargestellten Erfahrungen sind zunächst als dichterische Fiktionen zu verstehen. Jedoch kann das lyrische Ich auch auf reale Erfahrungen und Zusammenhänge des autobiografischen Ichs verweisen.

Vers

Alle Gedichte haben Verse oder Verszeilen. Besonderheiten:

- Zeilenstil: Satz- und Versende stimmen überein (Pause am Satzende)
- Enjambement (Zeilensprung): Der Satz überspringt das Zeilenende (keine Pause am Zeilenende)

Strophe

Metrische Einheit von gleich oder ungleich langen Versen; traditionell gebaute Gedichtformen mit Strophen sind z. B.

- das Sonett (↗ S. 117)
- das Lied

Klanggestalt (lautliche Ebene)

- Reim (z.B. Paareim: aabb; Kreuzreim: abab; umschließender Reim: abbc; Stabreim: **K**ind und **K**egel)
- Lautmalerei: Häufung von Vokalen oder Konsonanten zum Hervorrufen bestimmter Stimmungen; z. B. *plätschern, zischen, summen*
- Lautsymbolik: subjektiv empfundene Verbindung von Klangfarbe und Bedeutung: **i** als Ausdruck für Helligkeit/Freude; **u** als Ausdruck für Dunkelheit/Trauer

Sprachliche Bilder

Sie zeigen besonders die Mehrdeutigkeit poetischer Sprache, auch stilistisch-rhetorische Wirkungsmittel (↗ S. 187).

- Vergleich: *ein Gesicht wie aus Erz gegossen*
- Metapher: bildhafte vergleichende Übertragung, z. B. *ein Gesicht aus Erz, goldene Herbstsonne*
- Personifikation: Begriffe, Dinge oder Tiere werden als menschliche Wesen dargestellt, z. B. *die Natur schläft; die Sonne lacht; blinder Zufall*

Rhythmus und Metrum

In jeder sprachlichen Äußerung gibt es eine Verteilung von betonten Silben (Hebung) und unbetonten Silben (Senkung). Die regelmäßige Abfolge von betonten und unbetonten Silben nennt man Rhythmus. Die Gliederung des Sprachflusses ist in der geformten Sprache der Lyrik oft durch einen regelmäßig sich wiederholenden Takt (Metrum) festgelegt.

Der Takt ist das feste Schema, nach dem im Vers betonte und unbetonte Silben aufeinander folgen. Eine metrisch gebundene Verszeile umfasst mehrere Takte und wird damit als zwei-, drei- oder vierhebig bezeichnet.

**Beispiel:** Der von Lessing in das Drama eingeführte Blankvers (fünfhebiger, ungereimter Jambus) setzt sich als Versmaß auch im klassischen Drama durch:

x x́ x x́ x x́ x x́ x x́ x
Es eifre jeder seiner unbestochnen /

x x́ x x́ x x́ x x́ x x́
Von Vorurteilen freien Liebe nach !
(x = unbetonteSilbe; x́ = betonte Silbe/Hebung)
(Aus: G. E. Lessing, Nathan der Weise)

Festes Grundelement des Takts sind die Versfüße:

x x́ x x́ x x́
- Jambus x x́ (Gedicht, Versuch, bereit)

x́ x x́ x x́ x x́ x
- Trochäus x́x (besser, Vater, Brüder, Dichter)

x x x́ x x x́ x x x́
- Anapäst xxx́ (Anapäst, Paradies, Malerei)

x́ x x x́ x x x́ x x x́ x x
- Daktylus x́xx (Daktylus, Liebesleid, Wanderer, Eifersucht)

**Beispiele**:
Jambus: Zum Kampf der Wagen und Gesänge, / Der auf Korinthus Landesenge / Der Griechen Stämme froh vereint, / Zog Ibykus, der Götterfreund. …(Aus: Friedrich Schiller, *Die Kraniche des Ibykus*)
Trochäus: In den Wald bin ich geflüchtet, / Ein zu Tod gehetztes Wild, / Da die letzte Glut der Sonne / Längs der glatten Stämme quillt …. (Aus: C. F. Meyer, *Abendrot im Walde*)
Reine daktylische oder anapästische Verse kommen in der deutschen Dichtung sehr selten vor.

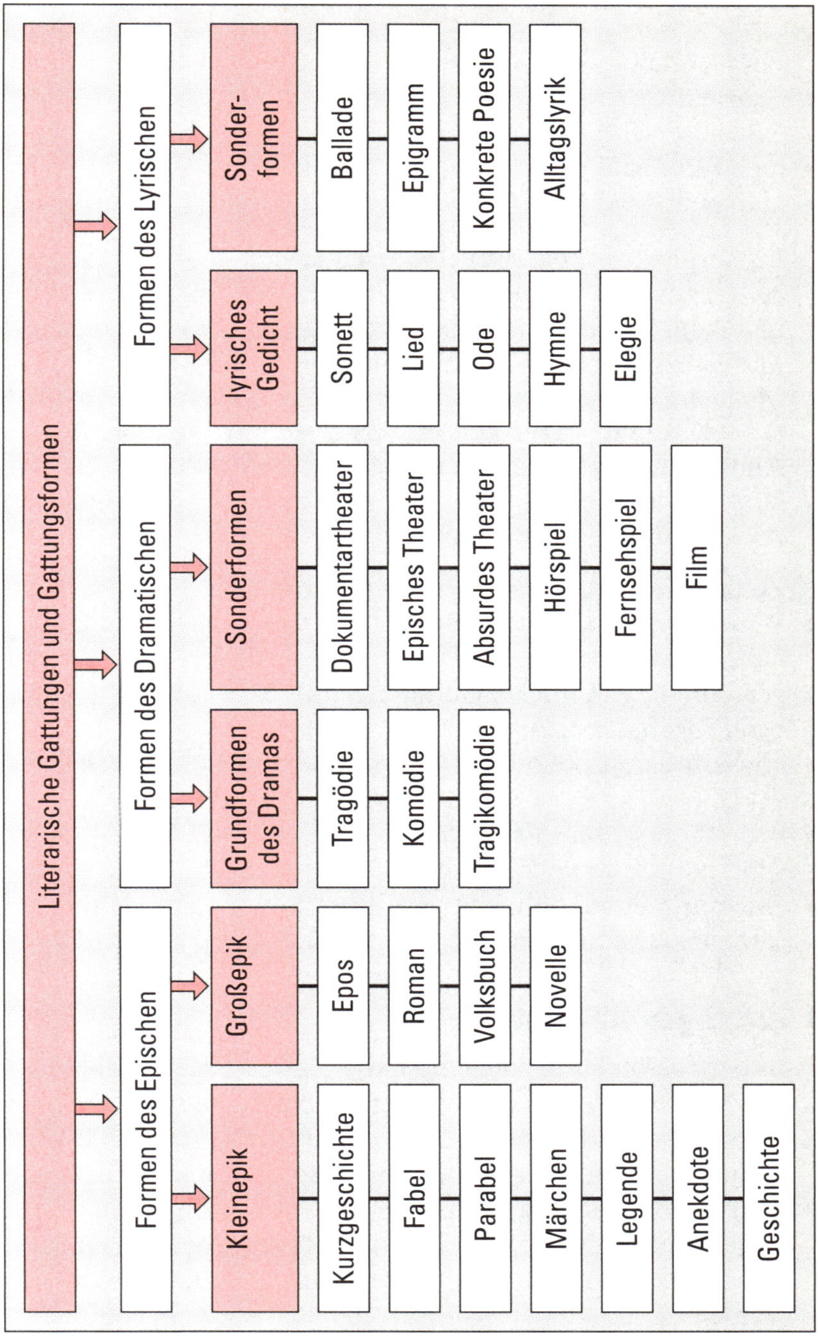
Literarische Gattungen und Gattungsformen
Formen des Epischen
Kleinepik
Kurzgeschichte
Fabel
Parabel
Märchen
Legende
Anekdote
Geschichte
Großepik
Epos
Roman
Volksbuch
Novelle
Formen des Dramatischen
Grundformen des Dramas
Tragödie
Komödie
Tragikomödie
Sonderformen
Dokumentartheater
Episches Theater
Absurdes Theater
Hörspiel
Fernsehspiel
Film
Formen des Lyrischen
lyrisches Gedicht
Sonett
Lied
Ode
Hymne
Elegie
Sonder-formen
Ballade
Epigramm
Konkrete Poesie
Alltagslyrik

## 5 Analyse von Gebrauchstexten/Sachtexten

Für Gebrauchstexte sind auch folgende Bezeichnungen üblich:

- Sachtexte
- expositorische Texte
- nichtfiktionale Texte
- nichtpoetische Texte

Im Vergleich zu poetischen Texten stehen bei Sachtexten eher der Gebrauchs- und Informationswert, der pragmatische Kommunikationszusammenhang (die Frage nach der Absicht des Verfassers und der Wirkung beim Adressaten) im Vordergrund. Man wird also bei Gebrauchstexten u. a. zunächst die folgenden Fragen stellen: *Wer* sagt *wem was warum mit welcher Absicht*? Ähnlich wie bei poetischen Texten werden danach Gesichtspunkte wie Thema/Inhalt, Aufbau, Textsorte sprachlich-rhetorische Wirkungsmittel einbezogen.

Zu den Gebrauchstexten gehören Textsorten, die

- Wirklichkeit darstellen (Bericht, Beschreibung, Protokoll, Inhaltswiedergabe ...),
- persönliche Eindrücke, Gefühle und Überzeugungen wiedergeben (Tagebuch, Essay),
- etwas erklären, begründen (Kommentar, Erörterung, Glosse, Essay),
- beeinflussen, für etwas werben (Werbetext ↗ S. 194; Werbespot, politische Rede, Aufruf),
- eine normierende Absicht verfolgen (Gebrauchsanleitung, Gesetzestext, Schulordnung).

### 5.1 Leitfragen zur Analyse

In der folgenden Übersicht sind wichtige Fragestellungen für den Hauptteil der Analyse zusammengefasst; mit ihrer Hilfe lassen sich Voraussetzungen für die Analyse eines nichtfiktionalen Textes (vgl. unten) schaffen. Im unterrichtlichen Zusammenhang ist vor allem zu bedenken: Was wird von Ihnen verlangt (eine vollständige Textanalyse oder die Bearbeitung eines Einzelaspekts)? Entsprechend muss auch die Textanalyse angelegt werden.

### Fragen zum Thema/Inhalt und Aufbau

- Welcher Sachverhalt, welches Thema, welches Problem wird behandelt?
- Kommt das Thema in der Überschrift deutlich genug zum Ausdruck?
- An welcher Stelle wird es sonst deutlich?
- Wie ist der Text gegliedert (Gedankenfolge, Argumentationsaufbau)?
- Mit welchen Überschriften lässt sich die Struktur kennzeichnen?
- In welcher Weise lässt sich der Aufbau in einem Diagramm/einer Skizze verdeutlichen?

### Fragen zur Textsorte

- Welche Textsorte repräsentiert der Text; welche sprachlichen und inhaltlichen Einzelheiten deuten darauf hin (↗ S. 88)?
- Gibt er Tatsachen wieder?
- Gibt er den Ausdruck von Gefühlen wieder?
- Will er für etwas werben?
- Handelt es sich um einen argumentativen Text, der Hypothesen aufstellt?
- Geht es um einen erklärenden oder belehrenden Text für eine bestimmte Adressatengruppe?

### Fragen zur sprachlich-stilistischen Form

- Welche Sprache, Sprach- und Stilebene verwendet der Verfasser: Standardsprache? – aufgelockerte Umgangssprache? – Gruppensprache? – Dialekt? – Fachsprache?
- Ist in der Wortwahl und im Satzbau etwas besonders auffällig (z. B. Häufigkeit von Aussage- , Frage- und Ausrufesätzen, hypotaktische (Satzgefüge) und parataktische Konstruktionen (Satzreihe)?
- Welche rhetorischen Mittel (↗ S. 187) verwendet der Text, wie setzt er sie ein?
- Wie lässt sich der Stil des Textes als Ganzes kennzeichnen (Verständlichkeit, Sprachebene, Auffälligkeiten im Wortschatz wie Modewörter, Fremdwörter, Schlagwörter, bestimmte Wortarten in ungewöhnlicher Häufung)?

### Fragen zur Kommunikationssituation

**Produktion**

- Wer hat den Text verfasst?
- Wo ist er (im Original) zu finden?
- In welcher Zeit/unter welchen Bedingungen ist er entstanden?
- Welchen Zweck verfolgt der Verfasser?
- Wird diese Absicht ausdrücklich formuliert oder steht sie zwischen den Zeilen?

**Rezeption/Wirkung**

- An welches Publikum wendet sich der Verfasser auf Grund von Inhalt und Sprachstil?
- Spricht er einzelne, individuelle Leser oder ein Massenpublikum an?
- Wendet sich der Verfasser eher an den Verstand, an das Gefühl, an das moralische Gewissen?
- Wozu soll der Leser beeinflusst werden (vgl. auch Fragen zur Textsorte)?

### Fragen zu übergeordneten textexternen Gesichtspunkten

- Welchen Stellenwert hat der Text im Werk- und Publikationszusammenhang des Autors?
- Lässt er sich einer bestimmten Zeit/Epoche/Stilrichtung/Weltanschauung zuordnen?
- Kennen Sie andere ähnliche Standpunkte?

### Fragen zur Beurteilung

- Ist der Text für die Adressaten geeignet?
- Was gefällt mir am Text, was gefällt mir nicht (z. B. verwaschenes Ergebnis, unklare Begrifflichkeit, wirr, eintönig, sprachlich – stilistisch schlecht)
- Was interessiert mich persönlich am Text? Welche Denkanstöße, Anregungen, Erkenntnisse vermittelt er mir?
- Ziehe ich Folgerungen aus dem Text?
- Kann mir der Text nützen?
- Wie stehe ich zu der Aussage und zu den Intentionen des Verfassers?

**Mögliche Gliederung einer schriftlichen Analyse**
Auch der folgende Vorschlag gilt nicht für jeden Text, sondern muss im Hinblick auf einen einzelnen Text differenziert werden. Die mit Hilfe der Leitfragen (↗ S. 88 ff.) herausgearbeiteten Fakten werden in geordneter Weise dargestellt.

**Einleitung**
Knappe Information zum Thema des Textes, zum Autor, zur Textart, zur angesprochenen Zielgruppe

**Hauptteil**
**a)** Thema/Inhalt und Aufbau (inhaltliche bzw. formale Gliederung)
**b)** Darstellung/Gewichtung der folgenden Gesichtspunkte und ihres Zusammenhangs (je nach Aufgabenstellung)
Textsorte (↗ S. 88)
Autor und seine Absicht/Intention
Sprachlich-rhetorische Machart (Argumentationsweise, Wortschatz, Satzbau, Sprachstil, Stilebene)
**c)** Bewertung des Textes
Beurteilung der möglichen Wirkung
Schlüssigkeit der Gedankenführung (z. B. bei argumentativen Texten)

**Schlussteil**
ggfs. allgemeine Bewertung

Vgl. auch die Hinweise zu Werbetexte ↗ S. 192 und Analyse einer Rede ↗ S. 186.

## 5.2 Zusammenfassung: Tipps für die praktische Arbeit

Die folgenden Tipps gelten nicht nur für die Bearbeitung von Sachtexten, sondern für die Analyse aller Texte.

**1. Sehen Sie sich die Arbeitsaufträge genau an.**
Sollen Sie den ganzen Text analysieren (Analysieren Sie den Text) oder sollen Sie nur bestimmte Aspekte bearbeiten (Untersuchen Sie besonders die mögliche Verfasserintention und die dazu eingesetzten sprachlich-rhetorischen Mittel!)?

**2. Lesen Sie den Text aufmerksam durch, verschaffen Sie sich eine vorläufige Textkenntnis.**
Machen Sie sich klar, worum es geht; formulieren Sie dazu stichwortartige Notizen.

**3. Arbeiten Sie ein zweites Mal den Text sorgfältig durch.**
Machen Sie sich den Arbeitsauftrag noch einmal klar; gliedern Sie nach Sinnabschnitten; markieren Sie entsprechend im Text wichtige Schlüsselbegriffe, lesen Sie aktiv, indem Sie im und am Text Notizen vornehmen.
• Randzeichen, z. B.:
! = wichtig;
? = fraglich/ unklar;
+ = besonders guter, einprägsamer Gedanke
1., 2. … = Nummerierung (z. B. von Abschnitten);
• Markierungen im Text z. B.:
Unterstreichen: wichtige Begriffe, wichtige Textstelle
Unterschlängeln: strittige, gegensätzliche Position
Einkreisen: Textstelle, die die Position/Weltanschauung des Verfassers besonders verdeutlicht
Verbindungslinie: Zusammenhänge werden betont, z. B. Anfangs- und Schlussteil als Rahmen
• Weitere Kommentare am Rand, z. B.:
Ein. = Einleitung; Haupt. = Hauptteil; Schl. = Schluss; Kern. = Kernstelle; T = These; Arg. = Argument; Bsp. = Beispiel; Faz. = Fazit; ; s. o. = siehe oben; vgl. Z. 5 = vergleiche Zeile 5

**4. Ausführung**
Wenn die Zeit reicht: Sie schreiben Ihre Ergebnisse stichwortartig auf Konzeptpapier; Sie formulieren danach Ihr Konzept aus.
Wenn die Zeit nicht reicht (z. B. bei Klausuren): Sie beginnen sofort mit der Reinschrift und verwerten dabei Ihre stichwortartigen Notizen.

**5. Endkontrolle**
Lesen Sie Ihre Arbeit aufmerksam durch, korrigieren Sie sprachliche Fehler sowie Rechtschreib- und Zeichensetzungsfehler.

## 6 Argumentieren und Erörtern

Wenn man argumentiert, stellt man zunächst eine Behauptung/These/Forderung auf. Diese wird durch ein Argument bzw. mehrere Argumente näher begründet, um jemanden zu veranlassen, die Behauptung für richtig zu halten. Beispiele oder Belege können die Argumente stützen.

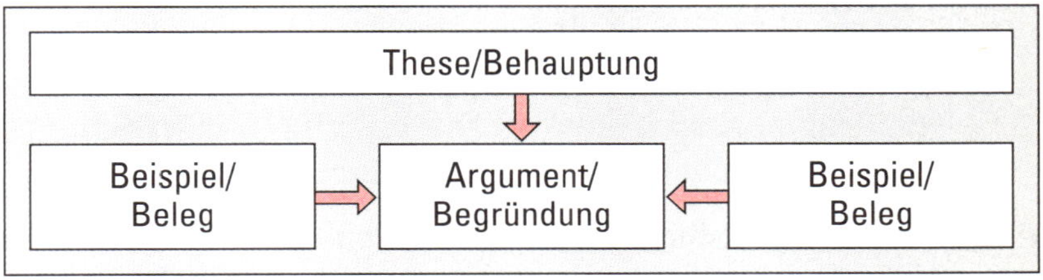


*Grundstruktur einer Argumentation*

In einer Diskussion (↗ S. 174) können Behauptungen grundsätzlich durch Gegenbehauptungen in Frage gestellt werden. Auch Argumente können als nicht stichhaltig zurückgewiesen werden.

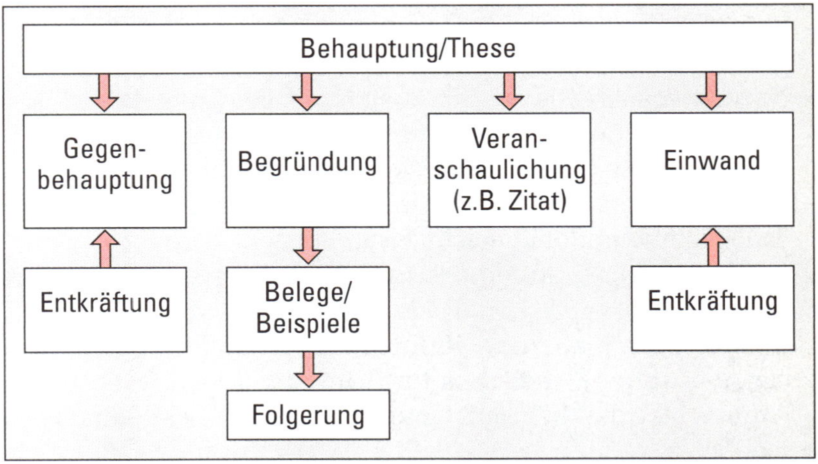


*Mögliche argumentative Strukturen zur Absicherung oder Widerlegung einer Behauptung*

**Beispiel:**
Ihre Deutung ist aber sehr lückenhaft. (These/Behauptung)
Sie haben nämlich nicht genau genug den Text beachtet. (Argument/Begründung)
Hier haben Sie einen wichtigen Ausdruck übersehen. (Beispiel/Beleg)

### Formen von Argumenten

Diese sind möglich in der Form mündlicher wie auch schriftlicher Äußerungen.
Beispiel für eine Behauptung/These: Erfolgreiche Schullaufbahn und beruflicher Erfolg stimmen nicht immer überein.

- Erfahrungsargument: Nicht verallgemeinerbar, da es durch ein entsprechendes Argument eines anderen ausgehebelt werden kann.

**Beispiel:** Ich habe ein schlechtes Abitur gemacht und bin in meinem Beruf topfit.

- Autoritätsargument: Man beruft sich auf eine anerkannte Autorität, z. B. eine Person, das Grundgesetz, die Bibel.

**Beispiel:** Thomas Mann hat die Schule vor dem Abitur verlassen; er wurde später ein weltberühmter Schriftsteller.

- Faktenargument: Fakten haben den Vorteil, überprüfbar zu sein; sie können jedoch in Zweifel gezogen werden.

**Beispiel:** Tatsache ist, dass ein gutes Abitur zu 90 Prozent mit guten Berufsaussichten korreliert.

- Normatives Argument: Stützt sich auf gesellschaftliche Konventionen, Normen, Regeln; diese können umstritten sein.

**Beispiel:** Wer das Abitur bestanden hat, müsste im Sinne der Richtlinien und Lehrpläne eine propädeutisch-wissenschaftliche Allgemeinbildung nachweisen können.

- Analogisierendes Argument: Es wird eine Parallele zu anderen Sachbereichen gezogen; dieser Vergleich hinkt manchmal.

**Beispiel:** Ein modernes Outfit ist kein Garant für gutes Aussehen, ein Abitur kein Garant für Erfolg im Leben.

- Argumente, die sich auf Gefühle stützen: Diese können unsachlich wirken.

**Beispiel:** Ich habe den Eindruck, dass man bei vielen Bewerbungen mit Abitur besser dasteht.

Man unterscheidet zwischen *Argumentationsformen,*

- die vor allem im strategischen Sinne zur Beeinflussung eingesetzt werden, z. B. in der Rhetorik (Werbung ↗ S. 190 und politische Rede ↗ S. 180),
- die im argumentativ-rationalen Sinne eingesetzt werden (z. B. in einem sachlich gehaltenen Gespräch, bei meinungsbildenden Texten der Medien wie Kommentar und Essay).

Die Grenzen zwischen diesen beiden Formen sind fließend.

Bei der schriftlichen Form des Argumentierens spricht man von *Erörterung* oder Erörtern. Es ist eine Form der gedanklichen Auseinandersetzung mit einem nicht geklärten Thema. Dabei sind wichtig:

- überzeugende Argumente
- schlüssige Gedankenführung

Der Schreiber setzt seine Argumente so ein, dass er seine eigene Gedankenführung deutlich macht, das heißt, sein Ziel erreicht, den Leser von der Richtigkeit der vorgebrachten Meinung zu überzeugen. Erörterungen treten in unterschiedlichen Texten des Alltags auf, zum Beispiel in Kommentaren, in Texten der Sachauseinandersetzung, im Essay.

**Checkliste: Erörterung**

- Das anstehende Problem deutlich benennen (in Texten das Problem isolieren).
- Unterschiedliche Aspekte des Problems erfassen und übersichtlich darstellen.
- Wichtige Begriffe definieren bzw. erläutern, was gemeint ist.
- Das Problem aus unterschiedlicher Sicht darstellen.
- Argumente anderer (z. B. in Texten) stützen oder zurückweisen.
- Einen eigenen Standpunkt beziehen und entsprechende Argumente zur Stützung dieses Standpunktes darstellen.
- Das Resultat der Auseinandersetzung mit dem Problem zusammenfassen.
- Eigene Entscheidung fällen/Beurteilung geben bzw. begründen, warum nicht möglich.

## 6.1 Die freie Erörterung

Jedes strittige Thema verlangt eine Erörterung. Man spricht von freier Erörterung (im Gegensatz zur Texterörterung), wenn es um ein allgemeines Thema (ohne Textbindung) geht.

**Beispiel:** Sollte Genforschung geächtet werden?

Man unterscheidet folgende Formen von Erörterungen:

- die lineare, steigernde oder reihende Erörterung (auch *Sacherörterung* genannt)

  Aus der Anordnung von Argumenten vom weniger Wichtigen zum Wichtigsten ergibt sich am Schluss die persönliche Stellungnahme des Verfassers.

  **Beispiel:** Erörtern Sie, aus welchen Gründen in der heutigen Zeit wissenschaftlicher Fortschritt auch kritisch betrachtet werden muss.

  Formaler Aufbau für den Hauptteil

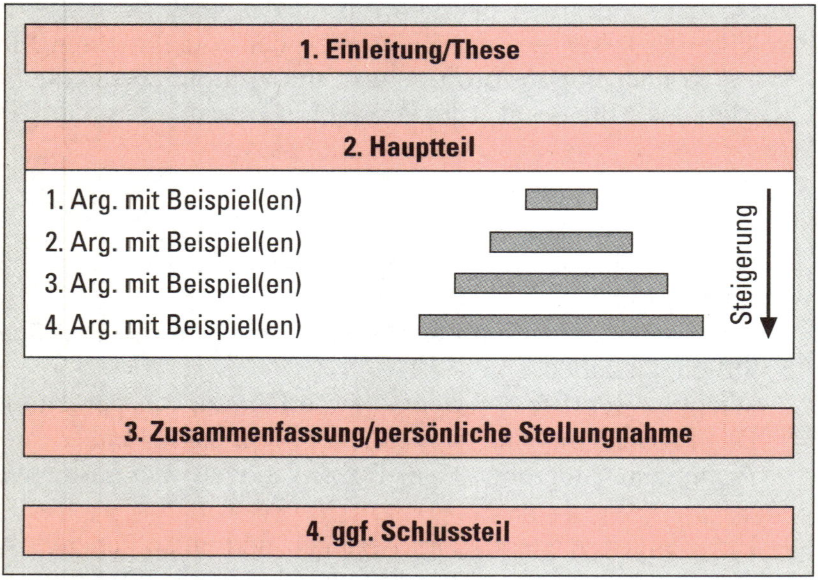


- die ***dialektische Erörterung*** im Pro-und-Kontra-Verfahren

  **Beispiel:** Kann wissenschaftlicher Fortschritt auch ein Rückschritt sein?

Mögliche formale Aufbauformen für den Hauptteil

**1. Einleitung**

**2. Hauptteil**

2.1. These
   1. Arg. mit Beispiel
   2. Arg. mit Beispiel
   ...

2.2. Antithese
   1. Arg. mit Beispiel
   2. Arg. mit Beispiel
   ...

2.3. Synthese
   (eig. Entscheidung/Kompromiss)

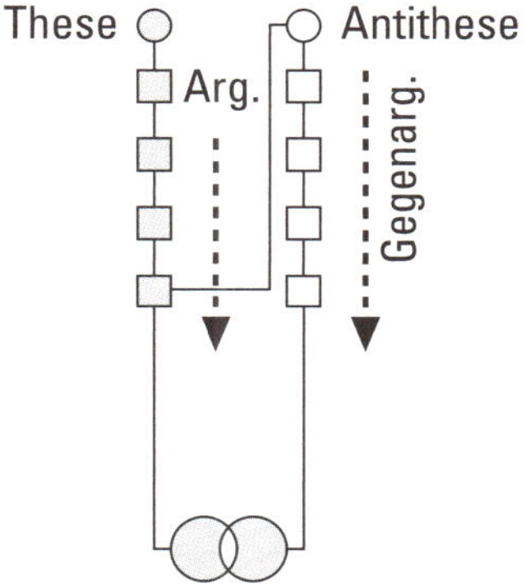


**3. Schlussteil**

oder

**2. Hauptteil**

2.1. These – 1. Arg. mit Beispiel
↕
Antithese – 1. Gegenarg.

2.2. These – 2. Arg.
↕
Antithese – 2. Gegenarg.

...

2.3. Synthese

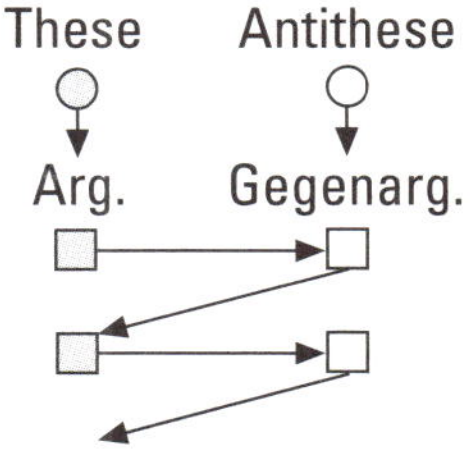


**3. Schlussteil**

**Wie schreibt man eine Einleitung?**

In der Einleitung sollte sofort das Thema benannt werden, um die Aufmerksamkeit des Lesers zu erreichen, indem z. B.

- von einem aktuellen Einzelfall ausgegangen wird,
- die Meinung eines Experten in Form eines Zitats wiedergeben oder
- die kontroverse Problematik des Themas herausgestellt wird.

**Beispiel:** Nachdem Wissenschaftler zum ersten Mal Säugetiere geklont haben, scheint auch menschliches Leben zur beliebigen Verfügungsmasse der Forscher zu werden. Stellt sich dieser – auf den ersten Blick – wissenschaftliche Fortschritt irgendwann einmal als Rückschritt heraus?

**Wie verfasst man einen Schluss?**

Der Schluss kann mit dem letzten Satz des Hauptteils identisch sein und entfallen. Er kann aber auch

- Gedanken aus der Einleitung wieder aufgreifen oder
- offen formuliert sein und einen Ausblick geben.

**Beispiel:** Wenn es um ethische Fragen geht, ist Technik- und Fortschrittsgläubigkeit ein schlechter Maßstab. Ich lehne das Klonen von Tieren und Menschen ab, weil sonst eine ethische Grundlage unserer Gesellschaft verloren geht.

**Zum Aufbau**

Der Aufbau hängt davon ab, wie sich der Schreiber entschieden hat. Zuerst setzt er sich mit den Gegenargumenten auseinander; danach trägt er die Argumente für seine eigene Position vor, wobei er die wichtigsten Argumente an den Schluss setzt.

**Tipps zur sprachlichen Formulierung**

Gedanken miteinander verknüpfen; Hinweise geben auf Ursachen, Folgen, Wirkungen; daher sprachliche Formulierungen nutzen, die diese Zusammenhänge knüpfen, z. B.:

- einerseits – andererseits
- daraus ergibt sich …
- berücksichtigt man dies, so …
- außerdem ist zu bedenken, …
- dagegen lässt sich einwenden, …

Auch die Verwendung konjunktionaler Formen ist sinnvoll

- zwar – aber
- wenngleich
- selbst wenn
- folglich

## 6.2 Die literarische Erörterung

Die literarische Erörterung ist eine freie Erörterung zu einer speziellen Form der Thematik, die auf eine bestimmte Lektüre oder allgemeine Probleme aus dem Bereich der Literatur bezogen ist.

**Beispiele**:

- Lohnt es sich heute noch Klassiker wie Goethe oder Schiller zu lesen?
- Inwiefern wird Effi Briest in Fontanes gleichnamigem Roman Opfer gesellschaftlicher Konventionen?
- Kann man Georg Büchners Dramenfragment *Woyzeck* als soziale Anklage bezeichnen?
- Ist Brechts Shen Te ein guter Mensch? Erörtern Sie den Titel des Dramas von Brecht *Der gute Mensch von Sezuan*.

Erwartet wird bei einem solchen Thema eine differenzierte Stellungnahme, und zwar

- zu Sachaspekten des Themas und
- zu Entscheidungs- und Wertfragen.

Derartige Aufgabenstellungen lassen sich nur bearbeiten, wenn aus der Beschäftigung mit der entsprechenden Literatur Detailkenntnisse vorhanden sind.

## 6.3 Die textgebundene Erörterung

Im Umgang mit Argumenten anderer lernt man neue Gedanken kennen, aber auch Schwächen gedanklicher Logik durchschauen. In der Texterörterung setzt man sich kritisch mit der Argumentation in einer vorliegenden schriftlichen Erörterung – einem Meinungstext – auseinander.

Beispiel für eine Aufgabenstellung:

Klären sie die Argumentationsstruktur des Textes; setzen Sie sich danach kritisch-wertend mit den Thesen und Argumenten auseinander und legen sie Ihren eigenen Standpunkt dar.

Es geht also bei dieser Aufgabenart darum,

- Grundposition und argumentativen Gedankengang des Textes zu klären,
- die Argumentation kritisch zu überprüfen,
- den eigenen Standpunkt gegenüber der Fragestellung des Textes zu klären.

**Tipps für die kritische Texterörterung**

Die Beziehung zwischen Ihren eigenen Ansichten und denen des Verfassers der Erörterung kann unterschiedlich sein. Entsprechend den folgenden Grundtypen müssen Sie eine besondere Strategie für Ihre Texterörterung wählen.

**a)** Die Ansichten des Verfassers und *Ihre* Ansichten stimmen überhaupt nicht überein, sie *unterscheiden sich völlig*. Dann können Sie

- die Prämissen des Textes überprüfen und in Frage stellen,
- die argumentative Schlüssigkeit des gesamten Textes überprüfen,
- die Geltung einzelner Thesen einschränken,
- einzelne Argumente des Textes entkräften.

**b)** Die Ansichten des Verfassers und Ihre eigenen Ansichten *stimmen teilweise überein*; dann begründen Sie,

- warum Sie mit einigen Thesen/Argumenten übereinstimmen; Sie nennen zusätzliche Pro-Argumente, die die Argumentation des Verfassers stützen.
- warum Sie mit anderen Thesen/Argumenten nicht übereinstimmen; Sie nennen Gegenargumente, die die Argumentation des Verfassers in Frage stellen.

**c)** Die Ansichten des Verfassers und Ihre eignen Ansichten *stimmen überein*. Eine kritische Auseinandersetzung ist in diesem Falle schwierig. Es geht bei einem solchen Text deshalb darum, dass Sie die Position des Textautors einnehmen und dabei entsprechend

- die vorgegebene Argumentation mit weiteren eigenen Argumenten abstützen und
- mögliche Gegenpositionen entkräften.

## Mögliche Arbeitsschritte

### Vorarbeiten

Den Text sorgfältig lesen, möglicherweise wiederholt, den Text markieren und kommentieren (↗ S. 92), die Kernthese erkennen; Stärken und Schwächen der Argumentation benennen. Dabei helfen die folgenden Fragestellungen:

- Um welches Problem geht es? Dies ist eine wichtige Frage, um das zentrale Problem, das der Text evoziert, zu erkennen und zu benennen.
- Welche Absicht verfolgt der Verfasser? Welche Meinung vertritt er? Welche Lösung gibt er? Mit welchen Argumenten begründet er seinen Standpunkt? Mit welchen Beispielen stützt er seine Behauptung?
- Wie lauten die Kernthesen des Verfassers?
- Welche Form haben die Argumente (↗ S. 94)?
- Wie gelingt es dem Verfasser, die Aufmerksamkeit des Lesers zu erreichen? Gibt es auffallende rhetorische Mittel (↗ S. 187)?
- Welche wichtigen Aspekte werden nicht berührt? Wo wird zu sehr verallgemeinert und verkürzt?
- Welche Meinung vertrete ich selbst zu den Problemen?

### Verfassen des Textes

1. Einleitung: Verfasser und Thema nennen; Kerngedanken des Textes knapp zusammenfassen

2. Hauptteil

2. 1 Argumentationsanalyse des Textes

Zentrale Problemstellung

Kernthesen und ihre inhaltlichen und gedanklichen Zusammenhänge

Argumentationsstruktur

2. 2 Kritische Auseinandersetzung mit den Positionen des Verfassers; ggfs. Prüfung der Voraussetzungen der im Text vertretenen Positionen; danach eigene Zustimmung bzw. Ablehnung begründen; bei Zustimmung: Schlüssigkeit nachweisen; zusätzliche eigene Argumente zu den Thesen des Verfassers nennen oder weitere Beispiele/Belege, die die Argumente stützen; bei Ablehnung: Schwächen der Argumentation belegen; Gegenargumente formulieren

3. Schluss: Eigene Positionen zusammenfassen oder weiterführende Problematisierungen anbieten.

Für die Anlage des Hauptteils gibt es zwei Möglichkeiten:

- den analytischen und den kritisch-erörternden Teil getrennt anlegen oder
- die argumentative Struktur des Textes fortlaufend (chronologisch) analysieren und an geeigneten Stellen die eigene kritische Stellungnahme einfügen.

### Tipps für das Verfassen

- Den Schwerpunkt der Aufgabenstellung beachten
- Den Text zunächst gründlich untersuchen, bevor er beurteilt wird
- Bei der Textwiedergabe Präsens verwenden
- Zitate (↗ S. 61) sinnvoll in den eigenen Satzbau integrieren
- Deutlich trennen zwischen der Beschreibung/Analyse der vorliegenden Argumentation und eigenen kritisch-wertenden Gedanken
- Hauptprobleme und Kernstellen des Textes beachten und nicht bei Nebensächlichkeiten stehen bleiben

### Tipps für das Vermeiden von Fehlern

- Nicht krampfhaft eine Gegenposition zum vorliegenden Text einnehmen; eine sinnvolle und angemessene Gegenposition ergibt sich leicht, wenn man folgende Fragestellungen an die Vorlage richtet:
- Ich bestreite die Richtigkeit der Thesen pauschal oder teilweise.
- Ich bezweifle den Zusammenhang von Ursache und Wirkung.
- Ich unterscheide im Einzelnen genauer.
- Ich wehre mich gegen Verallgemeinerungen, wenn aus einem Einzelfall eine allgemeine Schlussfolgerung gezogen wird.
- Die Darstellung darf sich nicht auf eine inhaltliche Umschreibung des Textes (Paraphrase) beschränken.
- Die Darstellung der eigenen Argumente ist zu knapp. Die Lektüre der Vorlage ist zu ungenau; die Auswahl der zu kritisierenden Teile ist beliebig, einseitig, polemisch.

# Epochen und literarische Strömungen der deutschen Literatur

## 1 Einführung

Ein literarisches Kunstwerk enthält nicht nur überzeitliche Wahrheiten, es ist auch ein geschichtliches Phänomen und muss aus der Zeit heraus verstanden werden.
Eine Periodisierung ist daher sinnvoll. Bei der Kennzeichnung einer literarischen Epoche werden typische gemeinsame Stiltendenzen, Inhalte und die Vorliebe für einen bestimmten Sprachgebrauch sowie häufig vorkommende ästhetische Merkmale, Textformen und ethische Vorstellungen der Zeit zusammengefasst.
Epochenübergänge sind fließend, manche Merkmale sind übergreifend. Die Gesichtspunkte, nach denen Epochen geordnet sind (europäische Epoche/deutsche Bewegung; politische Bezeichung/Stilbezeichnung für Architektur oder Malerei) werden von den Literaturhistorikern nachträglich erarbeitet; ihre Gültigkeit ist relativ, weil auch die Gesichtspunkte, nach denen ausgewählt und zugeordnet wird, dem historischen Wandel unterliegen. Vor diesem Hintergrund betrachtet stellen auch literarische Epochen und Bewegungen keine nahtlose lineare Abfolge dar, sondern die Grenzen sind fließend. Besonders deutlich ist dies bei den Epochenumbrüchen vom 18. zum 19. und vom 19. zum 20. Jh.

**Beispiel:** Das üblicherweise der literarischen Epoche *Aufklärung* zugeordnete Schauspiel von G. E. Lessing *Nathan der Weise* ist im gleichen Jahr erschienen wie die Prosafassung des Schauspiels von J. W. Goethe *Iphigenie auf Tauris*, das bekannterweise in seiner Kernaussage den Höhepunkt der Klassik darstellt.

## 2 Althochdeutsche Dichtung (um 750–1050)

Die althochdeutsche Epoche wird vor allem bestimmt durch die Auseinandersetzung zwischen Heidentum und Christentum. Es geht in diesem Prozess um

- Aneignung christlicher und antiker Zusammenhänge,
- Umwandlung und Unterdrückung heidnischer Vorstellungen.

Die schriftlichen Fixierungen in dieser Zeit sind gebunden an die damaligen zentralen Kulturstätten: die Klöster. Die im 10. und 11. Jh. entstandenen Dichtungen sind fast ausschließlich in Latein gehalten und für den Gottesdienst bestimmt. Zur deutschsprachigen Literatur zählen die Übersetzungen lateinischer Psalmen und Gebete; diese werden in die Sprache eines Volksstamms oder Dialekts übertragen.

Die in deutscher Sprache schreibenden Autoren entstammen weithin der geistlichen Schicht. Der Zweck ihres Schreibens ist zumeist die Missionierung.

**Beispiel:** Der *Heliand* stellt den Versuch des Autors, eines niedersächsischen Geistlichen, dar, das Evangelium der Liebe der Gedankenwelt der Germanen anzupassen: Obwohl das Christentum Fuß gefasst hat, sind die alten heidnischen Vorstellungen noch vorhanden. Um das Interesse der kampfgeübten Germanen zu gewinnen, stehen kriegerische Auseinandersetzungen im Mittelpunkt der Handlung. Petrus erscheint als tapferer Gefolgsmann, Christus als Fürst und Dienstherr. Der Verfasser schreibt das Epos im Auftrag Ludwigs des Frommen in altniederdeutscher Sprache und Form (Stabreim und Langzeile):

„ … da erboste sich
Der schnelle Schwertdegen Simon Petrus:
Ihm wallte wild der Mut, kein Wort mocht' er sprechen
So härmt' es ihn im Herzen, als sie den Herrn ihm da
Zu greifen begehrten.“

(Auszug aus einer Übertragung ins Neuhochdeutsche von Karl Simrock)

### Auswahl wichtiger Werke

*Merseburger Zaubersprüche* (vor 750)
*Wessobrunner Gebet* (erhalten in einer Handschrift aus

dem Kloster Wessobrunn zwischen 770 und 790)
*Hildebrandslied* (um 800)
*Muspilli* (um 800)
*Der Heliand* (um 830)
*Edda* (um 1250–1300)

Zur althochdeutschen Sprache ↗ S. 26

## 3 Mittelhochdeutsche Dichtung (um 1050–1350)

### 3.1 Allgemeine Hinweise

Die literarische Epoche hat – sprachlich betrachtet – drei Abschnitte:

- Frühmittelhochdeutsche Zeit (um 1060–1180)
- Mittelhochdeutsche Blütezeit (um 1180– 1250/Tod des Staufers Friedrich II.)
- Spätmittelhochdeutsche Zeit (etwa bis 1350)

Die Literatur des Mittelalters ist Dichtung im europäischen Zusammenhang; sie ist ohne das Vorbild der französischen Adelskultur nicht denkbar und wird – bei vielen Überschneidungen – in der Frühphase vor allem von der geistlichen Schicht, in der staufischen Klassik von der ritterlich-höfischen Schicht und in der Spätphase vor allem von der bürgerlichen Schicht geprägt. Für die höfische Gesellschaft der Blütezeit ist sie Sprachrohr und Medium, sich selbst darzustellen.
Der Dualismus des mittelalterlichen Lebensgefühls von Diesseits (Weltliches/Trieb/Sinnlichkeit) und Jenseits (Göttliches/Geist/Intellekt) findet seinen Niederschlag auch in der Literatur. Das Streben nach Harmonie (Wie kann man zugleich Gott dienen und sich in der Welt bewähren?) wird zum Leitmotiv der ritterlich-höfischen Dichtung. Der Begriff *Ritter* (ursprünglich zu Pferde kämpfender gepanzerter Krieger) erweitert in der 2. Hälfte des 11. Jh.s seinen Bedeutungsinhalt: Er umfasst alle Adligen (Hochadel und Dienstadel).Die Ritterdichtung ist Standesdichtung; am Hof entwickelt die Adelsgesellschaft eine neue Standeskultur mit einer neuen ritterlichen Standesethik; dabei unterwirft sich der Ritter einem Tugendkatalog:

- *mâze* und *zuht* – Anstand, Mäßigung, Wohlerzogenheit, Selbstzucht und Selbstbildung. Diese verlangen unablässige *arebeit* (Anstrengung).
- *froide* und *hoher muot* – Hochgestimmtsein, Freude (darüber, zum Stand der Ritter zu gehören)
- *êre* – Ansehen, Geltung, Würde
- *hövescheit* – Beherrschung wichtiger Umgangsformen
- *triuwe, staete* – Beständigkeit, Verlässlichkeit
- *milte* – Großzügigkeit
- *minne* – Verehrung der *frouwe* (dieses Wort hat im Mittelhochdeutschen die Bedeutung *Herrin,* gemeint ist die adelige verheiratete Dame); es geht bei der Minne um die sehnsuchtsvolle Verehrung einer Frau und ihres Idealbildes; wesentlich ist die Unterwerfung unter die Idee eines Höheren; es geht dabei nicht um Erfüllung und Erfolg, um äußeren Einfluss, um Steigerung von äußerer Macht, Reputation, Einkommen, sondern um die Mühsal des Weges: In diesem Prozess soll der Mann seelische Steigerung und ethische Vervollkommnung erfahren (vgl. unten).

Herausragende Gattungen der mittelhochdeutschen Literatur sind Roman (Epos) und Lyrik (Minnesang).

## 3.2 Zum höfischen Roman (Epos)

Der höfische Roman gestaltet erzählerisch die Wertvorstellungen und Verhaltensnormen des Ritterstandes. Das Epos bezeichnet eine Großform erzählender Dichtung in gleichartig gebauten Versen oder Strophen; es enthält in der Regel mehrere Teile (Gesänge oder Aventiuren). Der umfangreichste Versroman der mittelhochdeutschen Zeit ist *Parzival* (Wolfram von Eschenbach). Parzival durchläuft in zahlreichen Abenteuern den Weg vom unerfahrenen Knaben *(tumber tor)* über den christlich-höfischen Artusritter zum Gralskönig *(Gral* bezeichnet ein mystisches Dingsymbol). Es geht in diesem Reifungsprozess um Werte der *staete,* des *muotes,* der *triuwe.* Zum Gralskönigtum führen nicht ritterliche âventiuren, sondern die Fähigkeit, sich erbarmen zu können, Demut zu zeigen, die eigene Schuld zu erkennen.

## 3.3 Zum Minnesang der mittelhochdeutschen Blütezeit

- Zur zweiten großen literarischen Schöpfung der mittelhochdeutschen Zeit gehört der Minnesang (hohe Minne). Die Dichter sind in aller Regel Mitglieder des adligen Ritterstandes; ihre Kunst, ein Lied zu dichten, es in Musik (gebräuchlichste Instrumente sind Harfe und Fidel) zu setzen und es einem höfischen Publikum vorzutragen, ist ein Teil der höfischen Erziehung.
- Zwischen Dichter, Aufftraggeber und Publikum kann in der mittelhochdeutschen Dichtung deutlich unterschieden werden. Politisch wichtige Höfe (Mäzenaten) werden zu Kulturzentren; hier finden die Dichter im Kreis der Adeligen ihr Publikum (z. B. Regensburg, Thüringen, Meißen, Wien).
- Was wir heute von der Minnelyrik kennen, ist vor allem der Züricher Ratsherrenfamilie Manesse zu danken, die um 1300 die ihnen bekannten Lieder zusammenstellte *(Manessische Liederhandschrift* oder *Große Heidelberger Liederhandschrift).*
- Minnesang und Minnedienst gehören zum Habitus des gesellschaftlichen Verhaltens der Aristokratie.
  Aus dem Widerspruch zur Realität zieht das höfische Publikum seinen Reiz. In der Realität der aristokratischen Lebenswelt gibt es die illegitime Liebesbeziehung (für den Mann!), viele Zwangsehen des Adels sind politisch motiviert, die Triebunterdrückung in der Ehe ist u. a. durch die strenge kirchliche Morallehre bedingt.
- Die Inhalte der ritterlich-höfischen Dichtung sind (wie alle Dichtung) kein naturgetreues Spiegelbild der Wirklichkeit; in der Minnelyrik wird das Selbstverständnis des Rittertums überhöht zu einem zeitlosen Idealbild. Es wird ein fiktives Dienstverhältnis zu einer Frau gestaltet; dabei ist das lyrische Ich keine bestimmte Person; der lyrische Text wendet sich nicht an eine individuelle Frau. Das Wort *frouwe* (↗ S. 106) meint den Inbegriff des Weiblichen, eine Personifikation der ethischen Werte und der höfischen Gesellschaft.
- Der kulturell führenden Schicht der höfischen Ritter geht es im Minnesang um Unterwerfung unter eine höhere Idee, um sittliche Läuterung mit Hilfe der ästhetischen Mittel der Literatur.

Ziel und Ideal der staufischen Klassik ist die innere Steigerung des Menschen (der vollendete Mensch). Dieses Ziel erfordert unablässige Anstrengung. Die triebhaften und sinnlichen Seiten der Liebe müssen gebändigt werden, damit sich die sittlichen und seelischen Kräfte entfalten können. Es ist ohne Beispiel in der Geschichte der Literatur, dass sich die europäische gehobene Gesellschaft der höfischen Ritter diesem Erziehungs- und Verhaltensideal unterwirft.

**Beispiel:**

frouwe, daz ir saelic sît!
lânt mit hulden
mich den gruoz verschuoden
der an friundes herzen lît.

Herrin, mögt ihr glücklich sein!
Lasset huldvoll
mich den Gruß verdienen,
der Eure Zuneigung kundtut.

Der Minnesänger Walther von der Vogelweide stellt die Hochstilisierung des Frauenbildes und die spiritualisierte Form der *hohen Minne* (s. Beispiel oben) zunehmend in Frage, für ihn ist sie sozial ungleichgewichtig. Er entwickelt eine neue Form der Minne *(herzeliebe),* in der die Frau als Partnerin *(wîp)* oder in der Rolle des *frouwelîn* oder der *maget* auftritt, wobei inhaltlich auch die Liebesvereinigung thematisiert wird. In seinen Mädchenliedern, entwirft Walther von der Vogelweide ein Gegenmodell: In ihnen geht es um eine echte „Ich-Du-Beziehung", den Gegensatz zwischen Trieb und Geist in der Hohen Minne will er auflösen.

**Beispiel:**

Under der linden an der heide
dâ unser zweier bette was,
Dâ mugt ir vinden
schône beide
gebrochen bluomen unde gras.
Vor dem walde in einem tal
tandaradei,
schône sanc diu nahtegal.

Unter der Linde
Auf der Heide,
wo unser beider Lager war,
da kann man sehn
Liebevoll gebrochen
Blumen und Gras.
Vor dem Wald in einem Tal
tandaradei
sang schön die Nachtigall.

(Übertragen von Peter Wapnewski, 1977)

## 3.4 Verfall und Ende der klassischen mittelhochdeutschen Dichtung

Das Spätmittelalter ist u. a. gekennzeichnet durch politische, soziale und kulturelle Umgestaltungen:

- Auf den Tod des Staufers Friedrich II. (1250) folgt eine mehr als 60-jährige kaiserlose Zeit.
- Das Rittertum verliert allmählich seine militärische Bedeutung, entsprechend sinkt auch sein politischer Einfluss.
- Die Städte gewinnen gegenüber dem Land an Einfluss als kulturelle und wirtschaftliche Zentren.

**Beispiel:** Das Werk *Meier Helmbrecht* von Wernher der Gartenaere markiert als eine Dorfgeschichte mit tragischem Ausgang das Ende der mittelalterlichen Dichtung. Dieses Werk stellt als Zeitsatire den Konflikt zwischen Rittertum, das zum Raubrittertum geworden ist, und Bauernstand dar. Die ursprünglich hoch geschätzten Werte haben sich ins Gegenteil verkehrt; Lebensform und Ideal des höfischen Rittertums sind zur bloßen Fassade geworden. Das Werk zeigt das für das Mittelalter noch bestimmende Weltbild: Helmbrecht setzt sich über die von Gott gewollte Standesordnung hinweg; sein Verhalten ist Gotteslästerung; die Abkehr vom eigenen Stand verdeutlicht die Ursünde des Hochmuts. Entsprechend wird er dafür bestraft und muss sein Unrecht bitter büßen: Er wird geblendet und vom väterlichen Hof verwiesen.

Zur mittelhochdeutschen Sprache ↗ S. 37–39

### Auswahl wichtiger Autoren und Werke

*Nibelungenlied* (etwa 1150–1200)
Wolfram von Eschenbach (1170–1225)
    *Parzival*
Gottfried von Straßburg (1170–1216)
    *Tristan und Isolde*
Walther von der Vogelweide (1170–1230)
    Minnelieder
Wernher der Gartenaere (zweite Hälfte des 13. Jh.s)
    *Meier Helmbrecht*

# 4 Zeit des Übergangs – Literatur der Renaissance, des Humanismus, der Reformation (um 1350–1600)

## 4.1 Historische Bedingungen

Soziale, wirtschaftliche und geistig-kulturelle Umwälzungen kennzeichnen diese Zeit des Übergangs:

- Kaisertum und Papsttum verlieren ihre beherrschende Stellung; durch den Verfall des Kaisertums steigt der Einfluss der Fürstenhöfe.
- Die folgenreichste Veränderung des Spätmittelalters stellen die Städtegründungen dar. In der Stadt wohnen auf engstem Raum (unabhängig vom Landesherrn) unterschiedliche soziale Gruppen zusammen: das Patriziat aus Adligen, Unternehmern, Kaufleuten; Handwerker, die sich zu Zünften zusammenschließen; Geistliche; Ackerbauern; Tagelöhner; Bettler.

## 4.2 Zur Literatur

Während im Mittelalter das kostbare Pergament einziges Material zum Schreiben darstellt (Handschriften), kommt das preiswerte Papier (erste Papiermühle im Jahre 1390) dem großen Bedarf an Schriften, Flugblättern, Büchern entgegen. In den Städten werden Schreibstuben eingerichtet; neben die klösterlichen Bibliotheken treten fürstliche und städtische.

Aus dem Mittelalter werden die bekannten literarischen Gattungen übernommen. Neu sind insbesondere:

- Kirchenlied, Satire, Drama
- Tendenz- und Streitdichtung (diese intentionale Publizistik erhält im Zusammenhang mit dem Buchdruck einen kommunikativen Status)
- Volksbuch (Lieblingslektüre bürgerlicher Kreise)
- Volkslied (verbürgerlichte Form der Minnelieder)
- Fastnachtsspiel
- Städtischer Meistersang (bürgerliches Gegenstück zum höfischen Minnesang)

Mit dem Ende der höfischen Kultur verliert die erste gemeinsame (überregionale) deutsche Schriftsprache des Mittelhochdeutschen (mit einer allerdings sehr schmalen sozialen Basis) ihre Bedeutung; für die weitere sprachliche Entwicklung normierend wirken vor allem Luthers Bibelübersetzung, die kaiserlichen und fürstlichen Kanzleien und die Erfindung des Buchdrucks.

Zur Sprachgeschichte ↗ S. 39–40

## 4.3 Renaissance

Die Begriffe *Renaissance, Humanismus* und *Reformation* bezeichnen historische Bewegungen, die sich gegenseitig bedingen und zum Teil überschneiden.
Renaissance (frz. Wiedergeburt) meint die Wiederentdeckung der römischen Antike; im Gegensatz zum Mittelalter glaubt man in den klassischen Werken das neue Menschenbild (Weltbejahung und Zugewandtheit statt Weltverneinung) am deutlichsten vorgebildet.
Betont wird die Autonomie des Menschlichen.
Renaissance ist im Vergleich zu den anderen beiden Begriffen der umfassendere. Er kommt gegen Ende des Mittelalters, von Italien ausgehend, auf und betont als Sammelbegriff die kulturelle Lockerung aus mittelalterlichen Bindungen.

## 4.4 Humanismus

Humanismus (von lat.: humanum = das Menschliche) kennzeichnet das Ziel dieser Bewegung. Die humanistischen Gelehrten stellen ständische Vorrechte und das Bildungsprivileg des Klerus, damit auch das religiös gebundene Denken des Mittelalters, in Frage. Im Mittelpunkt ihrer Beobachtungen steht der einzelne Mensch, diesen stellen sie ins Zentrum ihres Denkens.
Die Beschäftigung der Gelehrten mit antiker Philosophie fordert die erneute Hinwendung zu alten Sprachen. Latein wird die Weltsprache der Gebildeten (bedeutendster Gelehrter: Erasmus von Rotterdam).
Die neue Weltsicht verlangt eine Neugestaltung von Staat, Kirche, Wissenschaft und Kunst, die freie Persönlichkeit und die Ausgestaltung von Menschlichkeit ermöglichen sollen. Die hier geforderte geistige Freiheit setzt sich erst im 18. Jh. durch (Aufklärung ↗ S. 119 ff.).

Die Literaturformen der Humanisten stehen im Dienst ihrer Ideen. Geschrieben wird in (neu)lateinischer Sprache, nicht in der Volkssprache. Bevorzugt werden Gesprächs- und Briefform, Dialog, Streitschrift, Ode (feierliches Gedicht).

**Beispiel:** Johannes von Tepl, *Der Ackermann aus Böhmen* (entst. 1400/1401; v 1449)
Der Ackermann führt als Kläger (nach dem Tod seiner Ehefrau) ein Streitgespräch mit dem Tod als Beklagten. Es geht um die Frage, was der Mensch überhaupt wert sei, denn der Tod verachte den Menschen und verneine das Leben. Der Dialog ist Ausdruck des veränderten Denkens: Der Mensch hat das Recht auf ein Leben im Diesseits, auf freie Äußerung, eigene Erkenntnis, eigenes Handeln.

## 4.5 Reformation

Die Renaissance-Bewegung bereitet den Boden für die Reformation; diese löst die nötige Breitenwirkung im Sinne einer geistigen Revolution aus.
Martin Luther (Thesenanschlag im Jahre 1517) ist von Renaissance und Humanismus geprägt. Bei seiner Bibelübersetzung greift er auf den Urtext zurück und versucht ihn ohne Sinnverfälschung in die deutsche Sprache zu übertragen. Luther, der dabei auch sprachschöpferisch tätig ist, orientiert sich an der sächsischen Kanzleisprache.
Für Martin Luther steht die Literatur im Dienste des Protestantismus; z. B. dichtet der Reformator vorhandene geistliche Lieder um, so das bekannte Weihnachtslied *Vom himel hoch da kom ich her*; er schreibt das evangelische Bekenntnislied *Ein feste Burg ist unser Gott.*

**Beispiel** für Luthers Sprache:
„Ich habe keine ( …) eigene Sprache im Deutschen, sondern brauche der gemeinen deutschen Sprache, daß mich beide, Ober- und Niederländer, verstehen mögen. Ich rede nach der sächsischen Kanzlei, welcher nachfolgen alle Fürsten und Könige in Deutschland (…)“

(Aus dem „Sendbrief vom Dolmetschen“; 1530)

Zur Sprache in der Zeit der Reformation ↗ S. 40

**Auswahl wichtiger Autoren und Werke**

JOHANNES VON TEPL (um 1350–1415)
 *Der Ackermann aus Böhmen*
MARTIN LUTHER (1483–1546)
 Bibelübersetzung
 Kirchenlieder
HANS SACHS (1494–1576)
 Meisterlieder
Schauspiele
Fastnachtsspiele
Volksbücher
 *Till Eulenspiegel*
 Schildbürger

# 5 Barock (um 1600–1720)

## 5.1 Begriff

Das Wort *Barock* lässt sich herleiten von dem portugiesischen Begriff *barucca* (Fachausdruck für eine Perle von unregelmäßiger, schiefer Form). Im 18. und 19. Jh. wurde das Adjektiv *barock* oft in abwertender Bedeutung verwendet (schwülstig, grotesk, bizarr). Als Epochen- und Stilbegriff setzt sich das Wort *Barock* zunächst in der Kunstgeschichte durch. Anfang des 20. Jh.s wird der Begriff auch von der deutschen Literaturwissenschaft übernommen. Er bezeichnet

- einen Stil, der durch bestimmte Merkmale gekennzeichnet ist, z. B. eine Sprache, die stark auf rhetorische Wirkung bezogen ist (Bildlichkeit, Artistik und Ästhetisierung der Form),
- den Zeitraum zwischen Reformationszeit/Renaissance und Aufklärung.

## 5.2 Historischer Hintergrund und Lebensgefühl der Zeit

Das prägende Ereignis der Zeit ist der Dreißigjährige Krieg: Zerstörung weiter Landstriche, Hungersnöte, Epidemien wie Pocken, Cholera, Typhus, Pest. Daneben gibt es weitere kriegerische Auseinandersetzungen: die Hegemonialkriege Ludwigs XIV., die Schwedenkriege und die Türkenkriege.

Der Dreißigjährige Krieg, dessen Ursprung in den religiösen Auseinandersetzungen zwischen Katholiken und Protestanten zu suchen ist, macht die religiöse Zerrissenheit Mitteleuropas deutlich, die abnehmende Bedeutung des Heiligen Römischen Reiches Deutscher Nation und das Schwinden übernationaler Konfessionsbindungen. Dieser Säkularisationsprozess hat bereits in der Renaissance begonnen. Gewinner dieses Prozesses sind die Landesherren, Verlierer der Kaiser. Die Selbstständigkeit der etwa 300 kleinen Landesherrschaften, damit eine Zersplitterung der Macht in Mitteleuropa, wird im Westfälischen Frieden 1648 bestätigt. Schroffe Gegensätze kennzeichnen dieses Zeitalter:

- Der Gegenreformation und den Hexenverfolgungen stehen bedeutende Entdeckungen in den Naturwissenschaften und der Mathematik gegenüber (Kopernikus, Galilei, Leibniz, Newton).
- Dem Elend weiter Bevölkerungsschichten korrespondieren die prunkvollen aristokratischen Repräsentationsweisen. Vorbild für die Höfe der absolutistisch regierenden weltlichen und geistigen Fürsten ist die aufwändige Prachtentfaltung des französischen „Sonnenkönigs“ Ludwig XIV.

Die Grunderfahrungen von Gewalt, Elend und Not begründen das *antithetische Lebensgefühl* der Zeit zwischen *vanitas* (Gefühl der Leere und Nutzlosigkeit) und *carpe diem* (nutze und genieße den Tag).
Damit wird der (mittelalterliche) Dualismus von Jenseitigem (Vergänglichkeitsbewusstsein und Todesangst) und Diesseitigem (Lebenslust und Weltbejahung) wiederbelebt. Es herrscht auf der einen Seite das Bewusstsein vor, dass der Mensch und die irdische Prachtentfaltung vergänglich sind und alles irdische Streben nutzlos ist (vanitas). Daher gibt allein die Hinwendung auf das Jenseits dem menschlichen Leben einen Sinn. Neben diesem Gefühl des *memento mori* (denke daran, dass du sterben musst) zeigt sich die Gier nach Lebensgenuss und Sinnenfreude (carpe diem).

Das Weltbild wird noch von der einheitlichen Idee des christlichen Glaubens geformt:

- Gott und Welt werden als ein geordnetes Ganzes verstanden.

- Leitbegriff des Zeitalters bleibt die (religiös begründete) Ordnung; auch der gesellschaftliche Aufbau in Stände und die Herrschaft des absoluten Monarchen wird als gottgegeben angesehen.

## 5.3 Selbstverständnis der Barock-Dichter und Dichtungstheorie

Die politische und konfessionelle Spaltung des Reiches schlägt sich auch im literarischen Bereich nieder und führt zu einer weitgehend getrennten Entwicklung

- von protestantischer Literatur (z. B. Martin Opitz, Andreas Gryphius, die Sprachgesellschaften mit dem Ziel der literarischen Erneuerung, religiöse Erbauungsliteratur),
- von katholischer Literatur (Fortsetzung europäischer katholischer Traditionen, Literatur im Dienste der katholischen Reformbewegung, Predigtliteratur).

Die Dichter des Barock sind insbesondere durch *virtuose Kunstfertigkeit* und ihr Selbstverständis als *humanistisch gebildete Gelehrte* (in aller Regel mit Universitätsausbildung) gekennzeichnet (vgl. Humanismus ↗ S. 111). Es geht für sie nicht darum, innere Gefühle des eigenen Ich auszudrücken. Alles gehört einem Typ an, die Themen der Dichtung sind festgelegt und werden immer wieder variiert; sie zielen auf *Wirkung:* Durch eine angemessene Wahl der Gattung und der Stilebene soll das jeweilige Publikum (die niederen Volksschichten/die Angehörigen der mittleren und der höfischen Gruppierungen) erreicht werden. So entstehen neben Texten für ein literarisch vorgebildetes Publikum auch volkstümliche Texte für die breite Masse des Volkes.

Die *Dichtungstheorie* wird niedergelegt in *Poetiken* (oft mit angefügten Reimlexika). Nach antiker und humanistischer Auffassung ist die Poetik ein Teil der Rhetorik. Dichtung wird als Rede in Versform verstanden. Durch die virtuose Gestaltung soll sie den Zuhörer bzw. Leser erfreuen (delectare), sie soll ihm durch ihre Aussage nützlich sein (prodesse) und ihn zu einer Handlung oder Einsicht bewegen (movere).

- Die wichtigste und einflussreichste Poetik ist das *Buch von der Teutschen Poeterey* von Martin Opitz (1624): Poesie wird für lehrbar gehalten als Kunst der guten Rede, die ihrerseits von der Rhetorik abhängt. In der Poetik werden Gattung und Form normativ festgelegt und Themen für die Gestaltung vorgegeben, z. B. die Vergänglichkeit des Irdischen.
- Martin Opitz will die lateinische Dichtungslehre auf die deutsche Sprache übertragen; dies zeigt das Bemühen um eine eigenständige deutsche Kunstrichtung und Literatursprache.

## 5.4 Sprache und Stil

Aufgrund der intendierten Wirkung der Kunst (Bezüge zur Rhetorik, vgl. oben) sind die folgenden sprachlichen und stilistischen Kriterien besonders hervorzuheben:

- Vielfalt von Gedanken-, Klang- und Wortfiguren dienen dem Schmuck der Dichtung,
- Bildlichkeit als besonders Merkmal barocker Dichtung; üppige Metaphorik, ***Allegorie*** (von griech.: anders, bildlich reden); dabei wird ein Begriff durch ein gedanklich fassbares Bild veranschaulicht, z. B.: Vergänglichkeit wird durch eine Sanduhr verdeutlicht,
- Wiederholung/Aufzählung ähnlicher Motive,
- artifizieller Charakter von Aufbau und Form; wirkungsvolle ästhetische Virtuosität; Schema der Antithetik und der Hyperbolik (Übertreibung).

## 5.5 Bevorzugte Textarten

### Drama

Das Barock ist die Epoche des großen europäischen Dramas, im 17. Jh. entstehen Dramen der Weltliteratur. Kristallisationszentren des europäischen Theaters sind große Höfe bzw. Hauptstädte:
England: W. Shakespeare – Elisabeth I.
Spanien: P. Calderón de la Barca – Philipp IV.
Frankreich: P. Corneille/J. Racine/Molière – Ludwig XIV.

Das ***Illusionstheater*** kommt dem Lebensgefühl der Zeit entgegen. In den großen deutschen Städten (wie München und Hamburg) entstehen Theaterbauten. Das barocke Trauerspiel (wichtigster Vertreter ist Andreas Gryphius) soll den Zuschauer erschüttern und betroffen machen. Die Komödien handeln ausschließlich vom Leben niederer Stände (Ständeklausel); ihre Vertreter werden (im Vergleich mit den aristokratischen Kontrastfiguren, die die Normen der Gesellschaft verkörpern) als komische Typen lächerlich gemacht.

### Roman

Der bis heute bekannteste Roman dieser Zeit ist *Der Abentheurliche Simplicissimus;* der Verfasser Hans Jakob Christoffel von Grimmelshausen gehört nicht zur üblichen Zunft der gelehrten Barockpoeten. Der Autodidakt, der eigene Erfahrungen im Dreißigjährigen Krieg verarbeitet, stellt anschaulich Sprache und Leben der unterschiedlichen Volksschichten dar. Die Handlung des Romans führt Simplizius durch die unterschiedlichen Lebensstationen bis zur Selbsterkenntnis und Erkenntnis Gottes. Der Roman thematisiert die barocke Antithetik (Gedanken an Tod/Vergänglichkeit/ Buße/Askese und Lebensgier/Genuss-Sucht/Verschwendung)

### Lyrik

Das ***Sonett*** kommt, wie auch das Epigramm (kurzes Sinngedicht; zwei durch Reime gebundene Alexandriner), den ästhetischen Formerwartungen des Barock in besonderer Weise entgegen. Die Klarheit der Komposition eignet sich in besonders zur Formulierung von Heilswahrheiten.

Formale Kennzeichen:

- 14-zeiliges Gedicht, das sich aus zwei Vierzeilern(Quartetten) und zwei Dreizeilern (Terzetten) zusammensetzt, die jeweils gereimt sind. Die Quartette und Terzette stehen inhaltlich-argumentativ im Verhältnis von Erwartung und Erfüllung, von Spannung und Entspannung, von Voraussetzung und Folgerung, von Behauptung und Beweis,
- Zweigliedrigkeit der Verszeile (Alexandriner: jambischer sechsfüßiger Vers mit der Zäsur nach der dritten Hebung)
- Barocke Stilfiguren: Antithese, Anapher, Akkumulation (Häufung), Chiasmus (↗ S. 116).

**Beispiel:**
Andreas Gryphius: Es ist alles eitel

Du siehst, wohin du siehst, nur Eitelkeit auf Erden,
Was dieser heute baut, reißt jener morgen ein;
Wo itzund Städte stehn, wird eine Wiesen sein,
Auf der ein Schäferskind wird spielen mit den Herden.

Was itzund prächtig blüht, soll bald zutreten werden.
Was itzt so pocht und trotzt, ist morgen Asch und Bein;
Nichts ist, das ewig sei, kein Erz, kein Marmorstein.
Itzt lacht das Glück uns an, bald donnern die Beschwerden.

Der hohen Taten Ruhm muss wie ein Traum vergehn.
Soll denn das Spiel der Zeit, der leichte Mensch, bestehn?
Ach, was ist alles dies, was wir vor köstlich achten,

Als schlechte Nichtigkeit, als Schatten, Staub und Wind,
Als eine Wiesenblum, die man nicht wiederfind't!
Noch will, was ewig ist, kein einig Mensch betrachten!
(1637)

Das Gedicht verkörpert ein Grundgefühl der Epoche: Memento mori (vgl. ↗ S. 114). Für Andreas Gryphius (1616–1664) ist alles Irdische nichtig und vergänglich und nur der Gedanke an die Ewigkeit und die Erlösung nach dem Tod bietet dem Menschen Ziel und Hoffnung.

### Auswahl wichtiger Autoren und Werke

Martin Opitz (1597–1639)
*Buch von der Teutschen Poeterey*
Paul Gerhardt (1607–1676)
Kirchenlieder
Andreas Gryphius (1616 –1664)
Sonette
Hans Jakob Christoffel von Grimmelshausen (1621–1676)
*Der Abentheurliche Simplicissimus*
Johann Christian Günther (1695–1723)
Studentenlieder

# 6 Literatur der Aufklärung (um 1700–1789)

## 6.1 Historischer Zusammenhang

Wichtigstes Ereignis dieser Epoche ist die Französische Revolution (1789). Das absolutistische Herrschaftssystem wird entscheidend in Frage gestellt; ein neues bürgerliches Bewusstsein greift Platz, der Aufbruch in eine bürgerliche und demokratische Gesellschaft bereitet sich vor. Die Bewegung setzt sich fort; die Entfaltung des Ich-Bewusstseins findet seine spezifische Ausprägung

- im Sturm und Drang (↗ S. 124 ff.),
- in der Klassik (↗ S. 127 ff.),
- in der Romantik (↗ S. 131 ff.),
- im Vormärz (↗ S. 134 ff.).

Mutterland der Aufklärung als Ergebnis einer langen Auseinandersetzung ist England. John Locke (1632–1704) ist der bahnbrechende Theoretiker. Als Erkenntnisquelle lässt er nur die Erfahrung gelten; dies bedeutet eine Absage an Theologie und Metaphysik. In England ist die Aufklärung besonders erfolgreich: Durch den Sieg des Bürgertums und eine allgemeine gesellschaftliche Liberalisierung sowie durch den Fortschritt der Publizistik aufgrund der Pressefreiheit kommt es zum Aufbau einer öffentlichen politischen Kultur.
In Frankreich wird die Aufklärung zu einer geistigen Bewegung, die in aggressiver Weise (Sturm auf die Bastille am 14. Juli 1789) einer überlebten Gesellschaftsordnung und der sie stützenden katholischen Staatsreligion den Kampf ansagt. Führende Gestalt unter den französischen Aufklärungsphilosophen ist Voltaire (1694–1778). Im Namen von menschlicher Vernunft und Gerechtigkeit fordert er Toleranz, Einfachheit und Menschenwürde.

## 6.2 Kennzeichen der Epoche

Man spricht vom Zeitalter der Vernunft oder des ***Rationalismus.***
Die Grundsätze der Aufklärung sind vor allem

- die Überzeugung, dass es eine allen Menschen angeborene ***Humanität*** gebe,

- „knowledge is power“ (Wissen ist Macht) und „cogito, ergo sum“: ich denke (und zweifle), also bin ich,
- geistige Freiheit.

Die Aufklärung ist eine europäische Bewegung mit geistesgeschichtlichen und literaturgeschichtlichen Akzenten. Der Glaube an die Macht der Vernunft und das Fortschrittsdenken schaffen ein neues bürgerliches Bewusstsein. Die Vorstellungen von der Autonomie des Menschen und der Bejahung des Diesseits haben sich seit den ebenfalls europäischen Bewegungen von ***Renaissance*** (↗ S. 111) und ***Humanismus*** (↗ S. 111) entwickelt. Der idealtypische Mensch der Aufklärung sieht sich nicht mehr als sündiger Mensch (wie im Mittelalter und wie zum Teil noch im Barock), sondern versteht sich als aufgeklärt im Sinne einer verstandesmäßigen vorurteilsfreien Einstellung. Analytisches und kausales Denken findet Eingang in die Bereiche von Wissenschaft, Ethik, Religion, Kunst. Idealtypisch für die Bewegung der Aufklärung sind z. B. die folgenden Aspekte:
- Das Denken in der Philosophie ist unabhängig von der Lehre der Bibel oder der Kirchenväter.
- Die Naturwissenschaften üben auf die Zeit einen starke Faszination aus, weil es hier um Welterkenntnisse ohne Zuhilfenahme traditioneller und religiöser Wahrheiten geht (Newton: Entdeckung der Gravitationsgesetze).
- Die Offenbarungsreligion wird in Frage gestellt, an ihre Stelle treten eine natürliche Religiosität sowie persönliche Frömmigkeit und Ethik (Pietismus). Im Deismus wird die Meinung vertreten, dass Gott nur den Schöpfungsakt vollzogen hat und ansonsten nicht mehr in die Welt eingreife. Der Glaube wird auf Bereiche zurückgedrängt, in denen er mit den Naturwissenschaften nicht in Konflikt kommt.
- Aus dem Gedanken des Naturrechts wird abgeleitet, dass alle Menschen, egal welcher Konfession, welcher Rasse, welchen Geschlechts, welchen Alters, mit den gleichen Rechten geboren werden. Aus diesen Menschenrechten erwächst die Absicht, mit den neuen Erkenntnissen die Öffentlichkeit zu erreichen, zu belehren und darüber aufzuklären, dass die Chance zu einem glücklichen Dasein für alle besteht.

**Beispiele**:

„Aufklärung ist der Ausgang des Menschen aus seiner selbst verschuldeten Unmündigkeit. Unmündigkeit ist das Unvermögen, sich seines Verstandes ohne Leitung eines anderen zu bedienen. Selbst verschuldet ist diese Unmündigkeit, wenn die Ursache derselben nicht am Mangel des Verstandes, sondern der Entschließung und des Mutes liegt, sich seiner ohne Leitung eines andern zu bedienen … "

(Aus: IMMANUEL KANT, *Was ist Aufklärung?;* 1784)

„… wenn die Scham vor Unwissenheit und Unvernunft, die Begierde nach nützlichen und edeln Kenntnissen, und besonders, wenn der Respect vor der menschlichen Natur und ihren Rechten unter allen Ständen unvermerkt zunimmt."

(Aus: CHR. M. WIELAND, *An welchen Folgen erkennt man die Wahrheit der Aufklärung?;* 1789)

## 6.3 Zur Literatur

Das Wort *Aufklärung* nehmen die Schriftsteller, mit ihrem ungebrochenen optimistischen Glauben an die Wirkung aufklärerischer Literatur, wörtlich:

- Dichtung soll den bürgerlichen Leser/Theaterbesucher aufklären,
- sie soll der sittlichen Besserung des Zuschauers dienen und Menschenliebe lehren.

Die Sprache soll klar und einfach im Ausdruck und verständlich sein; der überladene, rhetorische Sprachgestus der Barockzeit wird abgelehnt.

Die Literaturformen entsprechen dem analytischen aufklärerischen Nützlichkeitsdenken der Epoche:

- epische Kleinformen (Fabel, Parabel, Lehrgedicht),
- Essay, belehrende Abhandlung/Traktat,
- Dialog/Gespräch,
- Drama.

Der bedeutendste Vertreter der deutschen Aufklärung ist G. E. Lessing, der die Aufklärung zu seiner Lebensaufgabe macht und der mit seinen Dramen endgültig der deutschen Literatur zum

Durchbruch verhilft; für ihn gibt es nicht die Wahrheit an sich, sondern nur das Bemühen um die Erkenntnis der Wahrheit.
In seinem Schauspiel *Nathan der Weise* soll der Zuschauer zum Beispiel zu der Erkenntnis gelangen, dass nicht die äußere Form (Befolgen dogmatischer Setzungen) die Wahrheit der Religion ausmacht, sondern diese sich durch ethisch gutes menschliches Handeln erweist.
In der Ringparabel (dem Kern und Mittelstück des Dramas *Nathan der Weise*) sind mit den drei Ringen die drei Weltreligionen (Christentum, Judentum, Islam) gemeint. Die Wahrheit, der wahre Glaube wird nicht in Dogmen offenbar, sondern durch eigenverantwortliches Handeln; Toleranz und Mitmenschlichkeit stellen eine dauernde Aufgabe dar. Jede der drei Weltreligionen hat ihre geschichtlich bedingte Eigenständigkeit und ist jeweils nur eine Form des Gottesglaubens.

**Beispiel:**
Aus dem Mittelteil der Ringparabel:
„Es eifre jeder seiner unbestochnen, / Von Vorurteilen freien Liebe nach! / Es strebe jeder um die Wette, / Die Kraft des Steins in seinem Ring' an Tag / Zu legen! Komme dieser Kraft mit Sanftmut, / Mit herzlicher Verträglichkeit, mit Wohltun, / Mit innigster Ergebenheit in Gott/ zu Hilf'! ..."
(Aus: G. E. LESSING, *Nathan der Weise;* 1779)

### Wichtige Autoren und Werke

JOHANN CHRISTOPH GOTTSCHED (1700–1766)
*Versuch einer kritischen Dichtkunst vor die Deutschen*
FRIEDRICH GOTTLIEB KLOPSTOCK (1724–1803)
*Der Messias*
Oden
GOTTHOLD EPHRAIM LESSING (1729–1781)
*Minna von Barnhelm*
*Hamburgische Dramaturgie*/Schriften zum Theater
*Emilia Galotti*
*Nathan der Weise*

# 7 Goethezeit: Sturm und Drang, Klassik, Romantik

## 7.1 Einführung

Auch in dieser Epoche mit unterschiedlichen Stilrichtungen steht die ***Autonomie*** des Menschen und sein Ich-Bewusstsein im Vordergrund. Gedanken der Renaissance (↗ S. 111), des Humanismus(↗ S. 111), vor allem der Aufklärung (↗ S. 119 ff.), in denen das Individuum sich seines eigenen Verstandes bedienen soll, wirken weiter. So

- steht im *Sturm und Drang* das Genie im Vordergrund, das sich seine eigenen künstlerischen Normen schafft,
- geht es in der *Klassik* um den allseitig gebildeten Menschen, um Humanität, Ausgleich, Maß,
- steht in der *Romantik* die Autonomie des Individuums im Mittelpunkt, vor allem seine künstlerische Autonomie und die Hochschätzung der inneren Natur des Menschen, seiner Träume und seiner unbewussten Triebe.

Der ***Idealismus*** (I. Kant) ist eine auf Ideale gerichtete Weltanschauung und philosophische Strömung, die davon ausgeht, dass es über der Wirklichkeit eine Welt der Ideen gibt. Ohne den Philosophen Immanuel Kant (1724–1804), der den ***Rationalismus*** der Aufklärungsphilosophie überwindet (allein aus der Vernunft Erkenntnisse zu gewinnen), wäre das Geistesleben von Klassik und Romantik nicht denkbar. Der Idealismus fasst die Erscheinungswelt als Produkt des Geistes auf; die Dinge an sich vermag der menschliche Geist nicht zu erfassen, weil er an die besondere Struktur seines Bewusstsein gebunden ist. Daraus ergibt sich, dass metaphysische Fragen wissenschaftlich nicht mehr gelöst werden können. Was dem Erkennen versagt bleibt, ist jedoch dem Wollen möglich, weil der Mensch als autonomes Vernunftwesen sein Wollen nach gültigen Prinzipien regeln kann.

**Beispiel:**

Der ***kategorische Imperativ*** drückt dies so aus: „Handle so, dass die Maxime (subjektive Grundsätze) deines Willens allzeit zugleich als Prinzip einer allgemeinen Gesetzgebung gelten könne.“ (Kant)

Kants Wirkung auf die Dichter ist tiefgreifend; denn er löst die

Kunst aus ihrem Zweck-Zusammenhang und begründet so den Eigenwert des Schönen, wodurch das Ich neben erkenntnistheoretischer Autorität auch eine absolute künstlerische Autorität gewinnt.
Neu ist auch die Auffassung von der Natur; sie wird in einem umfassenden Sinn verstanden. Hier treffen sich Gedankengänge J.-J. Rousseaus („Zurück zur Natur!") und des ***Pantheismus*** (Das Göttliche ist wirksam in jedem Vorgang und in jeder Gestalt der Natur.). Auch der Künstler ist durch die Kraft seiner Natur zum Künstler geboren und dazu befähigt.

Vgl. den Geniebegriff ↗ S. 126

## 7.2 Sturm und Drang – „Geniezeit" (um 1770–1789)

### Kennzeichen der literarischen Bewegung

Der Begriff *Sturm und Drang* geht zurück auf den Titel eines Dramas von Maximilian Klinger. Man spricht auch von *Geniezeit,* weil in dieser Epoche Kreativität und Genialität des künstlerischen Individuums betont werden.

- Der Sturm und Drang ist eine Bewegung junger Literaten, die eine unmittelbare Empfindung für die Natur entwickeln und hergebrachte dichterische Formen in Frage stellen. Das Ideal der Zeit ist nicht mehr (wie in der Aufklärung) der vernünftige Mensch, sondern der natürliche und unverbildete Mensch mit seiner Individualität und seinem Ich-Bewusstsein. Betont wird die Ganzheit des Menschen als Einheit von Verstand und Gefühl. Oberste Maxime wird die schrankenlose Selbstentfaltung des Individuums.
- Die Bewegung stellt eine Weiterentwicklung der Aufklärung, nicht Gegensatz oder radikale Umkehr dar: Herz und Gefühl werden als Gegenbegriffe zur Vernunft verstanden.
- Die Bewegung hat eine sozialreformerische Komponente; die jungen Schriftsteller greifen offen die feudale Gesellschaftsordnung an. Friedrich Schiller geißelt z. B. in seinem Drama *Kabale und Liebe* die Praxis mancher Fürsten, ihre Untertanen als Soldaten ins Ausland zu „verkaufen". Auch der folgende Gedichtauszug steht für die sozialkritische Zielrichtung der Literatur.

**Beispiel:**

Der Bauer
An seinen durchlauchtigsten Tyrannen

Wer bist du, Fürst, dass ohne Scheu
Zerrollen mich dein Wagenrad,
Zerschlagen darf dein Ross?
…
Ha! Du wärst Obrigkeit von Gott?
Gott spendet Segen aus; du raubst!
Du nicht von Gott, Tyrann!

(Aus: G. A. BÜRGER, *Der Bauer;* 1775)

- Theoretiker und Anreger sind vor allem J.-J. Rousseau und Herder; J. W. Goethe setzt die Anregungen in die Praxis der Literatur um: Als echte Lyrik gilt die Erlebnislyrik. Der lyrische Sprecher im Gedicht bringt unmittelbar sein persönliches Erleben zum Ausdruck. Begriffe wie *Herz, Schmerz, Natur, Abend, Nacht, Freundschaft, Liebe, Einsamkei*t werden zu Schlüsselwörtern, die die Unmittelbarkeit des Gefühls ausdrücken.

**Beispiele**:

Maifest
Wie herrlich leuchtet
Mir die Natur!
Wie glänzt die Sonne!
Wie lacht die Flur!
…
O Mädchen, Mädchen,
Wie lieb' ich dich!
Wie blinkt dein Auge,
Wie liebst du mich!

So liebt die Lerche
Gesang und Luft,
Und Morgenblumen
den Himmelsduft.
…

Wie ich dich liebe
Mit warmen Blut,
Di du mir Jugend
Und Freud' und Mut

Zu neuen Liedern
Und Tänzen gibst.
Sei ewig glücklich,
Wie du mich liebst!

(Aus: J. W. GOETHE: *Maifest,* entst. 1771; in einer Umarbeitung aus dem Jahre 1789 erhält das Gedicht den Titel *Mailied*)

„Eine wunderbare Heiterkeit hat meine ganze Seele eingenommen, gleich den süßen Frühlingsmorgen, die ich mit ganzem Herzen genieße. Ich bin allein und freue mich meines Lebens in dieser Gegend, die für solche Seelen geschaffen ist wie die meine. Ich bin so glücklich, mein Bester, so ganz in dem Gefühle von ruhigem Dasein versunken, dass meine Kunst darunter leidet …“

(Aus: J. W. GOETHE, *Die Leiden des jungen Werthers,* 1774; Auszug aus dem Brief vom 10. Mai)

- Vorbilder für die neue Auffassung sind W. Shakespeare, Homer, die Bibel und die Volkslieder (Einfluss Herders). Der Begriff des Genies wird auch auf den Dichter übertragen (schöpferische Kraft des Dichters, der frei ist von Bevormundung). Symbolfigur ist der Halbgott Prometheus, der Selbstherrlichkeit und Unabhängigkeit gegenüber den Normen der Gottheit verkörpert. Das dichterische Genie, das selbst Anteil am Göttlichen hat, wiederholt den Schöpfungsakt Gottes. Der folgende Auszug aus Goethes Hymne *Prometheus* verdeutlicht diesen Anspruch.

**Beispiel:**

Bedecke deinen Himmel, Zeus
Mit Wolkendunst!
Und übe, Knaben gleich,
Der Disteln köpft,
An Eichen dich und Bergeshöhn!
…
Ich kenne nichts Ärmer's
Unter der Sonn' als euch Götter.
…
Hier sitz' ich, forme Menschen
Nach meinem Bilde,
Ein Geschlecht, das mir gleich sei,
Zu leiden, weinen,
Genießen und zu freuen sich,
Und dein nicht zu achten,
Wie ich.

(Aus: J. W. GOETHE, *Prometheus;* entst. 1774)

### Bevorzugte Gattungen

**Drama**

Im Mittelpunkt stehen sozialrevolutionäre Inhalte; Abkehr vom hohen Stil der aristotelischen Tragödie, zum Teil ***offene Dramenform*** (↗ S. 83), Orientierung an Shakespeare

**Lyrik**

Stark beeinflusst von Klopstock; Abkehr von der Meinung der Aufklärung, Poesie auf das Wirkliche/Vernünftige zu beschränken; in der Erlebnislyrik vor allem Liebeslyrik, vgl. z. B. Goethes Sesenheimer Lyrik (↗ S. 125)

**Roman**

Typisch ist der Briefroman, Gestaltungsmöglichkeit aus der individuellen Perspektive einer Romanperson; berühmtes Beispiel: J. W. Goethe: *Die Leiden des jungen Werthers*

**Ballade**

### Auswahl wichtiger Autoren und Werke

JOHANN WOLFGANG GOETHE (1749–1832)
*Götz von Berlichingen mit der eisernen Hand*
*Die Leiden des jungen Werthers*
Gedichte, z. B. *Mailied, Prometheus*
*Urfaust*

JAKOB MICHAEL LENZ (1751–1792)
*Die Soldaten*

FRIEDRICH MAXIMILIAN KLINGER (1752–1831)
*Sturm und Drang*

FRIEDRICH SCHILLER (1759–1805)
*Die Räuber*
*Kabale und Liebe*

## 7.3 Weimarer Klassik (um 1786–1805)

### Historische Zusammenhänge und Bedingungen

Goethes Italienreise (1786) und sein Studium der Antike lässt sich als Beginn der Weimarer Klassik benennen, Schillers Tod als Ende. Im engeren Sinne könnte man die Klassik auch als die Zeit der intensiven zehnjährigen Zusammenarbeit zwischen den

beiden Dichtern Goethe und Schiller bestimmen (1795–1805). In dieser Zeit formulieren die beiden Dichter ihre poetischen Visionen von menschlich mustergültigen überzeitlichen Wertvorstellungen. Gegen Ende des 18. Jh.s entwickelt sich die politisch bedeutungslose Residenzstadt des Herzogtums Weimar mit Goethe, Schiller, Wieland u. a. zum kulturellen Mittelpunkt Deutschlands, wo für mehrere Jahrzehnte die intellektuellen Debatten geführt werden.
Klassik und Romantik gelten, im Zusammenhang mit dem ***Idealismus*** Kants (↗ S. 123), als nie wieder erreichter Höhepunkt deutscher Geistesgeschichte.

Typisch für die Weimarer Klassik sind:

- die Förderung durch einen Fürstenhof (Mäzenatentum),
- der Bezug zur Antike; die Werke der Antike werden (neu) entdeckt (vgl. auch Humanismus ↗ S. 111 und Renaissance ↗ S. 111). In ihr sieht man die Harmonie von Geist und Körper, und entsprechend das Vorbild für eine Wiedergeburt abendländischer Größe. Angeregt werden die Dichter durch den Kunsttheoretiker J. J. Winckelmann, der die antike Kunst (Einfachheit, Proportion, Harmonie) wieder entdeckt und zum allein gültigen Vorbild erklärt. Die dichterischen Bearbeitungen antiker Stoffe sind Neuschöpfungen aus dem Geist der ***Humanität*** (Beispiel: Goethe, *Iphigenie auf Tauris*).
Im 19. Jh. wird im Rahmen kulturpolitischer nationaler Einigung an der Klassik-Legende und der Mythisierung dieser Zeit und ihrer Hauptvertreter gearbeitet.

## Bevorzugte Gattungen

### Lyrik

Zum Beispiel philosophische Gedichte Schillers, in denen kunsttheoretische Überlegungen formuliert werden; Goethes klassische Lyrik wird (im Gegensatz zum Sturm und Drang) ausgeglichen und vergeistigt.

### Drama

Prosaentwürfe aus der Zeit des Sturm und Drang werden zum Teil in Verse umgeschrieben (vgl. z. B. die Arbeit an dem Drama *Iphigenie auf Tauris*).

**Kennzeichen der Epoche**

- Ein Leitgedanke der Aufklärung, die ***Autonomie*** des Menschen, bleibt weiterhin wirksam ebenso wie Menschenwürde, Selbstbestimmung und Toleranz. Jeder Mensch trägt die natürlichen Anlagen zur sittlichen Selbstbestimmung in sich selbst und kann zur vollen Entfaltung aller moralischen, intellektuellen und kreativen Möglichkeiten kommen. Das Ideal der ***Humanität*** erfüllt sich im Gegensatz zum Sturm und Drang nur dadurch, dass der Einzelne sich eingebunden fühlt in die Verantwortung gegenüber der Gemeinschaft und dem Sittengesetz. Humanität bleibt eine utopische Forderung, nach deren Verwirklichung zu streben ist. Die Vertreter der Klassik vertreten ein humanes Weltbürgertum (vgl. Aufklärung); nationalistisch-engstirnige Denkweisen werden abgelehnt. So gilt das Interesse des klassischen Goethe u. a. der Weisheit und Mystik des Orients (vgl. die Liedersammlung *West-östlicher Divan,* 1814/19).
- Der Mensch vermag als Vernunftwesen sein Handeln aus freiem Willen heraus zu gestalten; Triebe und Neigungen zu unterwerfen und nach allgemein gültigen Prinzipien auszurichten. Das Gutsein wird so zu einer individuellen Leistung. Der Mensch ist von höheren Mächten abhängig; es gibt ein vom einzelnen Menschen unabhängiges Moralgesetz.
- Im Gegensatz zur Sturm-und-Drang-Bewegung, in der die schrankenlose Selbstentfaltung des Individuums und die schöpferische Freiheit vertreten wird, wächst das Bedürfnis nach Gesetz, Maß und Regel. Als Prinzipien gelten das organische Wachstum sowie Ausgleich und Harmonie. In der Weimarer Klassik finden insgesamt wichtige Strömungen der Geistes- und Kulturgeschichte zusammen, z. B. die Vorstellungen von antiker Kunst (Renaissance ↗ S. 111), von Humanismus (↗ S. 111), von aufgeklärtem Bewusstsein (↗ S. 120), von der Autonomie des Subjekts und seiner Gefühle (↗ S. 123).

  Als Beispiel kann der folgende Auszug aus J. W. Goethes Gedicht *Grenzen der Menschheit* gelten. Insbesondere im Vergleich zu der Sturm-und-Drang-Hymne *Prometheus* (↗ S. 126) wird hier die Begrenztheit des Menschen zwischen den Polen des Irdischen und Göttlichen deutlich. Dessen neue Einstellung ist die Ehrfurcht gegenüber der Gottheit.

**Beispiel:**

Wenn der uralte
Heilige Vater
Mit gelassener Hand
Aus rollenden Wolken
Segnende Blitze
Über die Erde sät,
Küss ich den letzten
Saum seines Kleides,
Kindliche Schauer
Treu in der Brust.

Denn mit Göttern
Soll sich nicht messen
Irgendein Mensch …
Ein kleiner Ring
Begrenzt unser Leben …
(Aus: J. W. GOETHE, *Grenzen der Menschheit*; 1789)

- Die Weimarer Klassik entwickelt ein strenges Ethos der Form; hinter den Einzelerscheinungen wird das Allgemeingültige, Richtige, Wesentliche, das Typische der Formen gesucht. Im 18. Jh. hat sich die Sprache zu einer differenzierten Literatursprache (vgl. mittelhochdeutsche Literatursprache ↗ S. 38) entwickelt, an deren Erweiterung alle bedeutenden Autoren dieser Zeit ihren Anteil haben. Dieser Kunst-Sprache entspricht auch ein bestimmter Sprachgebrauch. Die Wirklichkeit wird nicht naturalistisch wiedergegeben, sondern in gefilterter Form; umgangssprachliche Wendungen und dialektale Ausdrücke scheiden aus, ebenso allzu individuelle oder ironische Ausdrucksweisen. Die stilisierenden Tendenzen zeigen sich vor allem im Drama in Form einer gebundenen typisierenden Sprache (Versmaß der deutschen Klassik ist der Blankvers ↗ S. 86). Typisch ist auch die geschlossene Form (↗ S. 83) des klassischen Dramas; die Konflikte verlagern sich ins Innere der Personen.

**Beispiel:** Goethes Drama *Iphigenie auf Tauris*. Iphigenie fühlt sich bei ihren Entscheidungen der „Stimme der Wahrheit und der Menschlichkeit“ verpflichtet.

### Auswahl wichtiger Autoren und Werke

JOHANN WOLFGANG GOETHE (1749–1932)
*Iphigenie auf Tauris*
*Wilhelm Meisters Lehrjahre*
*Dichtung und Wahrheit*
Balladen/Gedichte, z. B. *Der Zauberlehrling; Das Göttliche; Grenzen der Menschheit*

FRIEDRICH SCHILLER (1759–1805)
*Wallenstein*
*Maria Stuart*
*Wilhelm Tell*
Balladen/Gedichte, z. B. *Die Bürgschaft; Der Ring des Polykrates*

## 7.4 Romantik (um 1795–1830)

### Einführung

Die Romantik als Epoche ist gekennzeichnet durch ihre relativ lange Dauer, ihre Vielfalt und ihre Widersprüchlichkeit. Man unterscheidet:

- die Frühromantik (1795–1805), im Zeichen der Französischen Revolution
- die Hochromantik (1806–1815), im Zeichen der Befreiungskriege
- die Spätromantik (1815–1830 ), im Zeichen der Restauration

Geistesgeschichtlich stellt die Epoche die letzte Stufe des ***Idealismus*** dar. Kerngedanke der romantischen Poetologie ist es, das im 19. Jh. noch weithin bestimmende Prinzip der Naturnachahmung in der Kunst abzulehnen. Typisch für diese Zeit ist, dass sich Dichter zu Freundeskreisen zusammenschließen. In dieser Epoche spielen zum ersten Mal Frauen eine wichtige Rolle: Bettina Brentano, Caroline Schlegel, Karoline von Günderode.

### Kennzeichen der Epoche

- Die Epoche der Romantik verläuft zeitweise parallel zur Epoche der Weimarer Klassik. Im Gegensatz zur deutschen Weimarer Klassik ist die Romantik eine Bewegung im europäischen

Zusammenhang. Es gibt ein lebhaftes Interesse an Dichtungen anderer Sprachen, sodass zahlreiche Übersetzungen entstehen. Die Romantik knüpft an Gedanken des *Sturm und Drang* an (↗ S. 124 ff.), z. B. in der Hochschätzung der Gefühle und in der Wertschätzung der Volkspoesie, mit der Weimarer Klassik verbindet sie die hohe Einschätzung der Kunst.

- Bestimmende weltanschauliche und ästhetische Prinzipien sind Subjektivität und Universalität. So vertreten die Romantiker die absolute künstlerische ***Autonomie***: das künstlerische Genie erfasst poetisierend alle Lebensbereiche (vgl. unten). Dem Dichter wird die absolute Freiheit zugebilligt; er ist keinerlei Reglementierung unterworfen; alle bislang gültigen Grenzen der Realitätserfahrung werden negiert. Die romantischen Dichter setzen sich vom Formideal (ästhetische Vorgaben) der Klassik ab; der Literaturbegriff wird ausgeweitet auf die ***Volkspoesie*** (Volkslieder, Märchen, Sagen). Besonders im Märchen sehen die Romantiker Ursprung und Wesen der Poesie.

**Beispiel:** „Es gibt keinen wahren Realismus als den der Poesie." (Friedrich Schlegel)

- Die Romantiker verlangen unbeschränkte dichterische Freiheit (vgl. oben), auch das Unheimliche und die innere Natur des Menschen (Triebe, Unbewusstes) werden einbezogen. Überspitzte Gefühle (wie Wahnsinn, Schwärmerei) stehen nicht selten im Mittelpunkt der Dichtung.
- Weit mehr als in der Weimarer Klassik findet die Romantik ihren Ausdruck in den verschiedenen Künsten: Dichtung, Malerei (z.B. C. D. Friedrich), Musik (z. B. F. Schubert, R. Schumann, C. M. von Weber) und Wissenschaften. Schlegel spricht von *progressiver Universalpoesie*. Die Kunst soll in das Leben eindringen und die Gesellschaft poetisieren, sie soll alle Lebensbereiche durchdringen. In einem Gesamtkunstwerk sollen die Gattungen der Literatur zusammengeführt, Volkspoesie und ***Kunstpoesie*** verbunden werden. Die romantische Poesie wird als *progressiv* verstanden: Sie entwickelt sich immer weiter und kann nicht zu einem Ende gebracht werden. Entsprechend bleiben auch viele Prosa-Dichtungen Fragment.

  Eine allgemein gültige Poetik haben die Romantiker nicht entwickeln können.

### Bevorzugte Textarten

**Märchen**

Die Hochschätzung des Märchens wird im Sturm und Drang vorbereitet. Die Märchensammlungen der Brüder Grimm und von Bechstein sowie die Märchendichtungen (Kunstmärchen) der Romantiker treffen auf großes Interesse.

**Roman/Erzählung/Novelle**

Im Sinne der *progressiven Universalpoesie* Schlegels sind in den Prosagattungen verschiedene Formen der Poesie vermischt; so gilt Lyrik weniger als autonome Gattung, sondern vielmehr als Bestandteil des Romans. Typisch ist auch die Austauschbarkeit und Verknüpfung der einzelnen Künste (Poesie, Malerei, Musik). In den Romanen und Erzählungen wird immer wieder gesungen und musiziert. Romantische Motive sind vor allem *Reisen, Vergänglichkeit, Einsamkeit, Schwermut*.

**Beispiel:** Das Gedicht von Novalis *Wenn nicht mehr Zahlen und Figuren* ist ein programmatischer Text der Romantik: Rationales Denken und naturwissenschaftliche Versuche können den Weltzusammenhang nicht erklären, dagegen führen Märchen und Poesie zu ewigen Wahrheiten. Der Künstler ist der Mittler wahrer Erkenntis.

Wenn nicht mehr Zahlen und Figuren
Sind Schlüssel aller Kreaturen, ( …)
Und man in Märchen und Gedichten
Erkennt die ew'gen Weltgeschichten,
Dann fliegt vor Einem geheimen Wort
Das ganze verkehrte Wesen fort.
(Aus: NOVALIS, d. i. FRIEDRICH VON HARDENBERG, *Wenn nicht mehr Zahlen und Figuren;* 1802)

### Auswahl wichtiger Autoren und Werke

LUDWIG TIECK (1773– 1853)
*Der blonde Eckbert*
*Des Lebens Überfluss*
NOVALIS (Friedrich von Hardenberg ) (1772–1801)
*Heinrich von Ofterdingen*

Clemens Brentano (1778–1842) und
Achim von Arnim (1781–1831)
*Des Knaben Wunderhorn*
Karoline von Günderode (1780–1806)
*Gedichte und Phantasien*
Bettina von Arnim (1785–1859)
*Die Günderode*
Joseph von Eichendorff (1788–1857)
*Aus dem Leben eines Taugenichts*
Gedichte
E. T. A. Hoffmann (1776–1822)
*Die Elixiere des Teufels*
*Der Sandmann*
*Kater Murr*

## 8 Junges Deutschland, Vormärz und Biedermeier (um 1815–1849)

### 8.1 Historische Bedingungen

Der für die Zeit von 1815 (Wiener Kongress) bis zur Märzrevolution (1848) zentrale Begriff heißt *Restauration*. Der Begriff kennzeichnet den Versuch, die Zustände vor der Französischen Revolution, d. h. die alte feudale Ordnung, wiederherzustellen. Die Politik der Restauration ist besonders geprägt vom österreichischen Staatskanzler Fürst Metternich. Nationale und liberale Bewegungen (des Bürgertums), die als Gefahr für die Macht der Fürsten und die bestehenden Verhältnisse gelten, werden mit Hilfe der Zensur unterdrückt. Mit den Karlsbader Beschlüssen (1819) wird die Pressefreiheit aufgehoben und die Zensur von Büchern und Zeitschriften verfügt. *Demagogen* (Volksverführer) werden verfolgt (Bespitzelung, Berufsverbot, Ausweisung und Emigration, Freiheitsstrafe).
Die Zeit des *Vormärz* 1830–1848 (der Begriff nimmt Bezug auf den Ausbruch der Revolution im März 1848) bringt eine zunehmende Politisierung des Bürgertums (Gegenbewegung zur Restauration: Kritik gegenüber dem *System Metternich;* liberale Forderungen, ↗ S. 135).

## 8.2 Kennzeichen der Epoche

Die zunehmende Kommerzialisierung des literarischen Marktes ist bedingt durch ein gesteigertes Informationsbedürfnis breiter Bevölkerungskreise; Zeitungen, Zeitschriften und Bücher erleben steigende Auflagenzahlen; die potentielle Leserschaft beträgt bis zu 80 % der Bevölkerung.
Um das Lesebedürfnis zu stillen, werden Leihbibliotheken gegründet; allein in Berlin gibt es von 1830–1848 über 600 davon.

### Junges Deutschland

Den jungen Literaten und Journalisten der Richtung *Junges Deutschland* (der Name versteht sich als Abgrenzung zum „alten" Deutschland) geht es um politisches Engagement. Wichtigste Vertreter dieser Richtung sind Heinrich Heine, Karl Gutzkow, Heinrich Laube; sie werden insbesondere durch revolutionäre Ereignisse (Julirevolution 1830 in Frankreich; Bürgerprotest beim Hambacher Fest,1832; Sturm auf die Frankfurter Hauptwache,1833; Weberaufstand,1844; Revolution in Frankreich und Deutschland, 1848 ) angeregt und kämpfen für Liberalismus und sozialen Fortschritt, gegen Feudalismus und Adelsgesellschaft, gegen erstarrte Moralvorstellungen. Wichtigstes Instrument in diesem Kampf wird die Presse.
Die Generation der jungen Literaten und Journalisten, die der Romantik nachfolgt, kennzeichnet das Bewusstsein von der verlorenen Einheit der Welt (Kluft zwischen Ideal und Wirklichkeit); sie grenzen sich von der Klassik und der Romantik (Vorwurf der Weltfremdheit und mangelnder gesellschaftlicher Relevanz) ab. Die Literatur soll bewusst populär sein und Wirkungen erreichen. Eine Sonderrolle spielt dabei der deutsche Dichter und europäische Kosmopolit Heinrich Heine; dessen widersprüchliche und zugleich faszinierende Wirkung nur aus seinem komplexen Gesamtwerk (Dichtung: Lyrik/Prosa; Publizistik: Essay/Feuilleton) zu verstehen ist. Eine besondere Stellung nimmt auch Georg Büchner (↗ S. 137, 140) ein, der in seinen politischen Ansichten den Jungdeutschen nahesteht, mit seinem literarischen Werk, vor allem den Dramen (*Woyzeck, Dantons Tod*) weit über seine Zeit hinaus wirkt, bis hin zum Natu-

ralismus (soziales Drama ↗ S. 140) und Expressionismus (Sprengung der traditionellen Formen ↗ S. 146).
Die Literatur der Jungdeutschen wird im Jahre 1835 durch einen Beschluss der deutschen Bundesversammlung in Frankfurt verboten.

### Vormärz

Die politisch engagierte Bewegung des Vormärz (vgl. oben) wird angestoßen durch die französische Julirevolution 1832. Einen wichtigen Schwerpunkt der z. T. radikal-demokratisch orientierten Autoren bilden politische Schriften (politische Lyrik; politische Publizistik). Vertreter sind vor allem Ludwig Börne, Georg Herwegh, Georg Weerth, Ferdinand Freiligrath. Als besonders leidenschaftlicher Republikaner erweist sich Börne. Die Differenzen zwischen ihm, der die Revolution in Deutschland erhofft und nur politische Themen literarisch verarbeitet, und Heinrich Heine, der sich (als Dichter) nicht auf eine feste politische Position festlegen lassen will, sind grundsätzlicher Art.

**Beispiel:**

Reißt die Kreuze aus der Erden!
Alle sollen Schwerter werden.
Gott im Himmel wirds verzeihn.
Gen Tyrannen und Philister!
Auch das Schwert hat seine Priester,
Und wir wollen Priester sein.

(GEORG HERWEGH, *Aufruf;* 1841)

### Biedermeier

Diese literarische Strömung (der Begriff *Biedermeier* stammt aus einer satirischen Schrift) bezeichnet eine unpolitische Richtung der Literatur, die neben der auslaufenden Romantik und dem Jungen Deutschland entsteht. Diese literarische Richtung ist nicht politisch orientiert, sie knüpft am Idealismus von Klassik und Romantik an. In der Dichtung drückt sich ein Lebensgefühl aus, das insbesondere durch Ehrfurcht vor dem Überlieferten, durch den Rückzug ins Private, das stille Glück in Familie, Heimat und Idylle geprägt ist.

Hervorzuheben ist die Dichterin Annette von Droste-Hülshoff, die bis heute besonders durch ihre Lyrik (z. B. *Der Knabe im Moor)* bekannt geblieben ist; die Novelle *Die Judenbuche* gilt als ihr erzählerisches Meisterwerk. Es geht in dieser Milieuschilderung aus Westfalen um menschliche Verstrickungen und göttliche Gerechtigkeit.

## Bevorzugte Gattungen

### Junges Deutschland/Vormärz

Politische Lyrik, Reiseberichte und Briefe, die auf Grund der Zensurmaßnahmen oft fingiert sind und hinter denen sich satirisch verpackte Zeitkritik verbirgt

### Biedermeier

Novelle, Kleinformen der Erzählung, Märchen, Idylle, Lyrik

## Auswahl wichtiger Autoren und Werke

LUDWIG BÖRNE (1786–1837)
*Briefe aus Paris*
Politische Lyrik

ANNETTE VON DROSTE-HÜLSHOFF (1797–1848)
*Die Judenbuche*
Gedichte

HEINRICH HEINE (1797–1856)
*Reisebilder*
*Buch der Lieder*
*Deutschland. Ein Wintermärchen*

HEINRICH HOFFMANN VON FALLERSLEBEN (1798–1874)
*Das Lied der Deutschen*

EDUARD MÖRIKE (1804–1875)
*Mozart auf der Reise nach Prag*

ADALBERT STIFTER (1805–1868)
*Der Hochwald*
*Der Nachsommer*

GEORG BÜCHNER (1813–1837)
*Der hessische Landbote*
*Dantons Tod*
*Woyzeck*

# 9 Poetischer (oder bürgerlicher) Realismus (um 1848–1890)

## 9.1 Historische Bedingungen

Das Scheitern der bürgerlich-demokratischen Revolution 1848/49 verändert die gesellschaftlich-politische Situation; im Jahre 1871 siegt mit der Gründung des neuen deutschen Reiches durch Bismarck das Prinzip der nationalen Einheit über liberal-demokratische Prinzipien. Zur Veränderung der Gesellschaft tragen auch folgende Faktoren bei:

- Neue Erkenntnisse in den Naturwissenschaften, Erfindungen im Bereich der Technik und Medizin, damit verbunden ein teilweise naiver Fortschrittsglaube und allmähliche Infragestellung bzw. Auflösung religiöser und ethischer Bindungen,
- Zunahme der Bevölkerung, Landflucht und Verstädterung,
- Industrieller Fortschritt und die sich daraus ergebenden sozialen Probleme (Verelendung von Teilen der Bevölkerung, Gegensatz zwischen vermögendem Bürgertum und dem Proletariat, Entstehen der sozialen Frage),
- den literarischen Markt des 19. Jh.s beherrschen Familienzeitschriften (als Vorläufer unserer Illustrierten); hervorzuheben ist die *Gartenlaube* (gegr. 1853); deren Starautorin Eugenie Marlitt wird, insbesondere durch ihre Romane bekannt. Besondere Merkmale der Familienzeitschriften sind u. a.: Unterhaltungscharakter, ansprechende Gestaltung und idealisierende Bebilderung, allgemeine Verbreitung, Vermeiden von Tabuthemen.

## 9.2 Kennzeichen der Epoche

Das Lebensgefühl der Zeit ist durch die Spannung zwischen Altem und Neuem geprägt: Das Bewusstsein irdischer Vergänglichkeit, Zweifel, Ironie und Resignation verbinden sich mit der Erkenntnis, dass man sich dem Neuen nicht verschließen kann. Zentrales Thema der Literatur ist der Mensch und seine Beziehung zu Umwelt und Wirklichkeit.
In der 2. Hälfte des 19. Jh.s verbindet sich mit dem Begriff ***Realismus*** die Orientierung an der Wirklichkeit und die Abwendung der idealistischen Weltsicht von Klassik und Romantik. Realistische Schreibweise wendet sich inhaltlich der erfahrbaren

Wirklichkeit und den Realitäten des Lebens zu. Im Unterschied zum Jungen Deutschland (↗ S. 135) wird jedoch die Eigenständigkeit des Kunstwerks betont. Theodor Fontane erklärt den Realismus z. B. so: „Vor allen Dingen verstehen wir nicht darunter das nackte Wiedergeben alltäglichen Lebens, am wenigsten seines Elends und seiner Schattenseiten … Er ist die Widerspiegelung alles wirklichen Lebens, aller wahren Kräfte und Interessen im Elemente der Kunst …“.
Das Denken der Dichter wird angeregt und geprägt durch die deutschen Philosophen Arthur Schopenhauer (1788–1860) und Friedrich Nietzsche (1844–1900), die eine eher pessimistische Weltorientierung vermitteln. International wegweisend sind französische Dichter (Balzac, Flaubert, Zola) sowie russische Literaten (Turgenjew, Tolstoi, Dostojewski).

## Bevorzugte Gattungen

### Epische Formen

Novelle (als geschlossenste Form einer Erzählung); Roman (die große Beliebtheit der epischen Formen hängt mit der weiten Verbreitung zusammen, die diese Texte in Familienzeitschriften (↗ S. 138) und Leihbibliotheken finden.

### Lyrik

Insbesondere zu zeitloser Thematik wie *Liebe, Heimat, Natur*

## Auswahl wichtiger Autoren und Werke

FRIEDRICH HEBBEL (1813–1863)
- *Maria Magdalena*

THEODOR STORM (1817–1888)
- *Hans und Heinz Kirch*
- *Der Schimmelreiter*
- Gedichte

THEODOR FONTANE (1819–1898)
- *Effi Briest*
- *Der Stechlin*
- Gedichte/Balladen

GOTTFRIED KELLER (1819–1890)
- *Der grüne Heinrich*
- *Romeo und Julia auf dem Dorfe*

CONRAD FERDINAND MEYER (1825–1898)
*Das Amulett*
*Gustav Adolfs Page*
WILHELM RAABE (1831–1910)
*Die Chronik der Sperlingsgasse*
*Der Hungerpastor*

# 10 Naturalismus (um 1890–1900)

## 10.1 Kennzeichen der Epoche

Geistesgeschichtlich geht der Naturalismus aus dem Realismus hervor. Er wird auch als *konsequenter Realismus* bezeichnet. In der Literatur geht es vor allem um folgende Zielsetzungen:

- Es werden realistische Gestalten geschaffen und dabei die den Menschen in seinem Verhalten determinierenden Faktoren (Milieu, Psyche, Vererbung, Triebe, Arbeitswelt, Sozialstruktur) analysiert und dargestellt.
- Wichtig wird die fotografisch getreue Abbildung und die Darstellung des genauen Ablaufs im ***Sekundenstil***.
- Soziale Themen (Proletarisierung, Emanzipation der Frau) treten ins Zentrum, auch Alltägliches, Hässliches und Triebhaftes ist Gegenstand der Texte; selbst tabuisierte Themen (wie Geisteskrankheit, Alkoholismus) finden Eingang in die Literatur. Oft rücken von der Gesellschaft ausgestoßene Menschen der unteren Klassen ins Zentrum der Texte.
- Im Drama wird insbesondere die ***Determiniertheit*** des menschlichen Handelns herausgestellt (vgl. oben). Damit im Zusammenhang steht auch die Wiederentdeckung von Georg Büchner – vor allem sein Dramenfragment *Woyzeck* – (↗ S. 135) durch die Naturalisten. Neue Darstellungsmittel wie Dialekt und Umgangssprache finden Eingang in die Dichtung.

**Beispiel:** Gerhart Hauptmann, *Die Weber*. Den historischen Hintergrund dieses Stückes bildet der Aufstand der Not leidenden schlesischen Weber (1844) gegen ihre Arbeitgeber, die Unternehmer; Milieu und Atmosphäre werden u. a. durch die Sprechweise der Figuren geschildert.

- Die Formel *Kunst = Natur – x* geht auf den bedeutendsten Theoretiker des „konsequenten Naturalismus“ Arno Holz („Die Kunst hat die Tendenz, wieder Natur zu sein“) zurück. Er meint mit dieser Formel, ein Kunstwerk sei umso vollkommener, je mehr es mit der Natur/Realität übereinstimmt.

- Künstlerisches Hauptmerkmal des Naturalismus ist der *Sekundenstil;* akribisch genau werden der Zeitablauf einer Handlung, Vorgänge (Tropfen eines Wasserhahns, Knirschen einer Holzbohle) oder das Verhalten der Personen (Dialekt, Stottern, Gähnen) dargestellt. Eine Dramenszene oder ein Prosaabschnitt sollen genauso lang sein wie in der Wirklichkeit.
- In der naturalistischen Lyrik wird mit traditionellen Formen gebrochen. Arno Holz z. B. ordnet die Verszeilen an einer Mittelachse an, verzichtet auf Reim und Strophen und stellt auf diese Weise den Sprachrhythmus ins Zentrum.
- Angeregt und beeinflusst werden die deutschen Naturalisten durch den Franzosen Émile Zola, die skandinavischen Dramatiker Henrik Ibsen und August Strindberg und die russischen Schriftsteller Feodor M. Dostojewski und Leo Tolstoi.

**Beispiel:**

Eine schluchzende Sehnsucht mein Frühling,
ein heisses Ringen mein Sommer –
wie wird mein Herbst sein?
Ein spätes Garbengold?
Ein Nebelsee?

(ARNO HOLZ, *Phantasus;* 1898)

### Auswahl wichtiger Autoren und Werke

GERHART HAUPTMANN (1862–1946)
*Bahnwärter Thiel*
*Die Weber*
*Der Biberpelz*

ARNO HOLZ (1863–1929)
*Phantasus* (Gedichtzyklus)

ARNO HOLZ/JOHANNES SCHLAF (1862–1941)
*Papa Hamlet*

FRANK WEDEKIND (1864–1918)
*Frühlings Erwachen*

# 11 Literatur der Jahrhundertwende – Gegenbewegungen zum Naturalismus (1890–1918)

## 11.1 Kennzeichen der Epoche

Schon früh bilden sich Gegenströmungen zum Naturalismus heraus, womit die einseitig auf Wirklichkeit bezogenen Konzepte in Frage gestellt bzw. aufgegeben werden.

### Impressionismus

Dieser Begriff bezeichnet ursprünglich eine Richtung in der französischen Malerei (Monet, Manet); es geht ihr besonders darum, mit bildnerischen Mitteln den Eindruck der Wirkung von Licht, Farbe und Luft auf die Gegenstände wiederzugeben. Damit wird der subjektive Ausdruck betont. Der Begriff wird auf die Literatur übertragen; es geht um die Wiedergabe von individuellen Eindrücken und Stimmungen in lautmalerischer Sprache. Impressionismus bezeichnet in der Literatur eher eine Stilrichtung, die sich auch in anderen literarischen Bewegungen wie Sturm und Drang, Romantik, Biedermeier wiederfindet.

### Neuromantik

Betont wird mit diesem Begriff vor allem die Anknüpfung an die zurückliegende Epoche der Romantik. Eingefordert werden daher Gefühle, Innerlichkeit, Seelentiefe, Heimatverbundenheit.

### Symbolismus

Diese literarische Strömung wendet sich besonders deutlich gegen Ziele und kunsttheoretische Auffassungen von Realismus und Naturalismus. Mit dem Begriff *Symbolismus* wird besonders deutlich das ästhetische Moment und der bewusste Kunstwille hervorgehoben (Tiefsinn und Symbolwert bestimmter Worte).

Der Symbolismus hat – wie die Stilrichtung des Impressionismus – seinen Ursprung in Frankreich. Die Kunsttheorie dieser Zeit kennzeichnet insbesondere, dass der Absolutheitsanspruch der Kunst erhoben wird; die Kunst soll um ihrer selbst willen da sein (*l'art pour l'art*). Sie hat die Aufgabe, das Schöne darzustellen und zu verherrlichen: *poésie pure* im Gegensatz zur Indienstnahme der Kunst für politische oder soziale Ziele *(poésie engagée)*.

Die Darstellung des Hässlichen und die Vereinnahmung der Kunst für politische Aussagen wird abgelehnt. Es geht nicht darum, die breite Masse zu erreichen, sondern darum,

- ein „höheres Reich der Kunst" zu vertreten,
- dem Wesen der Dinge auf die Spur zu kommen und mit dem dichterischen Wort die Wahrheit zu verkünden.

**Beispiel:**

Des sehers wort ist wenigen gemeinsam:
Schon als die ersten kühnen wünsche kamen
In einem seltnen reiche ernst und einsam
Erfand er für die dinge eigne namen –
…

(STEFAN GEORGE, *Des Sehers Wort;* 1897)

## Décadence und Fin de siècle

Gegen Ende des Jahrhunderts herrscht ein Gefühl des Niedergangs vor, das Gefühl, die abendländische Kultur gehe ihrem Ende entgegen („décadence" = Niedergang; fin de siècle = Ende des Jahrhunderts). Der Glaube an ein einheitliches Weltbild in der aufkommenden Massengesellschaft gilt als längst zerbrochen. Lebensangst ist eine der Grundstimmungen in dieser als krisenhaft erlebten Zeit. Das Gefühl des „Krankseins" allerdings – so die Einstellung – gehe für den Künstler einher mit einer größeren Empfindungstiefe gegenüber den Gegenständen der Welt und ihrer Darstellung: Wer „krank" sei, sei empfindlicher und nehme intensiver wahr (vgl. die Darstellung des Künstlers in Thomas Manns Novelle *Tonio Kröger* oder die Darstellung des Schriftstellers Gustav von Aschenbach in seiner Novelle *Der Tod in Venedig*).

## Bevorzugte Textgattungen

In dieser Zeit ist das Gedicht eine der bevorzugten Textarten. Dies ergibt sich aus dem entchiedenen Kunstwillen der Zeit. Der Versuch der Dichter, dem Wesen der Dinge auf die Spur zu kommen, führt zu einer intensiven Verfeinerung der sprachlichen Mittel. Dies gilt besonders auch für das epische Werk Thomas Manns.

**Auswahl wichtiger Autoren und Werke**

ARTHUR SCHNITZLER (1862–1931)
*Liebelei*
*Der Reigen*
*Anatol*
*Leutnant Gustl*
*Traumnovelle*

STEFAN GEORGE (1868–1933)
Gedichte

Heinrich Mann (1871–1950)
*Professor Unrat*
*Der Untertan*

CHRISTIAN MORGENSTERN (1871–1914)
Gedichte

HUGO VON HOFMANNSTHAL (1874–1929)
Gedichte
*Jedermann*

THOMAS MANN (1875–1955)
*Die Buddenbrooks*
*Tonio Kröger*
*Der Tod in Venedig*

RAINER MARIA RILKE (1875–1926)
Gedichte

HERMANN HESSE (1877–1962)
*Unterm Rad*

## 12 Expressionismus (um 1910–1920)

### 12.1 Historische Bedingungen

Der Expressionismus ist eine gesamteuropäische Kunstbewegung, die von der Malerei ausgeht. Er umfasst eine thematisch, sprachlich und stilistisch vielgestaltige Literatur, die die allgemeine Aufbruchstimmung zu Beginn des neuen Jahrhunderts, aber auch die Fragen, Bewusstseinskrisen, Probleme der entfremdeten Verhältnisse und das politische Chaos der Zeit widerspiegelt. Der Erste Weltkrieg markiert einen bedeutsamen Einschnitt; durch diesen und die Zeit danach ändert sich die Welt entscheidend.

## 12.2 Kennzeichen der Epoche

In der bildenden Kunst entsteht der Expressionismus als Reaktion auf die Ziele des Impressionismus, dem man eine radikale Steigerung des Ausdrucks entgegensetzt. Seine Darstellungsmittel sind radikale Vereinfachungen, Verzerrungen in Form und Proportion, grelle Kontraste durch intensive Farbgebung, übersteigerte Formgebung.

Als literarische Epoche ist der Expressionismus eine revolutionäre Bewegung junger Leute, die sich vor allem mit folgenden Problemen kritisch auseinandersetzen:

- moderne Zivilisation und Großstadtwelt; Bewusstsein der Entfremdung und Verlorenheit,
- erstarrte Konventionen und verlogene Moralvorstellungen der Vätergeneration,
- Untertanengeist des „Wilhelminismus",
- Schrecken und Sinnlosigkeit eines Krieges.

Den Vertretern der unterschiedlichen Richtungen (z. B. *Kubismus, Futurismus, Dadaismus, Surrealismus*) ist die Furcht vor einer elementaren Bedrohung geistiger Werte durch den technischen Fortschritt, Bürokratie und Militärgewalt gemeinsam. Die Zusammenarbeit zwischen Schriftstellern, Grafikern und Malern ist in keiner Epoche so intensiv: Maler wie Kokoschka, Kirchner, Beckmann illustrieren Bücher und Zeitschriften. Die Titel der Zeitschriften sind programmatisch: *Der Aufbruch, Die Entfaltung, Der Aufschwung, Der Ruf.*

In ihren dichterischen Visionen beschwören die Expressionisten auf der einen Seite Verfall, Untergang und Weltende, auf der anderen Seite proklamieren sie den Glauben an eine Erneuerung der Literatur und des Menschen (Freundschaft und Liebe sind allen Menschen zugedacht, auch den Außenseitern der Gesellschaft).

Das Verlangen nach neuen Ausdrucksformen (Zynismus, Surrealismus, Groteske, Karikatur) verbindet sich mit dem Ziel, bisherige Verkrustungen in der Sprache und epigonale Formen aufzulösen; typische sprachliche Mittel sind:

- Auflösung herkömmlicher Wort- und Satzstrukturen; parataktischer Satzbau und elliptische Konstruktionen; unverbundene Reihung einzelner unzusammenhängender Bilder,
- Zerstörung der gewohnten Vorstellungen von Raum und Zeit,
- Erschaffung neuer Wortbedeutungen und Sinnzusammenhänge,
- Suche nach neuen Sprachbildern.

Der folgende Auszug aus dem Programmgedicht *Form ist Wollust* von Ernst Stadler macht deutlich, dass im Sinne der Programmatik die Abkehr von der Form (der alten Dichtungsvorstellungen) betont und demgegenüber das Recht des subjektiven Ausdrucks (Expressionismus als Ausdruckskunst) hervorgehoben wird.

**Beispiel:**

Form und Riegel mussten erst zerspringen,
Welt durch aufgeschlossene Röhren dringen: …
Form will mich verschnüren und verengen,
doch ich will mein Sein in alle Weiten drängen –
Form ist klare Härte ohn' Erbarmen,
doch mich treibt es zu den Dumpfen, zu den Armen, …

(ERNST STADLER, *Form ist Wollust;* entst. 1914)

Besonders mit der Bewegung des ***Dadaismus*** (das Kinderwort *Dada* bedeutet zugleich Protest, Verspottung und Suche nach neuen Formen des Ausdrucks), die Impulse des italienischen *Futurismus* verarbeitet, sollen überkommene Kunstauffassungen bzw. Konventionen entlarvt und die Sprache von traditionellen Strukturen befreit werden (Zerstörung der herkömmlichen Syntax durch zufällige Anordnung der Substantive, Veränderung der Wortarten, Abschaffung der Zeichensetzung).

Die ***Surrealisten*** (vgl. Bilder von Alfred Kubin und Salvador Dalí) stellen absurde Erlebnisse, Schreckenserfahrungen, groteske Visionen und Halluzinationen in den Mittelpunkt ihrer

Darstellungen. Beispiele hierfür sind Gedichte Georg Heyms und Prosatexte Franz Kafkas, dessen Werk eindringlich die Probleme des modernen Lebens darstellt: Einsamkeit, Entfremdung und Suche nach Erlösung in einer unüberschaubaren, inhumanen und absurden Welt.

**Auswahl wichtiger Autoren und Werke**

ERNST BARLACH (1870–1938)
*Sündflut*
AUGUST STRAMM (1874–1915)
Gedichte
GEORG KAISER (1878–1945)
*Die Bürger von Calais*
GOTTFRIED BENN (1886–1956)
Gedichte
GEORG TRAKL (1887–1914)
Gedichte
FRANZ KAFKA (1883–1924)
*Das Urteil*
*Die Verwandlung*
*Der Prozess*
ERNST TOLLER (1893–1939)
*Hinkemann*

## 13 Literatur zur Zeit der Weimarer Republik und des Exils während der Zeit des Nationalsozialismus (1919–1945)

### 13.1 Historischer Zusammenhang

Die Krisenjahre nach dem Ersten Weltkrieg belasten den Anfang der jungen Republik (Wirren nach dem Krieg, Dolchstoßlegende, Inflation, Besetzung des Ruhrgebietes, Hitlerputsch, kommunistische Aufstände). Von 1924 bis 1929 erreicht die Republik eine Phase relativer Stabilität. Man spricht von den „goldenen Zwanzigern“. Berlin wird zu einer Metropole von Kultur und Wissenschaft. Die neuen Medien *Rundfunk* und *Film* treten ihren Siegeszug an.

## 13.2 Weimarer Republik

In der Weimarer Republik wirken nach dem Ersten Weltkrieg zunächst noch die expressionistischen Konzepte weiter. Zusätzlich gibt es eine Fülle literarischer Ansätze und eine Vielfalt konkurrierender Stile. Gemeinsamkeiten der Autoren, die von den historisch-politischen Erfahrungen der Zeit geprägt sind:

- die Reaktionen auf die Erfahrungen des Krieges,
- das Gefühl des Bruches mit den verlorenen oder überholten Traditionen,
- die Hinwendung zu den Problemen der „kleinen Leute“,
- das Bemühen, den Übergang in eine neue Zeit zu artikulieren.

Das Ende der Inflation (1923) bringt eine wirtschaftliche Konsolidierung der Weimarer Republik mit sich. Mit den Rationalisierungen in Industrie und Geschäftsleben setzt auch in der Literatur eine Gegenbewegung zur Programmatik des Expressionismus, ihren Untergangs- und Aufbruchsvisionen, ein.

Die Richtung der ***Neuen Sachlichkeit*** erwächst aus der Spannung zwischen irrationalen und rationalen Tendenzen der Zeit. Diese literarische Strömung betont die Abwendung vom Emotionalen. Sie hebt dagegen eine neue Geisteshaltung und Schreibweise hervor: Nüchterne und distanziert-kritische Betrachtungen sind eine Reaktion auf die subjektive Ausdruckskunst der Expressionisten und den „Sprachkult“ von Schriftstellern der Jahrhundertwende (vgl. Stefan George ↗ S. 143). Beeinflusst wird die Literatur durch den funktionalen sachlichen Stil des *Bauhauses,* einer Schule für Architektur und künstlerische Gestaltung.

Die Literatur zeichnet sich dadurch aus, dass sie die Alltagswelt möglichst realistisch wiedergeben will und die Masse der Bürger an der literarischen Kultur beteiligen möchte. Dadurch tritt Gebrauchsliteratur (von hohem literarischem Niveau), z. B. journalistische und dokumentarische Formen (Reportage, Bericht, Glosse, Satire) stärker in den Vordergrund. Beispiele sind die sozialkritischen Reportagen des Publizisten Egon Erwin Kisch (1885–1948). Wichtigstes Publikationsorgan ist die *Weltbühne,* die mit den Namen Carl von Ossietzky und Kurt Tucholsky verbunden ist.

Auch mit der Lyrik wird ein unmittelbarer Zugang zum Publikum hergestellt: Bevorzugte Gebrauchsformen sind dabei Bänkelsang, Moritat, Ballade, Song (z. B.: Brecht, Tucholsky).
Auf der Bühne vertritt der Regisseur Erwin Piscator, mit dem der Schriftsteller Bertolt Brecht zusammenarbeitet, eine ***politisch-dokumentarische Dramaturgie***. Dabei stehen die gesellschaftlichen Kräfte im Mittelpunkt, die das Leben und Verhalten der Menschen bedingen. Das Theater soll aufrütteln und politisch bewegen und verändern. Die Bühne soll zu einer Stätte der Erkenntnis werden. Piscator bedient sich bei seinen Inszenierungen der neuen Medien zur Herstellung von Authentizität (wie Einblendung von Filmszenen, Fotografien, Spruchbänder, Sprechchöre). An Stelle des traditionellen Hoftheaters und der Einteilung in Parkett, Ränge, Logen bzw. der Guckkastenbühne (Trennung von Bühne und Publikum durch den Vorhang) vertritt er ein *Totaltheater,* um die Zuschauer in das Theatergeschehen einzubeziehen. Bertolt Brecht knüpft an diese Ideen Piscators an; er verändert die herkömmlichen Formen des Theaters zum *Antitheater* mit dem Ziel, auf dem Theater Beispiele/Modelle einer besseren Welt vorzustellen und durch desillusionierende Provokationen die Gesellschaft zu verändern. Brecht entwickelt so die Theorie und dramaturgische Praxis eines Lehrtheaters (***episches Theater***, vgl. auch die offene Dramenform ↗ S. 83). Um zu verhindern, dass sich das Publikum mit den Bühnenfiguren identifiziert, bedient er sich der Mittel der Verfremdung (V-Effekt), z. B. durch Zwischengesänge, Spruchbänder, Selbsterklärungen der Figuren. Der Zuschauer soll erkennen, dass es um seine eigenen Interessen geht.
Die Weimarer Republik ist auch die Zeit der großen Romane, z. B. von Thomas Mann, Alfred Döblin, Hermann Hesse, Jakob Wassermann, Joseph Roth, Hermann Broch, Robert Musil. Erich Maria Remarque schreibt seinen Weltbestseller *Im Westen nichts Neues* (1929).
Auf die Gegensätze der Zeit finden die Schriftsteller unterschiedliche Antworten: das einfache Leben (Ernst Wiechert), indische Weisheiten (Hermann Hesse), eine konservativ-humanitäre Weltsicht (Hans Carossa) oder christlich-religiöse Überzeugungen (Gertrud von Le Fort, Werner Bergengruen).

## Bevorzugte Gattungen

**Dokumentarische Literatur**
Bevorzugt werden Reportagen.

**Lehrstück**
Dies ist in besonderer Weise mit dem Namen Bertolt Brecht verbunden.

**Montageroman**
Neue vielschichtige Auffassung von Wirklichkeit; Verarbeitung psychoynalytischer Erkenntnisse; Darstellung des „Bewusstseinsstroms“ durch neue Techniken der Aneinanderreihung sprachlicher Bruchstücke (z. B. Alfred Döblin, *Berlin Alexanderplatz)*.

**Formen des Kabaretts wie Sketsch, Satire**
Gedicht, Kurzprosa (Zivilisationskritik, Kritik an den politischen Entwicklungen)

## Auswahl wichtiger Autoren und Werke

JAKOB WASSERMANN (1873–1934)
*Der Fall Maurizius*
THOMAS MANN (1875–1955)
*Der Zauberberg*
HERMANN HESSE (1877–1962)
*Demian*
*Siddhartha*
*Der Steppenwolf*
ALFRED DÖBLIN (1878–1957)
*Berlin Alexanderplatz*
HERMANN BROCH (1886–1951)
*Die Schlafwandler*
KURT TUCHOLSKY (1890–1935)
*Deutschland, Deutschland über alles*
*Das Lächeln der Mona Lisa*
HANS FALLADA (1893–1947)
*Kleiner Mann – was nun?*
JOSEPH ROTH (1894–1939)
*Radetzkymarsch*

CARL ZUCKMAYER (1896–1977)
*Der Hauptmann von Köpenick*

## 13.3 Nationalsozialismus und Exil

Der Zusammenbruch der New Yorker Börse (1929) löst eine Weltwirtschaftskrise aus, die für Deutschland verheerende Konsequenzen hat. Die Machtergreifung der Nationalsozialisten im Jahre 1933 hat auch für die Literatur weitreichende Folgen:

- Es bildet sich eine spezifische nationalsozialistische Kunstproduktion heraus, die stark durch völkisch-vaterländische Vorstellungen, durch Irrationalismus, Führerideologie, Blut-und-Boden-Romantik und sozialdarwinistische Vorstellungen geprägt ist; dies entsteht aus einer Gesinnung heraus, die lange vor Hitler, d. h. bereits im 19. Jh., ihre Ursprünge hat. Zunehmend orientiert sich die NS-Literatur an ideologischen Grundsätzen wie Rasse, Führertum, Kampf, Gewalt, Gemeinschaft (↗ S. 43). Weitere Kriterien dieser Gesinnungs- und Weltanschauungsliteratur sind Autoritätsgläubigkeit, militanter Nationalismus, kultische Führerverehrung, pseudorevolutionäre Kampfstimmung. Verbale Mittel dieser Literatur sind z. B. stereotype, vor allem sakrale Metaphern, mit denen Hoheit, Größe, Würde vorgetäuscht wird (z. B. *Altäre, Choräle, Glockenläuten, Hünengräber, Runen, Eichenwälder)*, Symbole der Fruchtbarkeit *(Mutterschoß, Erde, Korn)*, militärisches Vokabular.
- Ein Teil der deutschen Schriftsteller bekennt sich während der NS-Diktatur offen zum Nationalsozialismus; ein anderer Teil hat sich in die *Innere Emigration* (↗ S. 153 f.) zurückgezogen. Andere Schriftsteller werden aus politischen oder rassischen Gründen (manche doppelt stigmatisiert) verboten, verfemt, verfolgt und in die Emigration (↗ S. 152 f.) getrieben so z. B.
  Thomas Mann – Exil in den USA
  Bertolt Brecht – Exil in Dänemark, Schweden, den USA
  Kurt Tucholsky – Exil in Schweden, Selbstmord 1935
  Stefan Zweig – Exil in Brasilien, Selbstmord 1942
  Erich Maria Remarque – Exil in der Schweiz, in Frankreich, den USA
  Anna Seghers – Exil in Mexiko

Durch die Emigration verlieren die Schriftsteller ihr Publikum und werden daher erst nach 1945 auf einer breiteren Grundlage rezipiert (↗ S. 155).

Zur Sprache im Nationalsozialismus ↗ S. 43 f.

**Literatur des Exils**

- Viele Schriftsteller gehen nach der Machtübernahme der Nationalsozialisten ins Exil (von lat. exilium = Verbannung) und lassen sich zunächst in europäischen Nachbarländern nieder. Die Tschechoslowakei ist anfangs das attraktivste Exilland. Die Sowjetunion kommt fast nur für Mitglieder der KPD bzw. Repräsentanten der proletarisch-revolutionären Literatur in Frage. Die Stabilisierung des „Dritten Reiches" (Anschluss Österreichs, Annexion der Tschechoslowakei, Besetzung Frankreichs) zwingt viele Exilanten abermals zur Flucht, nach England oder Übersee. Sie finden sich schließlich in allen fünf Kontinenten wieder. Mit Beginn des Zweiten Weltkrieges verschärft sich die Situation der deutschen Exilanten. In Frankreich werden sie z. B. in Massenlagern interniert, einzelne auch der deutschen Besatzung ausgeliefert.
  Die materiellen Verhältnisse der Exilanten sind unterschiedlich: Während die Mehrzahl existentielle Probleme hat, können z. B. Schriftsteller wie Thomas Mann und Stefan Zweig ihren gewohnten Lebensstil aufrechterhalten. Die meisten setzen ihren vor 1933 begonnenen literarischen Weg fort. Ein der Exilliteratur gemeinsamer Stil oder ein einheitliches politisches Programm existieren nicht.
- Die im Exil bevorzugte Gattung ist der Roman; dabei spielt der Deutschlandroman eine wichtige Rolle: Der Welt soll das wahre Gesicht des „Dritten Reiches" gezeigt werden (z. B. Lion Feuchtwanger, *Geschwister Oppermann*, 1933). Auch der historische Roman erfreut sich großer Beliebtheit (z. B. Thomas Mann, *Lotte in Weimar,* 1939). Eine wichtige Thematik ist auch das Exil selbst (z. B. Lion Feuchtwanger, *Das Exil*, 1940).
- Der produktivste Dramatiker des Exils ist Bertolt Brecht (↗ S. 149). Im Exil entstehen Dramen, die Brechts Weltgeltung begründen. Darin geht es um grundsätzliche Fragestellungen,

z. B. die ethische Verantwortung des Wissenschaftlers *(Leben des Galilei)*, die Beziehung kleiner Leute zum Krieg *(Mutter Courage und ihre Kinder)*, die Kritik an idealistischen Auffassungen *(Der gute Mensch von Sezuan)*.

- Die Lyrik wird u. a. von Vertretern der Agitations- und politischen Gebrauchslyrik bestimmt (z. B. Parodien, Satiren, Spott- und Schmähgedichte, die gegen das „Dritte Reich" und ihre Repräsentanten gerichtet sind). Brechts Worte „Schlechte Zeit für Lyrik" weisen auf die verbreitete Meinung hin, dass angesichts der Untaten des NS-Regimes herkömmliche lyrische Formen (Reim, Rhythmus) und Themen (Liebe, Natur) kaum mehr möglich sind, ohne die realen politischen Zusammenhänge zu verharmlosen.

### Auswahl wichtiger Autoren und Werke

THOMAS MANN (1875–1955)
*Lotte in Weimar*
*Doktor Faustus*
STEFAN ZWEIG (1881–1942)
*Schachnovelle*
LION FEUCHTWANGER (1884–1958)
*Die Geschwister Oppermann*
*Das Exil*
HERMANN BROCH (1886–1951)
*Der Tod des Vergil*
BERTOLT BRECHT (1898–1956)
*Leben des Galilei*
*Mutter Courage und ihre Kinder*
*Svendborger Gedichte*
*Der gute Mensch von Sezuan*
ANNA SEGHERS (1900–1983)
*Das siebte Kreuz*
ÖDÖN VON HORVÁTH (1901–1938)
*Jugend ohne Gott*

### Literatur der Inneren Emigration

Mit dieser Bezeichnung wird die Einstellung der Schriftsteller zusammengefasst, die nach 1933 in Deutschland geblieben sind

und die dem Nationalsozialismus teils indifferent, teils feindselig gegenüberstehen. Sie gelten nicht, wie die aus dem „Dritten Reich“ Geflohenen, als erklärte Regimegegner, sind aber zum Teil deutlich materiellen und intellektuellen Bedrohungen ausgesetzt. Die jeweiligen Gegebenheiten sind bei den einzelnen Schriftstellern sehr verschiedenartig. Überwiegend wird ein christlich-humanistisches Ethos im Sinne des europäischen Erbes vertreten; sie verstehen sich als „geistige Opposition gegen den nationalsozialistischen Ungeist“. Direkte politische Appelle gegen das NS-Regime sind kaum möglich, wohl aber eine indirekte Kritik, die allerdings vom Leser ein Kombinieren zwischen den Zeilen verlangt.
Im Kontrast zu dem ideologischen Sprachschwulst der Literatur des „Dritten Reiches“ schreiben die Vertreter der Inneren Emigration oft in einem gehobenen traditionellen Sprachstil. Zu ihnen gehören z. B. Ernst Wiechert, Elisabeth Langgässer, Rudolf Alexander Schröder, Werner Bergengruen, Marie-Luise Kaschnitz, Erich Kästner.

# 14 Literatur der Nachkriegszeit (1945–1949)

## 14.1 Historische Bedingungen

Für die Zeit unmittelbar nach dem Krieg sind besonders die wirtschaftliche und politische Situation des Neuanfangs und die materiellen Schwierigkeiten zu nennen: Viele Druckereien sind ausgebombt, das Papier ist knapp und wird kontingentiert, die Besatzungsmächte haben ein Zensurrecht.
Die Reaktionen auf die schrecklichen Nachrichten von Völkermord und KZ und das Bekanntwerden der Bilanzen des Elends (Tote, Kriegsversehrte, Vertriebene, Evakuierte) sind unterschiedlich und vielfältig:

- Fassungslosigkeit über das Ausmaß des NS-Terrors und Einsicht in die Gründe,
- Tendenzen, den Fragen nach den Ursachen aus dem Wege zu gehen,
- das Bemühen, in dieser durch Hunger, Wohnungsnot und Mangelwirtschaft geprägten Situation zu überleben.

## 14.2 Besondere Tendenzen

- Zeitungen, Zeitschriften und Rundfunk haben für die Literaturentwicklung nach dem Kriege eine besondere Bedeutung; die Papierknappheit erhöht den Wert jeder Zeitungsseite. Dem Einfluss der Zeitungen ist (angesichts von Informationsbedürfnis und Lesehunger vieler Menschen, die 12 Jahre lang von den weltweiten Entwicklungen abgeschnitten waren) auch die schnelle und weite Verbreitung von Werken der Weltliteratur (z. B. von A. de Saint-Exupéry, André Gide, Ernest Hemingway, Sinclair Lewis) zu verdanken. Der Verleger Rowohlt publiziert diese Literatur in Form von Zeitungs-Rotations-Romanen, später (ab 1950) in preiswerten Taschenbuchbänden.
  Auch dass die ***Kurzgeschichte*** (nach dem Muster der amerikanischen Shortstory) zur beherrschenden epischen Kurzform der Nachkriegszeit wird, ist dem Einfluss der Zeitungen zuzuschreiben. Nicht wenige Schriftsteller haben in den Nachkriegsjahren Kurzgeschichten verfasst, z. B. Wolfgang Borchert, Heinrich Böll, Ilse Aichinger, Hans Bender, Wolfdietrich Schnurre, Martin Walser. Vorbild ist dabei oft der amerikanische Schriftsteller Ernest Hemingway (1899–1961).
  In der unmittelbaren Nachkriegszeit findet der Standpunkt, dass nach Auschwitz und im Zusammenhang mit der existentiellen Not der Gegenwart jeder ästhetisierende Text deplatziert sei, weite Verbreitung; umso mehr eignet sich die Kurzgeschichte mit ihrer kargen sprachlichen Form zur Darstellung der bevorzugten Themen (s. unten).
- Eine besondere Bedeutung erhält nach 1945 das ***Hörspiel*** (z. B. von Günter Eich, Ingeborg Bachmann), weil es (im Gegensatz zu der „lauten“ und aufdringlichen Literatur des NS-Regimes) dem Rundfunkhörer Einfühlsamkeit und Fantasie ermöglicht und weil es den Mangel an Theaterbühnen ausgleicht. Viele klassische Dramen werden in Rundfunkdialoge umgeschrieben. Wolfgang Borcherts Hörspielfassung des Schauspiels *Draußen vor der Tür* (1947) erzielt eine enorme Wirkung.
- Besonderes Interesse finden auch die Schriftsteller des Exils. Es wirkt für nicht wenige tröstlich, dass sie während der NS-Zeit Werke von Weltgeltung verfasst haben (↗ S. 152 f.).

- In den Westzonen – hier verläuft die Entwicklung ein wenig anders als in der sowjetisch besetzten Zone – lassen sich die Tendenzen und Intentionen mit den Begriffen ***Trümmerliteratur*** (Heinrich Böll) und ***Literatur des Kahlschlags*** (Wolfgang Weyrauch) kennzeichnen. Bevorzugte Themen sind die Erfahrungen des Krieges und die Not der unmittelbaren Nachkriegszeit. Sprachlich sucht man einen Neuanfang und neue Ausdrucksformen, die sich vom Pathos der Sprache im Nationalsozialismus abheben (zur Sprache im Nationalsozialismus ↗ S. 43 f.); die Forderung nach Wahrheit und Mitmenschlichkeit steht im Vordergrund. Im Jahre 1947 finden sich Schriftsteller zur ***Gruppe 47*** zusammen; zwei Jahrzehnte bestimmt diese Gruppe das Bild der bundesdeutschen Gegenwartsliteratur, bis sie sich im Jahre 1977 endgültig auflöst.
- In der sowjetisch besetzten Zone wird ein antifaschistisches Bündnis aller demokratischen Kräfte propagiert. Ziel ist es, die demokratische Elite der antifaschistischen Literatur (wie Peter Huchel, Anna Seghers, später auch Bertolt Brecht, Ernst Bloch, Stefan Heym) einzubürgern. Die Kulturpolitik ist in den ersten Jahren nach dem Kriege liberal und wird finanziell großzügig unterstützt. So wird Exilautoren der literarische Neubeginn durch bereitwillige Aufnahme und Förderung erleichtert.

**Beispiel:**
Das Gedicht von Günter Eich *Inventur,* in einem amerikanischen Gefangenenlager entstanden, wird von vielen aufgrund seiner Schmucklosigkeit und Einfachheit als typisch für die Situation nach dem Krieg und für den Neuanfang angesehen.

Inventur
Dies ist meine Mütze,
dies ist mein Mantel,
hier mein Rasierzeug
im Beutel aus Leinen.

Konservenbüchse:
Mein Teller, mein Becher,
ich hab in das Weißblich
den Namen geritzt.

Geritzt hier mit diesem
kostbaren Nagel,
den vor begehrlichen
Augen ich berge.

Im Brotbeutel sind
ein Paar wollene Socken
und einiges, was ich
niemand verrate,

so dient es als Kissen
nachts meinem Kopf.
Die Pappe hier liegt
zwischen mir und der Erde.

Die Bleistiftmine
lieb ich am meisten:
Tags schreibt sie mir Verse,
die nachts ich erdacht.

Dies ist mein Notizbuch,
dies meien Zeltbahn,
dies ist mein Handtuch,
dies ist mein Zwirn.

**Auswahl wichtiger Autoren und Werke**

GOTTFRIED BENN (1886–1956)
Gedichte
MARIE-LUISE KASCHNITZ (1901–1974)
Gedichte
GÜNTER EICH (1907–1972)
*Die Mädchen aus Viterbo*
WOLFDIETRICH SCHNURRE (1920–1989)
Kurzgeschichten, z. B. *Jenö war mein Freund*
WOLFGANG BORCHERT (1921–1947 )
*Draußen vor der Tür*
Kurzgeschichten, z. B. *An diesem Dienstag*

# 15 Literatur der Bundesrepublik Deutschland, der Schweiz und Österreichs (1949–1990)

## 15.1 Von der Gründung der Bundesrepublik bis zur Mitte der 60er-Jahre

Die Gründung der Bundesrepublik Deutschland ist die Folge einer Entwicklung, die sich vor dem Hintergrund zunehmender Spannungen zwischen den westlichen Siegermächten und der UdSSR (aufgrund der Gegensätze zwischen den gesellschaftlich-ideologischen Systemen) abspielt. Das Jahr 1949 bringt die Bildung zweier deutscher Staaten und damit die Entwicklung zweier deutscher Literaturen, die zwar nicht hermetisch voneinander getrennt sind, doch unter den Bedingungen des jeweiligen Gesellschaftssystems stehen (↗ S. 165 f.).

- Die Literaten der jungen Generation treten in den 50er-Jahren in Gegensatz zu der offiziellen Politik der *Ära Adenauer*. Es werden Warnungen formuliert gegenüber Anpassungsverhalten und Mitläufertum sowie Erfahrungen mit Krieg und Totalitarismus verarbeitet. Kunst und Politik gehen zunächst noch weithin getrennte Wege. Das in der Bundesrepublik früh einsetzende Wirtschaftwunder (u. a. eine Folge des Marshallplans) beeinflusst die Mentalität breiter Bevölkerungsschichten: Konsum und Besitz werden zu Ausweisen von Tüchtigkeit. In dieser Situation verstehen sich nicht wenige Schriftsteller als kritische Beobachter und unbequeme Mahner.
- Literarische Traditionen werden weitergeführt (z. B. in der Lyrik Gottfried Benn, Heinz Piontek). Bezeichnend ist auch, dass Frauen im 1. Jahrzehnt der Bundesrepublik die Entwicklung der Lyrik entscheidend mitbestimmen, z. B. Marie-Luise Kaschnitz, Nelly Sachs, Hilde Domin, Ingeborg Bachmann.
- Die Theater bevorzugen in ihren Spielplänen Werke französischer, britischer und amerikanischer Autoren wie Jean Anouilh, Christopher Fry, Thornton Wilder; Samuel Beckett und Eugène Ionesco werden als Vertreter eines surrealistischen Bühnenstils bekannt (*absurdes Theater*). Wichtige Impulse erhält das deutsche Theater durch die beiden Schweizer Dramatiker Max Frisch (z. B. *Andorra,* Uraufführung 1961) und Friedrich Dürrenmatt (z. B. *Die Physiker,* Uraufführung 1962).

- Die philosophische Richtung des ***Existentialismus***, die besonders die Beziehungs- und Bindungslosigkeit der Existenz betont, gewinnt – bereits unmittelbar nach dem Krieg – Einfluss auf literarische Strömungen, für die Franz Kafka (↗ S. 147) der wichtigste literarische Bezugspunkt ist. Das Dasein erscheint in dieser literarischen Strömung als absurd, weil das Ich nicht mehr von einer einheitlichen Idee oder von einer Existenz außerhalb des Individuums gelenkt wird.
  Im Zusammenhang mit der Konfrontation der Weltmächte (Kalter Krieg, Wettrüsten, Visionen atomarer Vernichtung) wird vor allem in der Literatur deutlich die Sinnfrage gestellt. Exemplarisch steht dafür die ***Tragikomödie*** (↗ S. 84) *Die Physiker* von Friedrich Dürrenmatt. Zum Theaterkonzept Dürrenmatts das folgende **Beispiel:**
  „Die heutige Welt, wie sie uns erscheint, lässt sich … schwerlich in der Form des geschichtlichen Dramas Schillers bewältigen, allein aus dem Grunde, weil wir keine tragischen Helden, sondern nur Tragödien vorfinden, die von Weltmetzgern inszeniert und von Hackmaschinen ausgeführt werden. Aus Hitler und Stalin lassen sich keine Wallensteine mehr machen."
  (Aus: Theaterprobleme; 1955).
  Rolf Hochhuth wird durch sein Drama *Der Stellvertreter* (1963) weltweit bekannt. Das Stück, in dem es um die Frage nach einer möglichen Mitschuld des Papstes Pius XII. und der katholischen Kirche an der Ermordung der Juden zur Zeit des Nationalsozialismus geht, wird unterschiedlich aufgenommen.
- Die meisten in den 50er-Jahren bekannten Schriftsteller werden von der ***Gruppe 47*** (↗ S. 156) gefördert; es ist ein loser Zusammnenschluss von (zuletzt) ca. 200 Schriftstellern, der von 1947 bis 1977 besteht.
- Einen wichtigen Einschnitt markiert die Zeit um 1960. Mit Romanen von Günter Grass *(Die Blechtrommel)*, Heinrich Böll *(Ansichten eines Clowns)*, Max Frisch *(Homo faber)*, Siegfried Lenz *(Die Deutschstunde)*, Uwe Johnson *(Mutmaßungen über Jakob)* gewinnt die deutsche Literatur Anschluss an die Weltliteratur. Die Romane zeigen distanzierte und skeptische Sichtweisen auf. Es werden Modelle humaner Verhaltensweisen entworfen; der Außenseiter wird zu Leitfigur.

**Auswahl wichtiger Autoren und Werke**

GOTTFRIED BENN (1886–1956)
  Gesammelte Gedichte
NELLY SACHS (1891–1970)
  Gedichtband *Flucht und Verwandlung*
MARIE-LUISE KASCHNITZ (1901–1974)
  Neue Gedichte
GERD GAISER (1908–1976)
  *Schlussball*
MAX FRISCH (1911–1991)
  *Stiller*
  *Homo faber*
  *Andorra*
HEINRICH BÖLL (1917–1985)
  *Haus ohne Hüter*
  *Ansichten eines Clowns*
FRIEDRICH DÜRRENMATT (1921–1990)
  *Der Richter und sein Henker*
  *Der Verdacht*
  *Der Besuch der alten Dame*
  *Das Versprechen*
  *Die Physiker*
SIEGFRIED LENZ (geb. 1926)
  *Deutschstunde*
MARTIN WALSER (geb. 1927)
  *Halbzeit*
HANS MAGNUS ENZENSBERGER (geb.1929)
  Gedichtband *verteidigung der wölfe*
ROLF HOCHHUTH (geb. 1931)
  *Der Stellvertreter*
UWE JOHNSON (1934–1984)
  *Mutmaßungen über Jakob*

## 15.2 Politisierung der Literatur: Die 60er- und 70er-Jahre

Die ersten 15 Jahre der Bundesrepublik stehen aus der Sicht vieler Schriftsteller im Zeichen der Restauration: Wirtschaftlicher Aufschwung und Konsumorientierung seien mit geistiger Ver-

krustung, politischer Kritiklosigkeit und angepasstem Verhalten verbunden. Eine Auseinandersetzung mit der nationalsozialistischen Vergangenheit findet kaum statt.
Amerikas Krieg in Vietnam hat innenpolitisch in der Bundesrepublik starke Wirkungen. Die außerparlamentarische Opposition (APO) ist der Reflex auf die Bildung der großen Koalition von CDU und SPD (1966), da eine wirkliche Opposition nicht mehr vorhanden ist; sie findet bei Studenten großen Anklang. Von der allgemeinen Politisierung dieser Zeit bleibt auch die Literatur nicht verschont, zumal sich seit Bildung der Bundesrepublik viele Schriftsteller als kritische Warner (↗ S. 158) verstehen.

- Eine besondere Bedeutung gewinnt die ***Dokumentarliteratur***. Peter Weiss verfolgt mit seinen Stücken das Ziel, politische Prozesse anzustoßen.

**Beispiel:** Das Dokumentarstück *Die Ermittlung. Oratorium in 11 Gesängen* entsteht aus den Notizen des Autors zum Frankfurter Auschwitz-Prozess 1963–1965. Die ersten fünf „Gesänge" sind überschrieben: 1. Gesang von der Rampe, 2. Gesang vom Lager; 3. Gesang von der Schaukel, 4. Gesang von der Möglichkeit des Überlebens, 5. Gesang vom Ende der Lili Tofler.

- Politisches Engagement wird auch deutlich in der Lyrik Erich Frieds und in der Gesellschaftskritik Heinrich Bölls, z. B. in den Romanen/Erzählungen *Ansichten eines Clowns* (1963), *Gruppenbild mit Dame* (1971), *Die verlorene Ehre der Katharina Blum* (1974). Auch der Schriftsteller Günter Grass nimmt in seinen Werken zu aktuellen, umstrittenen Fragen Stellung; er engagiert sich nicht nur politisch, sondern auch parteipolitisch für die SPD.
- Einen dokumentarischen Charakter belegen auch Günter Wallraffs *Unerwünschte Reportagen* (1969), die einem sozialen Engagement verpflichtet sind. Das Buch *Ganz unten* (1985), in dem Wallraff in die Rolle des türkischen Arbeiters Ali schlüpft, erreicht 6 Wochen nach Erscheinen eine Millionenauflage.
- Eine besondere Bedeutung in der politischen Protestbewegung gewinnen kabarettistische Formen (z. B. Franz Josef Degenhardt). Mit Chansons und Balladen werden Traditionen des Bänkelsangs und der Moritat genutzt.

- Einfluss gewinnen auch die Formen der konkreten Poesie (z. B. Eugen Gomringer, Franz Mon, Ernst Jandl, Wolf Wondratschek) und neue experimentelle Hörspielkonzepte.
  Ein berühmtes Beispiel für konkrete Poesie ist der folgende Text von Eugen Gomringer:

„schweigen schweigen schweigen
schweigen schweigen schweigen
schweigen             schweigen
schweigen schweigen schweigen
schweigen schweigen schweigen

**Auswahl wichtiger Autoren und Werke**

PETER WEISS (1916–1982)
  *Die Ermittlung. Oratorium in 11 Gesängen*
HEINRICH BÖLL (1917–1985)
  *Gruppenbild mit Dame*
  *Die verlorene Ehre der Katharina Blum*
ERICH FRIED (1921–1988)
  Gedichtband *und Vietnam und*
HEINAR KIPPHARDT (1922–1982)
  *In der Sache Robert Oppenheimer*
EUGEN GOMRINGER (geb.1925)
  *worte sind schatten*
GÜNTER GRASS (geb.1927)
  *Örtlich betäubt*
  *Das Treffen in Telgte*
WALTER KEMPOWSKI (geb.1929)
  *Tadellöser&Wolf*
FRANZ XAVER KROETZ (geb.1946)
  *Wildwechsel*

## 15.3 „Neue Subjektivität" – Literatur der 70er-Jahre

Die Politisierung des Lebens wird etwa Mitte der 70er-Jahre von einer Tendenzwende abgelöst. Die *neue Subjektivität* oder *neue Innerlichkeit* (von Kritikern auch als *Selbstbeobachtungsliteratur* abgestempelt bzw. als *Narzissmus, Egozentrik, Nabelschau* ohne gesellschaftliche Bedeutung abgelehnt) lässt sich unter anderem auch als eine Reaktion auf den politischen Aktionismus Ende der 60er- und Anfang der 70er-Jahre deuten. Es geht dabei insbesondere um die Verarbeitung individueller Erfahrungen.

- In der Lyrik ist das kommunikative Gedicht gefragt, das dem Leser ein Mitlesen erlaubt; abgelehnt wird eine elitäre Sprache. Lyrik wird zu einer „prosaischen Sache“ (Jürgen Theobaldy). Man ist der Meinung, dass direkte Authentizität keine ästhetischen Fesseln verträgt. Für die Lyrik der neuen Subjektivität steht auch Rainer Malkowski.

**Beispiel:**

Erleichtert,
mit triumphierend geschlossenen Augen
nehmen wir Abschied von allen Plänen.
Jeder für sich:
auf glückliche Weise
verschollen in seinem Stuhl
(Rainer Malkowski, *Gedichte;* 1989)

- Der neue Trend zur Innerlichkeit und Subjektivität wird deutlich von schreibenden Frauen mitbestimmt (z. B. Ursula Krechel, Karin Kiwus, Gabriele Wohmann, Elfriede Jelinek, Barbara Frischmuth). Der ausschließliche Bezug auf eigenes Erleben findet allerdings auch Kritik (s. oben).
- In den 70er- und 80er-Jahren – der Anteil der Ausländer an der westdeutschen Bevölkerung beträgt inzwischen ca 7,5 % – entsteht eine ***Migrantenliteratur***, die vor allem die Probleme zwischen Integration und Ablehnung thematisiert.

### Auswahl wichtiger Autoren und Werke

Gabriele Wohmann (geb.1932)
*Ernste Absicht*
Jürgen Theobaldy (geb. 1944)
Gedichtband *Zweiter Klasse*
Ursula Krechel (geb.1947)
Gedichte
Elfriede Jelinek (geb. 1946)
*Die Liebhaberinnen*

## 15.4 „Postmoderne“ – Literatur der 80er-Jahre

Mit dem Begriff werden die unterschiedlichen, z. T. widersprüchlichen Literaturtendenzen der 80er-Jahre des 20. Jh.s gekennzeichnet. Es geht dabei einmal um Abgrenzung gegenüber *gesellschaftlicher Moderne* (Technisierung, Bürokratisierung) zum anderen um eine Abgrenzung gegenüber der *ästhetischen Moderne* (z. B. experimentelle Literaturansätze des Expressionismus, des Dadaismus, Surrealismus; Orientierung an „Leitfiguren“ wie Franz Kafka, James Joyce, Paul Celan).Die Vertreter der Postmoderne verstehen sich in einem gewissen Sinne auch als *Antimoderne.* Mit der Distanzierung von experimentellen Ansätzen geht auch bei vielen Autoren ein neues Formbewusstsein und (vor allem in der Epik) eine Orientierung an traditionellen Erzählweisen einher. So wird im Roman die Handlung ohne Schnörkel (oft ohne Zeitbrüche) erzählt.
Auch der Rückgriff auf eine geschichtliche Thematik ist für die Postmoderne typisch. Umberto Ecos Roman *Der Name der Rose* (in dt. Übersetzung 1982 e.) stellt einen wichtigen Impuls aus dem Ausland dar. Bekanntestes Beispiel aus dem deutschen Sprachraum ist Patrick Süskinds Erfolgsroman *Das Parfüm – Die Geschichte eines Mörders* (1985), in dem der Verfasser literarische Motive aus verschiedenen Epochen nutzt und ironisierend verarbeitet.

### Auswahl wichtiger Autoren und Werke

BRIGITTE KRONAUER (geb.1940)
*Rita Münster*
PATRICK SÜSKIND (geb. 1949)
*Das Parfüm – Die Geschichte eines Mörders*
*Die Geschichte von Herrn Sommer*
CHRISTOPH RANSMAYR (geb. 1954)
*Die letzte Welt*

# 16 Literatur der Deutschen Demokratischen Republik (1949–1990)

## 16.1 Historische Bedingungen

Nicht wenige prominente Exilautoren sehen in der sowjetischen Besatzungszone und ab 1949 in der DDR (zumindest zeitweise) jenen Teil Deutschlands, in dem durch einen konsequenten Antifaschismus jedes Aufleben nationalsozialistischer Denkweisen und Aktivitäten verhindert wird. Sie haben die Hoffnung, am Aufbau eines neuen Deutschland mitzuwirken, werden mit offenen Armen aufgenommen und großzügig gefördert, z. B. Alfred Döblin, Heinrich Mann, Lion Feuchtwanger, Bertolt Brecht, Anna Seghers ↗ S. 156.

## 16.2 Entwicklungen

- Mit der Gründung der DDR im Jahre 1949 beginnt die kulturelle Einheit der nach dem Kriege zunächst im antifaschistischen Geist arbeitenden deutschen Schriftsteller schnell zu zerfallen. Obwohl es am Anfang eine Vielfalt von Schreibweisen gibt, die durchaus nicht homogen sind, sorgt die Staatsführung der DDR schnell dafür, dass Kontrollorgane die künstlerische Produktion im Lande überwachen. Otto Grotewohl, Ministerpräsident der DDR, erklärt 1950 die Schriftsteller zu „Kampfgenossen der Regierung". Dies heißt, dass sich die Kunst den politischen Zielsetzungen unterordnen muss; auch die Literatur gilt demnach als Instrument beim Aufbau des Sozialismus, sie hatte bei der „antifaschistisch demokratischen Neuordnung" mitzuwirken. Die Orientierung am ***Sozialistischen Realismus*** (Instrumentalisierung der Prinzipien des Realismus für die Zwecke des Sozialismus) wird für das gesamte Kunstschaffen verbindlich.
  In der Aufbauphase führt die befohlene gesellschaftliche Funktion der Literatur auch zu schönfärberischer Preislyrik auf Lenin und Stalin und die Ideale des Arbeiter-und-Bauern-Staates sowie zu einseitig-polemischer Agitation gegenüber der Bundesrepublik. Thematisch bleibt die kritisch-konsequente Auseinandersetzung mit dem Faschismus von großer Bedeutung. Hervorragendes Beispiel ist der Buchenwald-Roman von Bruno Apitz *Nackt unter Wölfen* (1958).

- Mit Bertolt Brecht hat die DDR einen Schriftsteller, der internationales Ansehen (↗ S. 152 f.) genießt. Vor allem durch die Modellaufführungen seiner Stücke mit dem von seiner Frau, der Schauspielerin Helene Weigel, gegründeten Berliner Ensemble setzt er neue Impulse für das Theater und erprobt seine Vorstellungen von seiner Theorie des ***epischen Theaters*** (↗ S. 149). Mit dem Theater am Schiffbauerdamm wird ihm dazu eine vorzügliche Plattform ermöglicht.
  In der Bundesrepublik setzt erst im Verlauf der 60er-Jahre eine allgemeine und positive Rezeption Brechts ein; der in den ersten Jahren der Bundesrepublik vielen als unverbesserlicher Kommunist galt.
- Die ständigen Schwankungen in der Literaturpolitik der DDR, die bis zum Ende anhalten, sind für viele Schriftsteller irritierend. So bewegt sich die Politik zwischen *Tauwetterphasen* (z. B. 1953 nach dem Volksaufstand und dem Tod Stalins, 1971 nach dem Machtwechsel von Ulbricht zu Honecker) und *Eiszeit* (z.B. 1965, nach den Aufständen in Polen und Ungarn; 1976, nach der Ausbürgerung des Liedermachers Wolf Biermann). Erich Loest ist *das* Beispiel für einen Regimekritiker; er wird 1957 verhaftet und (unter dem Vorwurf konterrevolutionärer Gruppenbildung) zu einer Gefängnisstrafe verurteilt. Schriftsteller, die versuchen, sich den Schwierigkeiten mit der Zensur und den Dogmen des sozialistischen Realismus zu entziehen, setzen sich dem Argwohn des Regimes aus (z. B. Sarah und Rainer Kirsch; Karl Mickel, Volker Braun, Kurt Bartsch). Fortschrittsskeptische Autoren wie Günter Kunert gelten als Provokateure. Der Liedermacher Wolf Biermann erhält Auftrittsverbot (1964).
  Manche Texte werden im Westen veröffentlicht, z. B. Reiner Kunze, *Sensible Wege*; der Autor wird dafür mit Veröffentlichungsverbot bestraft. Um direkte Kontakte mit Westverlagen zu unterbinden (aber auch als Devisenquelle) wird in Ost-Berlin ein „Büro für Urheberrechte“ eingerichtet.
- Die Ablösung Ulbrichts durch Honecker markiert eine erneute Wende in der Entwicklung der Literatur und bringt eine kritische Diskussion in Gang. Diese Kritik greift jedoch nie das sozialistische System selbst an. Es gibt kaum einen DDR-Autor

von Rang, der sich nicht zu den Zielen des Sozialismus (im Hinblick auf eine Umgestaltung der Eigentumsverhältnisse) bekennt, aber nicht gleichzeitig für eine Humanisierung und Demokratisierung bestimmter Zusammenhänge eintritt. Wichtigstes Beispiel aus dieser Phase ist Ulrich Plenzdorfs *Die neuen Leiden des jungen W.* In den 70er-Jahren ändert sich für nicht wenige DDR-Autoren die Marktsituation. Nach dem Grundlagenvertrag mit der Bundesrepublik (1972) erhält die DDR weltweit politische Anerkennung; die Parole „Wandel durch Annäherung" ermöglicht es nicht wenigen Schriftstellern der DDR, auf dem Buchmarkt der Bundesrepublik bekannt zu werden. Auch wenn die Werke in der Regel sozialistischen Anliegen dienen, werden sie aufgrund ihrer Qualität im Westen schnell wahrgenommen (z.B. Werke von Christa Wolf und Stefan Heym).

- Mit der Ausbürgerung Biermanns, dem während einer Konzertreise in der Bundesrepublik 1976 die Staatsbürgerschaft der DDR entzogen wird, findet die liberale Phase ein schroffes Ende. Proteste von DDR-Künstlern (in der westdeutschen Presse) gegen diesen Akt staatlicher Willkür zeigen keine Wirkung, rufen eher eine härtere Gangart der Staatsführung auf den Plan: Publikationsverbote, Hausarrest, Verhaftung, Bespitzelung (Reiner Kunze veröffentlicht später – im Jahre 1990 – unter dem Titel *Deckname Lyrik* Auszüge aus den Akten des Staatssicherheitsdienstes der DDR zu seiner Person). Bis zum Ende der DDR übersiedeln mehr als 100 Schriftsteller in die Bundesrepublik, darunter bekannte Autoren wie Günter Kunert, Reiner Kunze, Jurek Becker, Wolfgang Schädlich, Erich Loest.
- Auch nach 1976 entstehen bis zum Ende der DDR bedeutende literarische Werke (z.B. von Christa Wolf, Irmtraut Morgner, Stefan Heym). Der Widerspruch zwischen den sozialistischen Idealen und der Realität wird von jungen Literaten weiterhin ausgesprochen. Von ihnen intendierte Veränderungen im System bleiben Utopie; die Haltung der Staats- und Parteiführung ändert sich nicht mehr. Das Jahr 1989 bereitet die Wende vor, das Jahr 1990 markiert das Ende der DDR (3. Oktober 1990).

Zum politischen Sprachgebrauch in der DDR ↗ S. 44–46

## 16.3 Schriftsteller zwischen Ost und West

Viele DDR-Schriftsteller verlassen den Arbeiter-und-Bauern-Staat bereits vor der Errichtung der Mauer am 13. August 1961. Zu ihnen gehören z.B. Horst Bienek, Walter Kempowski, Gerhard Zwerenz, Uwe Johnson, Heinar Kipphardt. Die Motive für die Ausreise sind im Einzelnen sicher sehr unterschiedlich; neben Enttäuschungen über die Festlegungen der offiziellen Kulturpolitik (↗ S. 165) mögen auch die desolate wirtschaftliche Situation der DDR und die geringen Marktchancen ein Grund gewesen sein. Eine besondere Bedeutung spielt die Konfrontation mit Bürokratie und Staatsapparat, die dem DDR-Schriftsteller bereits bei geringen Abweichungen von der Parteilinie das tägliche Leben erheblich erschwerte. Für manche Schriftsteller mag die Parole „Wandel durch Annäherung“ (↗ S. 167) in den 70er-Jahren auch die Aussicht eröffnet haben, in der Bundesrepublik im Sinne sozialistischer Ziele wirken zu können. Motive für ein Verlassen der DDR und zugleich Höhepunkte der Ausreisen ergeben sich mit dem Bau der Mauer im Jahre 1961 und mit der Ausbürgerung von Wolf Biermann im Jahre 1976. Viele der Schriftsteller, die die DDR verlassen, stehen sowohl mit ihrer Biografie als auch mit ihren Einstellungen und ihrem Werk zwischen Ost und West; manche präsentieren mit ihren schriftstellerischen Intentionen und Visionen, schon lange vor der politischen Vereinigung, das ganze Deutschland.

### Auswahl wichtiger Autoren und Werke

BERTOLT BRECHT (1898–1956)
- Gedichtband *Buckower Elegien*

STEFAN HEYM (geb. 1913)
- *Der Fall Glasenapp*
- *Auf Sand gebaut*

HEINER MÜLLER (1929–1995)
- *Der Lohndrücker*
- Gedichte und Hörspiele

CHRISTA WOLF (geb. 1929)
- *Der geteilte Himmel*
- *Kindheitsmuster*
- *Kassandra*

REINER KUNZE (geb. 1933)
*Die wunderbaren Jahre*
Gedichte
ULRICH PLENZDORF (geb. 1934)
*Die neuen Leiden des jungen W.*
SARAH KIRSCH (geb. 1935)
Gedichte
VOLKER BRAUN (geb. 1939)
Gedichte

# 17 Von der „Wende“ (1990) bis zur Gegenwart

## 17.1 Historische Bedingungen

Tausende von DDR-Bürgern flüchten im Jahre 1989 über Ungarn, die Tschechoslowakei und Polen in die Bundesrepublik Deutschland. Im Zuge einer gewaltlosen Revolution („Wir sind das Volk“) wird Honecker zum Rücktritt gezwungen; die Mauer wird am 9. November 1989 geöffnet; die Geschichte der DDR endet mit dem 3. Oktober 1990, als die fünf wieder gegründeten Bundesländer der Bundesrepublik Deutschland beitreten.
Der Wendepunkt deutscher Geschichte bedeutet zugleich einen Wendepunkt europäischer und weltpolitischer Geschichte. Mit der Auflösung der Sowjetunion im Jahre 1991 wird das letzte multinationale Großreich zur Geschichte. Der Warschauer Pakt löst sich auf; es gibt keinen sozialistischen Staat mehr in Europa. In Deutschland und Europa tauchen Mentalitäten wieder auf, die längst verschwunden zu sein schienen: Nationalismus, Fremdenfeindlichkeit und Rassismus.

## 17.2 Zur Literaturentwicklung

Die Jahre 1989/1990 markieren einen scharfen Einschnitt in die Literatur, denn die bisherigen Zuordnungskriterien stimmen nicht mehr.

- Die Literatur der 90er-Jahre wird u. a. bestimmt von folgenden Problemen: Arbeitslosigkeit, Identitätskonflikte, Verhalten gegenüber Ausländern, Ost-West-Irritationen, neue Hauptstadt, Multimedia. Es geht thematisch auch um die Widersprüche, mit denen die Menschen in dieser Zeit leben müssen, um Umbrüche und Veränderungen im Leben, in der Natur und in der Gesellschaft und ihre Wirkung auf den Einzelnen. Es geht auch um Wünsche und Visionen. Nach der Wende entsteht eine Fülle von Literatur zum Thema *Wiedervereinigung*. Diese aktuelle Thematik wird z. T. verknüpft mit historischen Erinnerungen und biographischem Schreiben (z. B. Erich Loest, *Nicolaikirche,* Martin Walser, *Ein springender Brunnen*, Günter Grass, *Ein weites Feld)*. Ein besonderes Kennzeichen der Gegenwartsliteratur ist die Vielfalt der Schreibstile und literarischen Formen und ihr sprachlicher Facettenreichtum.

- Zu Beginn der 90er-Jahre kündigt sich auch ein Generationenwechsel der Schriftsteller an. Die neue Literatengeneration nimmt Abschied vom bislang gültigen Selbstverständnis des Dichters mit der Vergangenheit als selbstverständlichem Bezugspunkt und der Überzeugung, dass große Werke im überzeitlichen Sinne weiterwirken. Mit der Kritik an früheren Entwicklungen (einschließlich der Kritik an Symbolfiguren der Vätergeneration, z. B. Martin Walser, Peter Handke, Hans Magnus Enzensberger) verbindet sich die Vorstellung, Literatur dürfe keine Funktion übernehmen (um nicht funktionalisiert werden zu können). Dies wird auch als Ausdruck einer neu gewonnen Freiheit angesehen.

  Der Verzicht auf alles Bedeutende verbindet sich mit einer Sprache, die sich bewusst provisorisch gibt (vgl. Ingo Schulze, *Simple Storys*). Es ist in den letzten 10 Jahren selten geworden, dass ein Schriftsteller, sieht man einmal von den prominenten Autoren wie Günter Grass, Martin Walser, Siegfried Lenz ab, über den rein literarischen Bereich Aufmerksamkeit oder gar politischen Einfluss erlangt.
- In der so genannten ***Migrantenliteratur*** – es leben heute mehr als 7 Mio. Menschen ausländischer Abstammung unter uns – ist die Anzahl der türkischen Autoren mit Abstand am größten. Für die zweisprachigen Schriftsteller und Schriftstellerinnen bestimmen unterschiedliche Motive und Inhalte den Schreibprozess: Erfahrungen in der Fremde, Orientierungssuche, Sprach- und Identitätsverlust (z.B. Renan Demirkan, *Schwarzer Tee mit drei Stück Zucker*, 1991).

**Auswahl wichtiger Autoren und Werke**

GÜNTER GRASS (geb. 1927 )
*Ein weites Feld*
*Mein Jahrhundert*

MARTIN WALSER (geb. 1927)
*Verteidigung der Kindheit*
*Finks Krieg*

CHRISTA WOLF (geb. 1929)
*Was bleibt*

ROLF HOCHHUTH (geb. 1931)
*Effis Nacht*

REINER KUNZE (geb.1933)
*Deckname Lyrik*

CHRISTOPH HEIN (geb. 1944)
*Gegen die Laufrichtung*

BERNHARD SCHLINK (1944)
*Der Vorleser*
*Selbs Betrug*

BOTHO STRAUß (1944)
*Wohnen Dämmern Lügen*

DANIELA DAHN (geb. 1949)
*Wir bleiben hier oder wem gehört der Osten?*

MATTHIAS BISKUPEK (geb. 1950)
*Der Quotensachse*

RENAN DEMIRKAN (geb. 1955)
*Schwarzer Tee mit drei Stück Zucker*

ROBERT SCHNEIDER (geb. 1961)
*Schlafes Bruder*
*Die Luftgängerin*

INGO SCHULZE (geb. 1962)
*Simple Storys*

# Öffentliches Sprechen (Rhetorik)

Reden und Sprechen in der Öffentlichkeit sind eine Form sozialen Handelns. Jeder Mensch, der vor oder mit anderen spricht, steht mit seinem Zuhörer oder Gesprächspartner in einer sozialen Verbindung. Der Redende richtet sich mit seinen Intentionen an Zuhörer, die ihrerseits bestimmte Erwartungen haben. Dabei können sowohl sprachliche Mittel (wie Wortwahl, Satzbau, fach- und sondersprachliche Varietäten) als auch halbsprachliche (Betonung, Lautstärke) und nichtsprachliche Mittel (Gestik, Mimik) auf den anderen einwirken.

## 1 Zum Begriff Rhetorik

Rhetorik (↗ S. 179) ist die Lehre von der wirkungsvollen Gestaltung des Sprechens. Es geht darum,

- den Zuhörer zu beeinflussen,
- ihn zum Nachdenken anzuregen,
- eine bestimmte Stimmung hervorzurufen.

Man unterscheidet zwischen

- Gesprächsrhetorik (dialogischem Sprechen) und
- Rederhetorik (monologischem Sprechen).

Im Alltag begegnet uns *Rhetorik* in unterschiedlicher Weise: Vortrag in der Aula, Referat über die Weimarer Klassik, Vortrag eines Gedichtes, Talk-Runde im Fernsehen, Neujahrsansprache des Bundeskanzlers, Abiturreden zum Schulabschluss, spontane Feierrede zum Geburtstag, Werbung in ihren unterschiedlichen Formen, …

Im Gegensatz zu einer streng rationalen Form der Argumentation in meinungsbildenden Gesprächen und Texten (z. B. einem

Kommentar) hat das Argumentieren im Sinne der Rhetorik oft eine meinungsbeeinflussende Absicht. Der Sprecher will sein Gegenüber in seinem Sinne beeinflussen. So sind nach dem Theorieansatz Bühlers (↗ S. 18) derartige Äußerungen im appellativen Sinne zielgerichtet auf den Zuhörer bezogen.

## 2 Gesprächs- und Redeformen

### Gespräch

Im Gespräch sind Sprecher und Hörer als Gesprächspartner aufeinander bezogen, das heißt, jeder der Teilnehmer kann zugleich Sprecher und Zuhörer sein; es geht um einen gegenseitigen Austausch von Meinungen und Informationen. Diese Beziehung kann symmetrisch, also gleichberechtigt, z. B. Schüler – Schü-

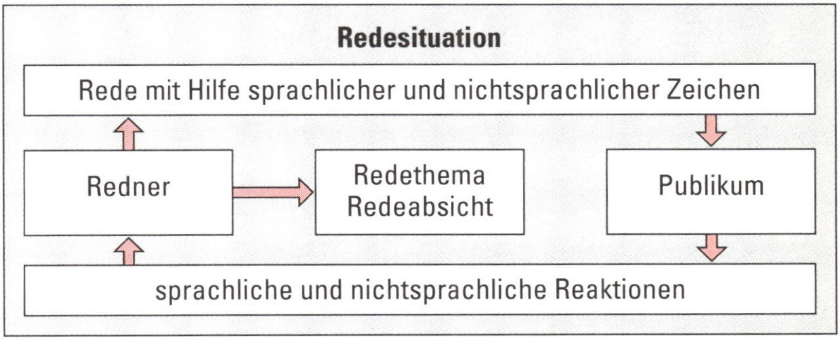


*Rede: monologische Form des sozialen Handelns*

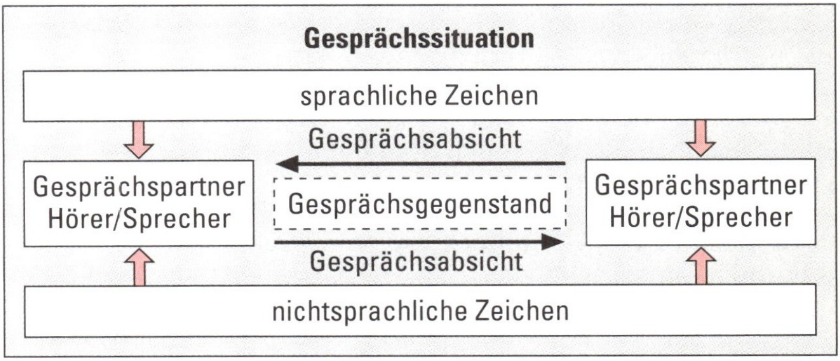


*Gespräch: dialogische Form sozialen Handelns*

ler, sein (↗ S. 21) oder komplementär, also vom sozialen Status her nicht auf einer Ebene, z.B. Schüler – Lehrer, Arzt – Patient (↗ S. 21).

## 2.1 Gesprächsformen

### Sachgespräch

Im Unterschied zur eher zwanglosen Unterhaltung kennzeichnet das Sachgespräch

- eine größere Teilnehmerzahl,
- eine im Mittelpunkt stehende Sachfrage,
- einen Gesprächsleiter, der den Verlauf im Sinne eines bestimmten Ziels steuert und zusammenfasst.

**Beispiel:** Unterrichtsgespäch

### Diskussion

Sonderform des Gesprächs (Streitgespräch): Auseinandersetzung über ein bestimmtes Thema, bei dem die Rollen von Sprecher und Zuhörer wechseln. Das Diskussionsziel bestimmt die Form der Diskussion, die Techniken sowie die Anzahl und Zusammensetzung der Teilnehmer.
Zu einem strittigen Thema werden unterschiedliche Auffassungen begründet vorgetragen.

**Mögliche Diskussionsziele**

- Informations- und Meinungsaustausch,
- Lösung organisatorischer Probleme,
- Entscheidungsfindung und Beschlussfassung,
- offene gegenseitige Kritik.

**Aufgaben der Diskussionsteilnehmer**

- Kenntnisse über das Thema verschaffen, Fragen vorbereiten,
- im Gespräch einen eigenen Standpunkt verdeutlichen,
- auf Gesprächsteilnehmer einstellen, auf Vorredner eingehen.

Tipps für das eigene Sprechen und das Eingehen auf den Kommunikationspartner

- Sprechen Sie von sich; sagen Sie *Ich,* formulieren Sie, was Sie bewegt.
- Beziehen Sie sich auf konkrete Zusammenhänge, vermeiden

sie Allgemeinplätze und Verallgemeinerungen wie *immer* oder *nie*.

• Bleiben Sie bei dem angeschnittenen Thema.

• Fassen Sie kurz zusammen, was die andere/der andere gesagt hat; diese/dieser fühlt sich dadurch verstanden.

• Wenden sie sich dem Partner zu, halten Sie Blickkontakt.

• Machen Sie keine Unterstellungen, sondern fragen Sie offen.

• Zeigen Sie deutlich, was das Gesagte in Ihnen auslöst: „Ich bin überrascht ...“

• Geben Sie positive Rückmeldungen: „Ich bin der gleichen Ansicht ...“

• Vermeiden Sie „Killerphrasen“, die ein echtes Gespräch verhindern.

**Beispiele**: Was soll da schwierig sein? Das war doch noch nie so! Das geht hier nicht! Dafür ist die Zeit zu knapp!

**Aufgaben des Diskussionsleiters**

- Die Diskussion eröffnen (z. B. durch Kurzreferat, Fallstudie, Arbeitsbericht o. Ä.).
- Sich vorab informieren über die Ansichten der Teilnehmer.
- Dem Publikum die Problematik des Themas darstellen; die Grundrichtung der Diskussion vorgeben.
- Dafür sorgen, dass alle Teilnehmer im Gespräch bleiben.
- Darauf achten, dass die Teilnehmer beim Thema bleiben.
- Am Schluss der Diskussion mögliche Ergebnisse zusammenfassen; auch Gemeinsamkeiten und Unterschiede herausstellen.

## Diskussionsformen

### Rundgespräch

Direkter Blickkontakt für alle Teilnehmer.

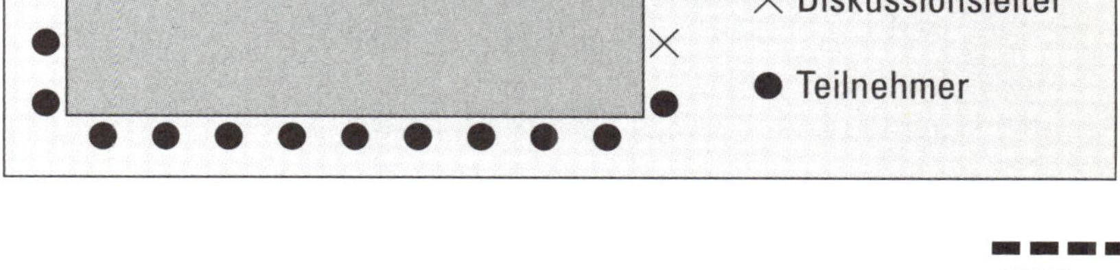

**Podiumsgespräch**
Fachleute diskutieren vor einem bestimmten Publikum. Notwendige Problemstellungen werden zuvor besprochen und festgelegt. Teilnehmer dürfen andere Teilnehmer oder das Publikum nicht befragen. Das Publikum erhält vom Gesprächsleiter die Gelegenheit, das Podium zu befragen.

**Streitgespräch**
Wenigstens zwei Personen diskutieren ein umstrittenes Thema.

**Debatte**
Öffentliche Aussprache als streng geregelte Auseinandersetzung zwischen Gegnern (z. B. zwischen Parteien), die durch bestimmte Regeln geordnet ist; oft in Parlamenten zwischen den Parteien. Ziel: Zu zwei Voranträgen soll eine eindeutige Entscheidung für einen Antrag erfolgen. Der Leiter einer Debatte führt sehr straff, er eröffnet die Debatte, nennt die Anträge, bestimmt Ablauf und Auftreten der jeweiligen Redner (mit gleicher Redezeit), entzieht das Wort, ruft zur Ordnung und beschließt die Debatte durch Abstimmung. Da sich bei der Debatte Pro- und Kontra-Positionen deutlich gegenüberstehen, werden bei der Argumentation Angriffs- und Verteidigungstechniken eingesetzt.

**Beispiele** für Angriffstechniken:
Probleme/Fragen vorwegnehmen: „Wahrscheinlich werden Sie jetzt einwenden …“
Eine Gegenfrage stellen: „Wieso können Sie behaupten, dass …?“

Übertreiben: „Wollen Sie sagen, dass wir nie …"
**Beispiele** für Verteidigungstechniken:
Relativieren: „Das kann man natürlich auch ganz anders sehen …"
Die Kehrseite verdeutlichen: „Das mag schon richtig sein, Sie übersehen dabei aber den Nachteil, dass …"
Einschränken: „Was soll daran problematisch sein? Bedenken Sie, dass es auch darum geht …"
Zeit gewinnen, indem die Argumente des Diskussionsgegners zusammengefasst werden: „Sie sind also der Meinung, dass …"

**Prüfungsgespräch**
Das Prüfungsgespräch ist durch Situation und Rollenverteilung normiert. Es stellt keinen freien Meinungsaustausch zwischen gleichberechtigten Partnern dar. Die aktiven Impulse gehen vom Prüfer aus; der Prüfling ist der Befragte. Die Prüfungssituation ist ungewohnt und daher belastend. Die Bedingungen dieser Situation sollte man sich vorab klarmachen und entsprechend eine Verhaltensstrategie überlegen. (↗ S. 214).

**Vorstellungsgespräch**
Das Vorstellungsgespräch stellt eine mündliche Testsituation dar; der Gesprächspartner des Bewerbers ist oft der Inhaber oder Personalchef eines Betriebes.
Der Bewerber muss sich auf folgende Frage-Inhalte einstellen:
Fragen zur Bewerbung: Warum haben Sie sich …?
Fragen zur Persönlichkeit und Selbsteinschätzung: Wie stellen Sie sich … vor?
Fragen zur Ausbildung/zum Beruf: Was ist für Sie wichtig …?
Fragen zum Freizeitbereich: Welche außerberuflichen Neigungen …?
Fragen zur persönlichen und familiären Situation.

**Tipps für das Vorstellungsgespräch**
- Blickkontakt mit dem Gesprächspartner halten.
- Die Fragen klar, umfassend und verbindlich beantworten.
- Die Führung des Gesprächs dem andern überlassen.
- Nachfragen, wenn etwas nicht verstanden worden ist.

- Auf unangenehme Fragen nicht negativ reagieren.
- Keine Fragen stellen, die den anderen provozieren.
- Den Gesprächspartner ausreden lassen.
- Allzu persönliche und emotionale Äußerungen unterlassen, auch Kritik an anderen Personen oder – bei einem Wechsel der Stelle – an der vorherigen Firma.
- Den Redepartner das Gespräch beenden lassen und den richtigen Zeitpunkt zur Verabschiedung abpassen.

Wichtig ist es bei einem solchen Gespräch, auch Körpersignale und ihre Bedeutung (***Körpersprache***) zu beachten.

**Beispiele**:
Augen betont weit offen – Aufmerksamkeit
häufiger Blickkontakt – Sympathie
häufiges Wegsehen – mangelnde Sympathie, Verlegenheit
offenes Lächeln – uneingeschränkte Mitfreude
schlaffer Händedruck – Unsicherheit, mangelndes Durchsetzungsvermögen

Zur Bewerbung ↗ S. 63–66

## 2.2 Die Rede

Die Rede ist die gebräuchlichste Form des öffentlichen Sprechens. Im Vergleich zur dialogischen Gesprächssituation ist die Redesituation eher monologisch.
Die Redekunst hat eine lange Tradition. In der Antike wurde der Ausbildung in Rhetorik ein bedeutender Stellenwert zugemessen. Aus dieser Tradition heraus kann man auch heute noch (grob) nach den folgenden drei Arten öffentlicher Rede unterscheiden:

- die ***Feier- oder Festrede*** (genus demonstrativum, von lat. demonstrare = zeigen): Es wird an ein bestimmtes Ereignis erinnert oder ein bestimmter Anlass gefeiert (nationaler Feiertag, Geburtstag, Entlassung in den Ruhestand).
- die ***Gerichtsrede*** (genus iudiciale, von lat. iudicialis = gerichtlich): Reden des Anklägers bzw. Verteidigers vor Gericht, um ihre Argumente darzulegen.
- die ***argumentative Form der Rede*** (genus deliberativum, von

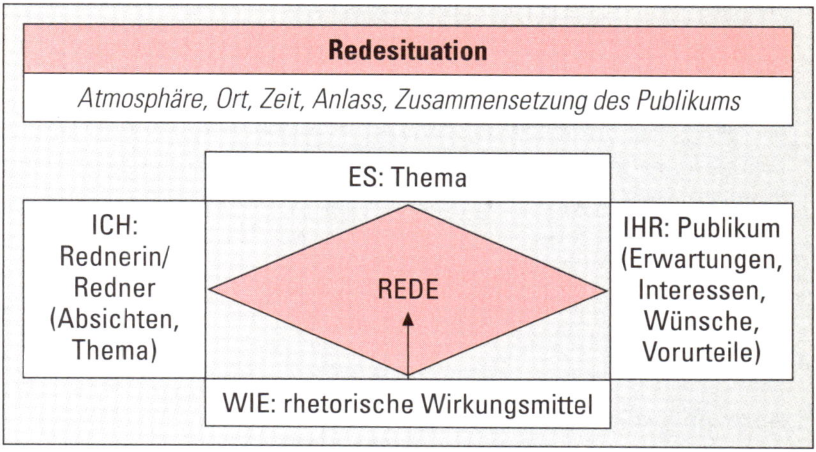


*Faktoren der Redesituation*

lat. deliberare = abwägen, überlegen): Hier geht es vor allem um die Auseinandersetzung über strittige Fragen in der Form des Pro und Kontra. Der Redner verfolgt das Ziel, den Zuhörer zu überzeugen bzw. für sich zu gewinnen (z. B. in der politischen Auseinandersetzung).

**Tipps zur Vorbereitung und Durchführung von Reden**

Vgl. auch Referat ↗ S. 182 und mündliche Prüfung ↗ S. 212

- Gedanken sammeln und ordnen, z. B. durch Mind-Mapping (↗ S. 70)
- Material sinnvoll gliedern nach unterschiedlichen Kriterien:
  Prinzip der Steigerung
  Ursache und Wirkung
  Argumentationskette
- Sprachliche Gestaltung und Ausschmückung (Wortwahl, Satzbau, überlegter sparsamer Einsatz rhetorischer Mittel)
- Rede einprägen
- Rede vortragen und gestalten (so frei wie möglich nach Stichworten formulieren, Sprechtempo, Tonlage, Lautstärke, Pausen, sparsame Gesten, die den Vortrag unterstützen)

## 3 Die politische Rede

Die politische Rede ist eine besondere Form der Rede, weil es hier vor allem darum geht, dass der Redner sein Publikum im Sinne seiner politischen Vorstellungen beeinflusst und sich zugleich von denen seiner Gegner absetzt. Außerdem soll seine Partei in gutem Licht erscheinen. Es geht also nicht wie bei anderen Redeformen (Statement ↗ S. 182, Vortrag ↗ S. 182, Referat ↗ S. 182) darum, das Wissen der Zuhörer zu erweitern, sondern eher darum, auf deren Einstellungen und Verhaltensweisen einzuwirken.

### 3.1 Formen politischer Rede

#### Parlamentsrede oder Parteienrede

Merkmale: Emotionalität der Sprache, politische Schlag-und Reizwörter, die im gruppenspezifischen Sinne die Parteizugehörigkeit kennzeichnen; Fachbegriffe der Verwaltung bzw. Rechtsprechung (vgl. auch rhetorische Mittel ↗ S. 187–189)

#### Massenrede

Merkmale: Bestätigung der eigenen Position und Abwertung der anderen; am Schluss oft Gefühls- und Handlungsappell, sprachlich-rhetorische Wirkungsmittel überlagern oft sachlich-inhaltliche Aussagen; oft Stilmittel der Wiederholung, um Botschaft einzuprägen; semantische Unschärfe des Schlagworts; emotionale Lenkung des Publikums; eindeutige Wertungen; übertreibende Verallgemeinerungen; mit stereotypen Formulierungen wird an Gefühle appelliert; Schlüsselwörter (z. B. das Wort *fanatisch* in Reden des Nationalsozialismus, ↗ Sprache des Natinalsozialismus ↗ S. 44); Verwendung außersprachlicher Zeichen (Fahne, Marschmusik, Spruchband).

#### Fernsehansprache

Als moderne Form der Massenrede; hier fehlen allerdings die direkten Kontakte zwischen Sprecher und Zuhörer; dieser wird beim Fernsehzuschauer oft ersetzt durch pseudointime Wirkungsmittel wie persönliche Anrede, „Augenkontakt“ (Nahaufnahme).

## 3.2 Wirkungsmittel und Strategien politischer Rede

Neben den rhetorischen Figuren (↗ Seite 187–189) sind es in politischen Reden vor allem die folgenden Redeweisen, die dem Redner zum Erfolg verhelfen sollen:

### Aufwertung der eigenen Seite/Gruppe/Partei

- Eigene Verdienste hervorheben und Fehler verschweigen.
- Eigener Standpunkt und eigene Gruppe erhalten Eigenschaften und Begriffe mit positiven Nebenbedeutungen zugeschrieben (z. B. Solidarität, Demokratie, Verlässlichkeit, Solidität, Freiheit, Kompetenz).
- Interessen, die in Wirklichkeit der eigenen Gruppe nützen, werden als uneigennützig ausgegeben (z. B. die Umwelt zu schützen, den Aufbau von Atomkraftwerken zu fördern, ...).
- Man beruft sich auf bekannte Autoritäten (Wissenschaftler, Politiker, das Grundgesetz, die Bibel).
- Man versucht die eigene Politik als vernünftig und ohne Alternativen darzustellen.

### Abwertung der gegnerischen Seite

- Ungünstige Seite hervorheben, günstige Seite abschwächen.
- Einzelne Schwächen verallgemeinern.
- Fehler des Gegners übertreiben.
- Begriffe mit negativen Nebenbedeutungen dem Gegner zuordnen (z.B. Inflation, Arbeitslosigkeit, Abbau sozialer Sicherheit, Zerstörung der Natur).
- Zitate des Gegners verzerren und dadurch kritisieren.

### Beschwichtigen (Verwischen klarer Positionen, sich herausreden)

- Hinweise auf gleiche Interessen: „Wir sitzen alle im gleichen Boot."
- Verschweigen von Widersprüchen: sowohl ... als auch.
- Allgemeine Weisheiten und Redensarten benutzen: „Gemeinsam sind wir stark".
- Auf höhere Gewalt oder Schicksal verweisen: wirtschaftliche Notwendigkeit.

**Bedrohen**

- Gegner einschüchtern, indem bestimmte Gefahren übertrieben werden.
- Alternativen verschweigen bzw. diese als negativ und gefährlich kennzeichnen.

## 4 Andere Redeformen

### 4.1 Statement

Hierbei handelt es sich um eine offizielle Erklärung, die Antwort gibt auf eine Anfrage. Der Antwortende gibt sachliche Erklärungen; persönliche Formulierungen sind fehl am Platze; es herrscht Fachsprache vor; rhetorische Figuren fehlen zumeist.

### 4.2 Vortrag

Er kann verschiedenen Zielen dienen. Beim Fachvortrag hat der Redner – wie beim Referat – das Ziel, fachliche Informationen zu geben. Er wendet sich dabei an ein fachlich vorgebildetes Publikum. Rhetorische Stilmittel (↗ S. 187) können dabei helfen, die Aufmerksamkeit der Zuhörer für fachlich schwierige Zusammenhänge zu erhalten.

### 4.3 Hearing

Bei einem Hearing werden Fachleute vor einem Ausschuss mit Entscheidungsbefugnissen zu einem bestimmten Thema befragt. Die Fachleute haben lediglich Antwort zu geben.
Die unterschiedlichen Redner erhalten gleiche Redezeit; die Erklärungen müssen sachlich, knapp und exakt sein; rhetorische Leerformeln müssen vermieden werden. Auf diese Art und Weise wird das Gremium, das berechtigt ist die Fragen zu stellen, aus unterschiedlicher Sicht informiert und sollte anschließend zu einer Entscheidung fähig sein.

### 4.4 Referat

Das Referat ist eine mündliche Redeform, die besonders häufig in der Schule genutzt wird.
Man unterscheidet

◆ das ***informierende Referat***

Umfassende und genaue Informationen über einen Sachverhalt; dieser soll sachlich zutreffend, adressatenbezogen und verständlich dargestellt werden.

◆ das ***argumentierende Referat***

Auch hier ist die Verständlichkeit oberstes Gebot; es geht im Gegensatz zu a) eher darum, die Ergebnisse zu entwickeln, statt sie darzustellen, und unterschiedliche Urteile bzw. Deutungen des Sachverhalts herauszuarbeiten; auch das eigene Urteil ist wichtig; der Redner hat mehr Freiheit zur Organisation des Stoffes; er nutzt häufiger rhetorische Mittel, um die Zuhörer für seine Sichtweise zu gewinnen.

In jedem Referat geht es
- um Darstellung der fachlich-inhaltlichen Seite,
- um die richtige Vermittlung,
- um die äußere Präsentation.

**Tipps zur Erarbeitung eines Referates**

**Informationen beschaffen und ordnen**

- Zunächst durch Handbücher, Lexika, CD-ROM, Internet, Inhalts- bzw. Stichwortverzeichnis von Büchern einen ersten Überblick verschaffen; in der Bibliothek (Schlagwort- bzw. Verfasserkatalog) spezielle Literatur zum Thema suchen.
- Wichtiges kopieren (aber nicht zu viele Kopien machen).
- Prägnante Stellen farbig markieren.
- Zentrale Zitate wörtlich herausschreiben (exzerpieren) mit Seitenangabe und Quelle (↗ S. 61), um diese später verwerten zu können.
- Andere wichtige Gedanken inhaltlich bereits nach den Gliederungsabschnitten des Referats ordnen (Arbeitsökonomie!).

**Informationen verarbeiten**

- Das Gelesene in die eigene Sprache und Gedankenwelt umsetzen bzw. formulieren.
- Die endgültige Gliederung erstellen.
- Den Anfang des Referats besonders gut überlegen, um den Kontakt zum Publikum zu knüpfen (z. B. anschauliches Zitat, provozierende These, Erläuterung des Themas).

• Nicht alle Detailinformationen für das Referat verwenden; jedoch Detailkenntnisse für mögliche Rückfragen bereithalten und extra notieren bzw. markieren.

**Informationen vortragen**
Die Ergebnisse der Arbeit sollten so vorgetragen werden, dass sie beim Zuhörer ankommen und dieser interessiert den Ausführungen folgt. Dazu sollte man
• das Thema erläutern, Gedankengang und roten Faden des Referats herausstellen und damit dem Zuhörer einen Weg durch die Hauptgedanken des Referats weisen.
• zur Veranschaulichung Medien wie Thesenpapier, Tafel, Diagramm, Overheadprojektor, Bild, Statistik, Filmausschnitt, Computer (PowerPoint) nutzen.

**Checkliste: Visualisierungshilfe**
• Vereinfachung der Inhalte
• Verlesen von umfangreicheren Zahlen nie ohne Visualisierung
• Abwechslung durch unterschiedliche Farben
• Übereinstimmung von verbalisierten Aussagen und visuell Dargestelltem
• Visualisierung von Kernaussagen und nicht von Nebensächlichkeiten
• gute Sichtbarkeit der visuellen Hilfsmittel (Farbe/Schriftgröße)

• nach einem Stichwortzettel frei formulieren, nicht einen ausformulierten Text vorlesen
• Zuhörer ansprechen und Blickkontakt zu ihnen suchen
• bei der Formulierung auf Verständlichkeit achten (überschaubare Sätze, Klärung wichtiger Begriffe, Vermeiden zu vieler Fremdwörter)
• Akzente setzen, keine umfassenden Detailinformationen geben, die den roten Faden des Referats verwischen
• Verstehen und Einprägen erleichtern durch gezielte Wiederholung und Zusammenfassung
• die abgesprochene Zeit nicht überschreiten (als Anhaltspunkt: Kurzreferate ca. 5–10 Min.; normales Referat ca. 15–20 Min.).

## Zusammenfassung: Mind-Map

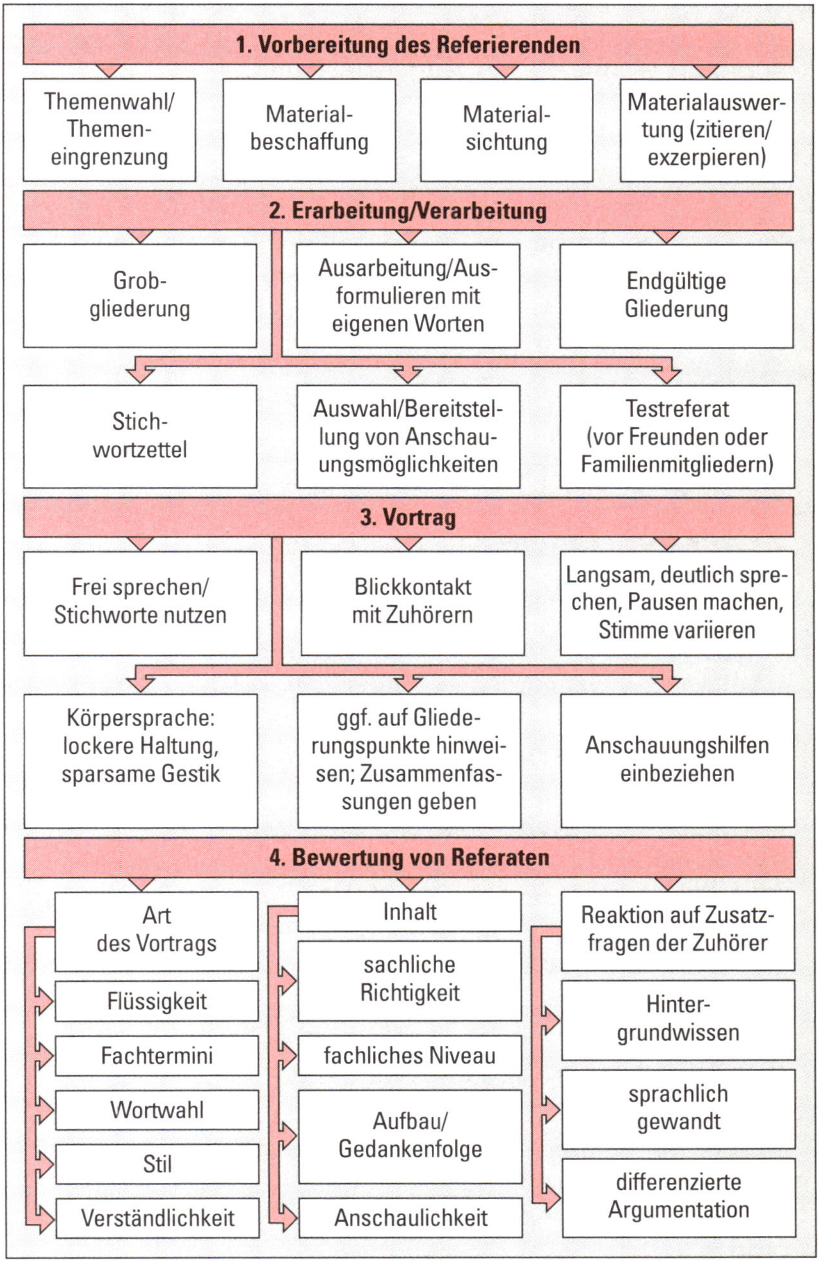

## 5 Schriftliche Analyse einer Rede

Wenn als Aufgabe die Analyse einer Rede gestellt ist, können die folgenden Gesichtspunkte von Nutzen sein. Besonders zu beachten ist die Art der Aufgabenstellung (vgl. ↗ schriftliche Prüfung S. 217–220):

- Ist eine vollständige Analyse gefordert? (Analysieren Sie die Rede nach den im Unterricht erarbeiteten Kriterien.)
- Ist nur ein Teilaspekt gefordert? (Analysieren Sie die Rede; stellen Sie dabei besonders die Absicht des Redners und die dazu eingesetzten stilistisch-rhetorischen Mittel heraus. Beachten Sie die Redesituation.)

### 5.1 Gesichtspunkte für eine Redeanalyse

Zu beachten ist, dass bei einer bestimmten Rede nie alle Gesichtspunkte zum Tragen kommen können.

**Zeit und Redesituation**

- Sprecher/Redner: Wer?
- Zuhörer: Für wen?
- Ort: Wo?
- Anlass: Bei welcher Gelegenheit? Zu welchem Zweck?

**Inhalt/Thema**

- Um welches Anliegen geht es?
- Wie lautet die Kernaussage, die zentrale Botschaft, der zentrale Appell?
- Wie wird die Kernaussage erläutert, mit welchen Argumenten begründet?

**Gliederung**

- Wie ist die Rede inhaltlich gegliedert? Gibt es eine Einteilung nach Hinführung, Hauptteil, Schlussteil?

**Grundtypus**

- Lässt sich die Rede einem bestimmten Typ (Feierrede, Gerichtsrede, argumentierende Rede, politische Rede ↗ S. 180) zuordnen?

**Absicht**

- Welches Ziel verfolgt der Redner?
- Will er Übereinstimmung mit den Zuhörern erreichen oder will er zum Nachdenken anregen?
- Will er die Zuhörer für einen bestimmten Standpunkt gewinnen?
- Will er das Publikum emotional beeinflussen?

**Gestaltung/stilistisch-rhetorische Wirkungsmittel**

Welche Mittel werden eingesetzt, um die Absicht zu erreichen (↗ rhetorische Figuren, s. unten)?

Die ***rhetorischen Figuren*** sollten nicht nur aufgelistet, sondern ihre Wirkung im jeweiligen Kontext bestimmt werden, zum Beispiel einprägen, vertiefen, Nachdruck ausüben, sich als modern erweisen, das eigene Prestige erhöhen, einen persönlichen Kontakt zum Hörer aufbauen, sich einschmeicheln, veranschaulichen, abwerten, aufwerten, beschwichtigen.

## 5.2 Die wichtigsten stilistisch-rhetorischen Mittel (Figuren)

Bereits in der Antike werden rhetorische Muster und Ausdruckselemente entwickelt, die die Wirkung der Rede verstärken sollen. Diese vom Redner zum Zwecke der Einwirkung auf seine Zuhörer verwendeten Abweichungen von der üblichen grammatischen Form nennt man Figuren. Man unterscheidet folgende Abweichungsmöglichkeiten, deren Anzahl durch Kombination erhöht werden kann:

- Erweiterung
- Verkürzung
- Umstellung
- Veränderung eines Einzelwortes.

Der Grad der Abweichung reicht vom Einzelwort bis zu ganzen Wortgruppen und Sinnzusammenhängen.

**Figuren aus dem Wortbereich:**
**Abweichungen vom normalen Wortgebrauch**

- Alliteration (Wiederholung des Anlautes bei mehreren Wörtern)

**Beispiel:** Titel, Thesen, Temperamente

• Hyperbel (Übertreibung/ Überspitzung)

**Beispiele**: In der Schule war die Hölle los./Das habe ich schon tausendmal gesagt.

• Fremdwort

**Beispiel:** *Feeling* statt Gefühl

• Modewort

**Beispiel:** jemand *outet sich*

• Metapher (bildhafte Übertragung)

**Beispiele**: die Glut der Liebe/Weichen für eine neue Schulpolitik

• Metonymie (Umbenennung)

**Beispiele**: ein Herz (Gefühl) für Kinder/Frankreich (die französische Fußballmanschaft) wird Weltmeister

• Umschreibung

**Beispiel:** *Zweitfrisur* für Toupet

• Euphemismus (Verharmlosung)

**Beispiel:** Nullrunde für Aussetzen einer Gehaltserhöhung

• Wortspiel

**Beispiel:** Reisen statt rasen!

• Ironie/Spott

**Beispiel:** eine tolle Leistung (das Gegenteil ist gemeint)

• Personifikation

**Beispiel:** Die Sonne lacht

• Emphase (Hervorhebung eines Wortes)

**Beispiel:** Ich betone ausdrücklich …

### Figuren aus dem Satzbereich: Abweichungen vom normalen Satzgebrauch

• Anapher (gleiche Satzanfänge)

**Beispiel:** Die Europäer müssen zusammenrücken; die Europäer müssen etwas tun.

• Ellipse (in einem Satz werden Wörter oder Satzglieder weggelassen)

**Beispiel:** Ende gut, alles gut. Statt: Das Ende ist gut und alles ist gut.

• Chiasmus (Kreuzstellung)

**Beispiel:** *Groß* ist die *Anstrengung*,
der *Erfolg* ist *klein*.

• Parallelismus (benachbarte Satzglieder sind gleich gebaut)
**Beispiel:** Einer wollte es. Einer konnte es. Keiner schaffte es.
• Wiederholung
**Beispiel:** Er arbeitet, er arbeitet und arbeitet.

### Figuren aus dem Gedankenbereich: Abweichungen vom üblichen Gedankengang

• Vorgriff (Bezug auf Kommendes)
• Rückgriff (Bezug auf Zurückliegendes)
• Exkurs (eingeschobene Erklärungen)
• Rhetorische Frage (Scheinfrage: Ist das nicht schon schlimm genug?)

### Sinnfiguren: unterschiedliche Gewichtung von Argumenten

• Aufrütteln
• Kürze versprechen
• Bescheidenheit
• Aufwertung, Abwertung, Beschwichtigung (↗ S. 181)
• Beispiel
• Vergleich

Wichtig ist es, sich die intendierten bzw. tatsächlich erreichten ***Wirkungen*** einzelner rhetorischer Figuren klarzumachen, z. B.:
• Anschaulichkeit/ Unterhaltung:
Metapher, Vergleich, Metonymie, Wortspiel
• Eindringlichkeit:
Anapher, Wiederholung, Alliteration
• Spannung:
Vorgriff
• Kommunikative Funktion (Hörer einbeziehen):
Anrede
Gruppensprache: wir

Sprachliche und rhetorische Wirkungsmittel spielen auch eine besondere Rolle im Bereich der Werbung (↗ S. 190 ff.) und in lyrischen Texten (↗ S. 85).

# Das Beispiel „Wirtschaftswerbung“

## 1 Verhaltenssteuerung in der Konsumgesellschaft

Da es in der Werbung um eine intentionale Beeinflussung geht, setzt sie, um ihr Ziel zu erreichen, sprachliche und rhetorische Mittel ein.

Unter *Werbung* im engeren Sinne ist die Überredung zum Kauf eines Produkts oder einer Dienstleistung zu verstehen. Unterschieden werden kann einerseits nach:

- Verkaufswerbung (aggressiv, plump, überdeutlich),
- Goodwillwerbung (eher vorsichtig, einschmeichelnd).

Andererseits kann man unterscheiden nach:

- Einführungswerbung (die Aufmerksamkeit wird auf ein neues Produkt gelenkt),
- Repräsentationswerbung (ein bereits eingeführtes Produkt soll in Erinnerung bleiben).

Es ist auch ein Unterschied, ob geworben wird

- für Konsumgüter (mit eher emotional wirkenden Werbemitteln),
- für Investitionsgüter und Dienstleistungen (eher rational wirkende Werbemittel).

Die Werbung lässt sich als kommunikativer Prozess kennzeichnen (vgl. das Modell von Hans Bühler ↗ S. 18): In der Werbung für Konsumgüter wird die Sprache kaum als „reines“ Informationsmittel, sondern auch zur Steuerung unseres Verhaltens eingesetzt (zum gewünschten wirtschaftlichen Verhalten in der Konsumgesellschaft zu überreden). Damit ist die Sprache in der Werbung als intentional und handlungsanweisend (zielgruppenbezogener Sprachstil) zu kennzeichnen:

- Die Sprache wendet sich nicht an den kritischen Verstand, sondern an die Gefühle und die unterschwelligen Erwartungen und Bedürfnisse im Triebbereich.
- Die in der Werbung eingesetzten sprachlichen Mittel sind abhängig von der Eigenart der Textsorte (Schlagzeile, Slogan, Werbebrief, Prospekt, Zeitschriftenanzeige).
- Oft steht in der Werbung das Bild (mit manchmal sexuell getönter Werbeaussage ) oder die Musik im Vordergrund; es gibt Werbung, die völlig ohne gesprochene Sprache auskommt.
- Die Werbung orientiert sich oft an aktuellen Prestigewerten bzw. appelliert an bestimmte Leitbilder wie z. B.: Kennerschaft („Kenner kaufen …“ ); Jugend („Jung sein ist Trumpf …“); Ökologie („ ….der Umwelt zuliebe!“). Damit werden „Gegenstände“, die verkauft werden sollen, verherrlicht bzw. „poetisiert“. Anzunehmen ist, dass dabei auch gesellschaftliche Klischees verbreitet und verstärkt werden.
- Slogans können so einprägsam sein, dass sie in den alltäglichen Sprachgebrauch übergehen.

## 2 Aufbau von Werbebotschaften

### 2.1 Die AIDA- Formel

A Attention: Weckung von Aufmerksamkeit
I Interest: Aufbau von Interessen für das Produkt
D Desire: Wunsch, dieses Produkt zu besitzen
A Action: Kauf

Da die übliche Werbung in der Regel nur mit einer flüchtigen Aufmerksamkeit rechnen kann, müssen die Texte kurz und einfach sein. Oft steht der Zwang zum immer wieder Neuartigen und Auffälligen im Vordergrund; hervorzuheben ist ihr artifizieller Charakter. Da es sich bei der Werbung um intentionalen Sprachgebrauch handelt (vgl. oben ↗ S. 190), müssen alle sprachlichen Wirkungs- und Stilmittel ausgenutzt werden (vgl. die Mittel der Rhetorik ↗ S. 187 ff.)
Durch ihre massenhafte Verbreitung hat die Werbesprache einen starken Einfluss auf die Umgangssprache, einen höheren als z. B. die Poesie.

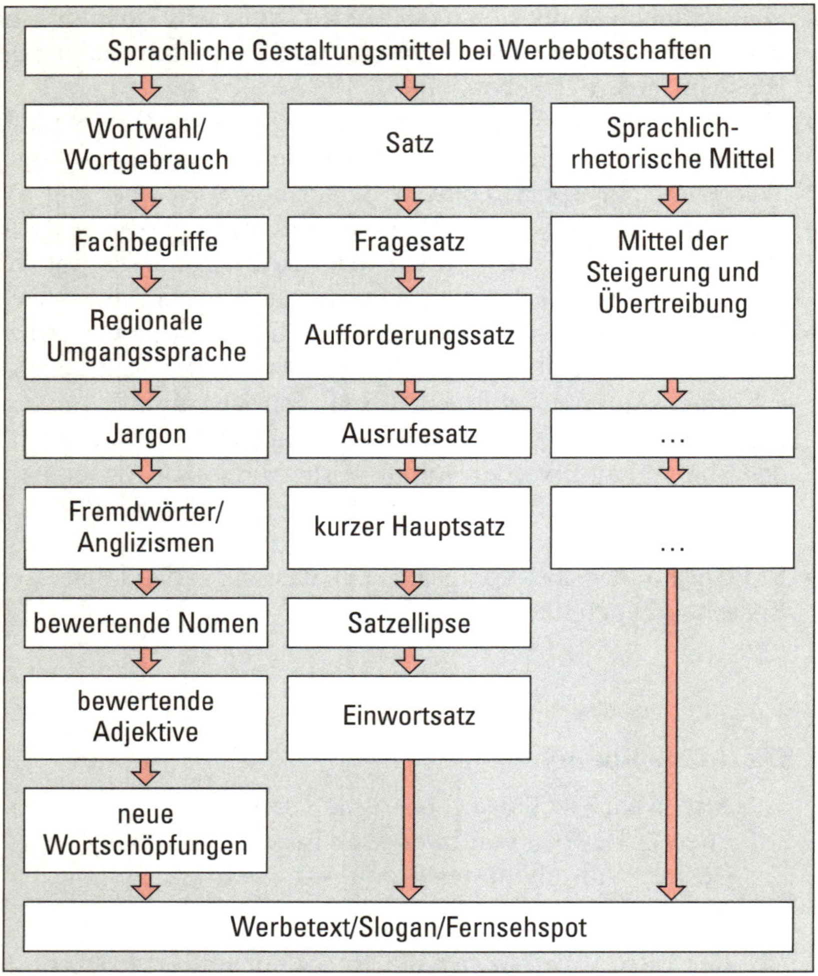


## 2.2 Sprachlich-rhetorische Wirkungsmittel

Exemplarisch im Folgenden einige *sprachlich-rhetorische Wirkungsmittel,* die das Produkt semantisch aufwerten, in ein positives Licht rücken und die Werbebotschaft rhetorisch verstärken und in den Interessenhorizont des potentiellen Käufers rücken:

- Mittel der Steigerung und Übertreibung: Anpreisung im Superlativ („von höchster Reinheit"); absoluter Komparativ („fahr lieber …"); Substantivsteigerung (Spitzenkraft, Superbenzin); steigernde Beiwörter; Hochwertwörter (extra, super, klasse); positiv konnotierte neuartige Substantiv- und Adjektivkomposita (serienmäßig mit verstellbarem Adrenalinspiegel)

- Fremdwortbildungen („das fashionable Jerseykleid")
- höflicher Imperativ („Gönnen Sie sich …!" )
- Satz ohne Prädikat/Satzellipse; Einwortsätze, Unterdrückung der Konjunktion („elegant, korrekt, bequem: …")
- Wiederholung, Parallelismus, Anaphorik zur Verstärkung der Werbebotschaft („Man kann sich an Maßstäben orientieren. Oder Maßstäbe setzen.")
- Alliteration (**F**ood & **F**un)
- Anklang an bekannte Redensarten, Sprichwörter, Lieder („Der Klügere trinkt Tee!")
- Mittel des Sprachspiels („Da werden Ihre Füße aber Augen machen!")
- emphatische Umstellung („Die Gesundheitskasse bin ich" statt „Ich bin …")
- Personifizierung („Autos lieben …")
- Rhythmisierung („Viel Vergnügen in der Sonne. Wann immer Sie nach Ägypten reisen.")
- Dreiergruppen (quantitativ abnehmende und zunehmende Glieder; z. B. abnehmend: „Vielseitig, sicher, schnell: …")
- Doppelpunkttechnik (Zeigevorgang verdeutlichen)
- Technik des „under-sell" (kokettes Eingestehen scheinbarer Schwächen: „Niemand ist perfekt …")

Da Werbetexte ähnlichen Zwecken dienen wie politische Reden, gibt es auch weitgehende Übereinstimmung in der Verwendung der Mittel (vgl. ↗ S. 187 ff.).

## 2.3 Platzierung von Werbebotschaften

Wichtig ist auch die Situation, in der Werbung platziert wird. So treten z. B. in Filmen und Fernsehserien, Autos, Konsumgüter und Firmennamen beiläufig in Erscheinung, in Unterhaltungsshows wird Werbung ganz bewusst platziert (Productplacement) und dient nur dem einen Zweck: den Fernsehzuschauer zum Kauf zu animieren.

**Typische Aufteilung von Werbeanzeigen (Einführungswerbung )**

| Aufbau | Funktion |
|---|---|
| 1. Schlagzeile („head-line") – den Inhalt der Anzeige kennzeichnende Überschrift, die die Aufmerksamkeit des Lesers wecken soll (z. B. eine Frage oder kurze Aufforderung) | anlocken, einschmeicheln |
| 2. Haupttext („body-copy") – Dieser Teil soll die in der Schlagzeile aufgeworfene Frage „erläutern" bzw. nähere Informationen zum Produkt geben | bekannt machen |
| 3. Formelhafte kurze Textzeile, die das Produkt/den Produktnamen einprägen soll in Form eines Urteils/Appells („signature-line"). Dabei sind der Klang oder bestimmte positiv konnotierte Eigenschaften oder ethische Werte besonders wichtig (Exklusivität, Gesundheit). Dieser Teil besteht oft auch nur aus dem Slogan (Leitspruch) oder enthält ihn. | appellieren, antreiben, zusammenfassen |

# Basiswissen Deutsch

## 1 Grammatik/Reflexion über Sprache

Vor dem Hintergrund einer standardsprachlichen Norm (↗ S. 25) ist Sprache

- ein System aus Wörtern und Regeln ihrer Verknüpfung zu Sätzen und Texten,
- eine Zusammenfassung der Regeln zum Sprachgebrauch.

Die ***Grammatik einer Sprache*** fasst also zusammen, welche Mittel die Sprache zur Verfügung stellt und nach welchen Regeln sie benutzt wird. Dabei muss man einerseits unterscheiden nach

- den ***Sprachregeln***, nach dem jeder (mit Bezug auf das Sprachzentrum im Gehirn) formuliert, und
- den ***grammatischen Regeln***, die von den Sprachwissenschaftlern systematisch reflektiert und zusammengestellt werden.

Bei dieser systematischen Ordnung geht es um Regularitäten in der Sprache und beim Sprechen. Das Ergebnis einer solchen Reflexion wird als Beschreibung in Grammatiken zusammengefasst. Eine *sprachwissenschaftliche Grammatik* verfolgt das Ziel, die gesamte Sprache sachangemessen zu erklären. Eine *Schulgrammatik* hat vor allem spracherzieherische Ziele; sie kann sich nicht auf eine wissenschaftliche Sprachtheorie allein stützen. In der Praxis schulischer Sprachbücher werden verschiedene Ansätze miteinander verbunden und aufeinander bezogen.

Eine Grammatik (für die Schule) – der entsprechende Bereich des Deutschunterrichts heißt ***Reflexion über Sprache*** – enthält Regularitäten zu den folgenden vier Aspekten

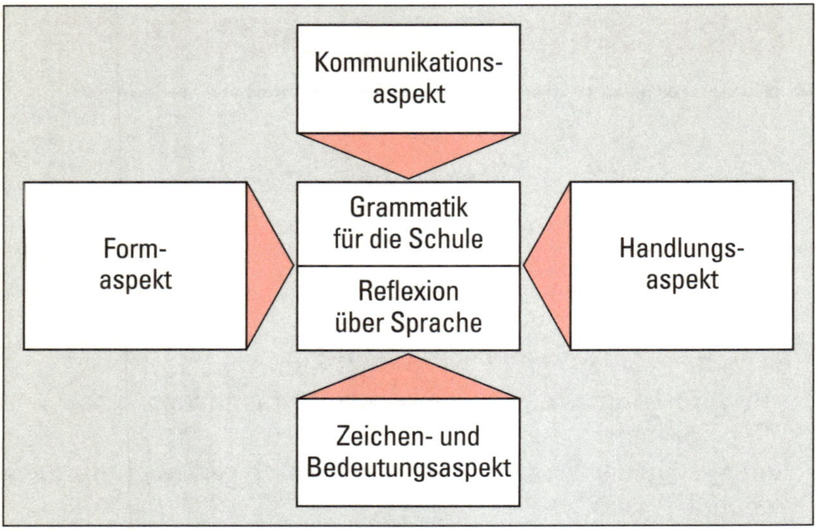


## 1.1 Kommunikationsaspekt von Sprache

Sprache ist u. a. ein Mittel der Kommunikaton (↗ S. 20–22). Durch Sprechen und Schreiben teilt man einander etwas mit, das einem mitteilenswert erscheint. Unter diesem Aspekt werden Grundgrößen und Rahmenbedingungen des Kommunikationsprozesses isoliert und aufeinander bezogen dargestellt.

**Beispiel:** Ein Lehrer fordert eine Schülerin auf, ihm ihre Hausarbeiten zu zeigen. Sie kommt dieser Aufforderung nach.

Es geht bei diesem Beispiel um
- kommunikative Rollen (Sprecher und Hörer)
- soziale Rollen (Lehrer und Schüler)
- die Grundsituation der Kommunikation: einseitig/wechselseitig
- die Mittel der Verständigung: sprachlich/parasprachlich (Lautstärke/Betonung), nichtsprachlich (Gestik/ Mimik)

## 1.2 Formaspekt von Sprache

Sprachliche Elemente wie Laut, Wort, Satz haben bestimmte Formen. Sie werden nach bestimmten Regeln aneinandergefügt, sie sind strukturiert. Dieser Formaspekt von Sprache weist einen besonders hohen Grad von Geregeltheit auf, weil es hier um generell geltende Regeln geht, die man begrifflich erfassen kann.

## Zur Wortlehre

### Überblick über die Wortarten:

### Flektierbare und nicht flektierbare Wortarten

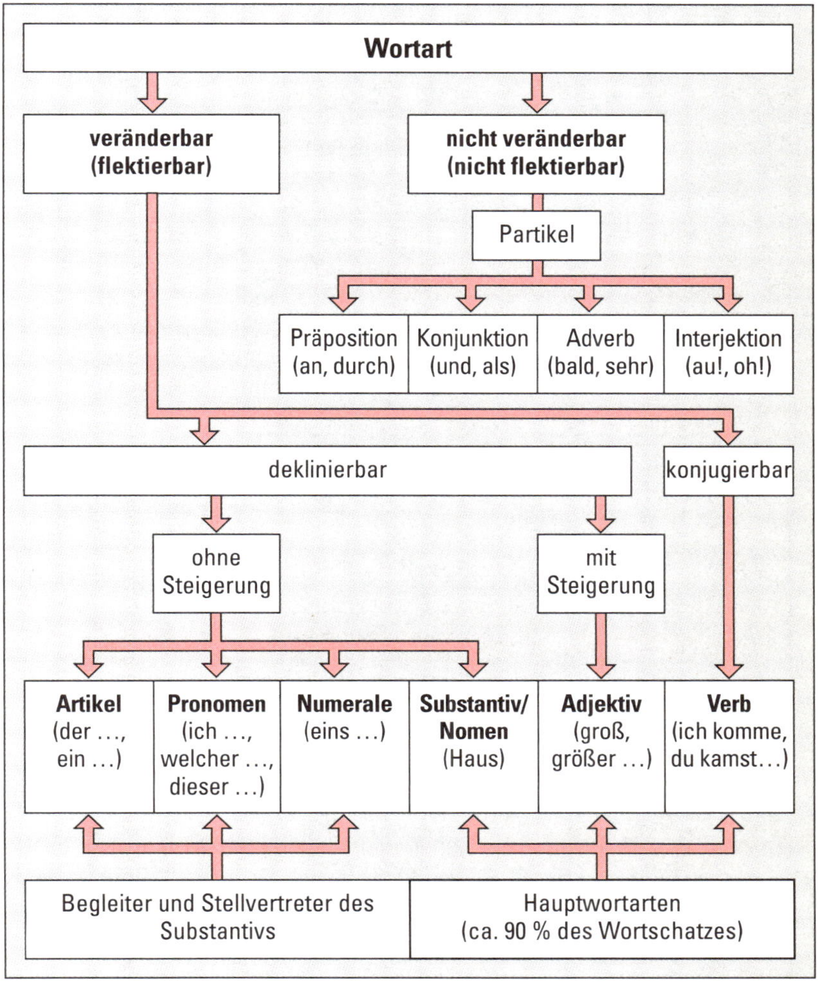

## Grammatische Funktionen von Verb und Substantiv

### a) Verb

Wie viele tun etwas?
*Numerus* (Anzahlform)
**er** ruf**t**
**sie** ruf**en**

Wer tut etwas?
*Person* (1., 2., 3. Person)
**ich** rufe
**du** …

Wann geschieht etwas?
*Tempus* (Zeitform)
ich **rufe**
ich **rief**
ich **habe gerufen**

Wortstamm **ruf-**

*Aktiv/Passiv* (Handlungsart)
Tanja **ruft**
Tanja **wird gerufen**
Wird das Geschehen vom Handelnden oder Betroffenen aus gesehen?

*Modus* (Aussageweise)
Indikativ: er **ruft**
Konjunktiv I: er **rufe**
Konjunktiv II: er **riefe**
Imperativ: **ruf**!
Wie wird das Geschehen eingeschätzt oder beurteilt?

### b) Nomen/Substantiv

**Numerus**
*Singular*
(der Mann, die Frau, das Kind)
*Plural*
(die Männer, die Frauen, die Kinder)

**Genus**
*Maskulinum*
(der Mann)
*Femininum*
(die Frau)
*Neutrum*
(das Kind)

**Kasus**
*Nominativ:* der Mann
*Genitiv:* des Mannes
*Dativ:* dem Mann
*Akkusativ:* den Mann

## Überblick über den Zusammenhang von Wort, Satzglied, Satzgliedrolle im Satz (Funktion)

| Satz | Wortart | Satzglied u. seine Rolle im Satz |
|---|---|---|
| Die | best. Artikel | Subjekt |
| begeisterte | Adjektiv | Attribut |
| Spielerin | Nomen/ Substantiv | |
| überrascht | Verb | Prädikat |
| heute | Adverb | Adverbiale Bestimmung der Zeit |
| ihren | Possesivpronomen | Dativobjekt |
| besten | Adjektiv | Attribut |
| Freund | Nomen/ Substantiv | |
| mit | Präposition | Präpositionales Objekt |
| einem | unbest. Artikel | |
| netten | Adjektiv | Attribut |
| Küsschen, | Nomen/ Substantiv | |
| Hauptsatz | | |

| Satz | Wortart | Satzglied u. seine Rolle im Satz |
|---|---|---|
| weil | Konjunktion | (verknüpft Nebensatz mit dem Hauptsatz) |
| dieser | Demonstrativpronomen | Subjekt |
| ihr | Personalpronomen | Dativobjekt |
| gestern | Adverb | Adverbiale Bestimmung der Zeit |
| einen | unbest. Artikel | Akkusativobjekt |
| großen | Adjektiv | Attribut |
| Blumenstrauß | Nomen/ Substantiv | |
| geschenkt hat. | Verb | Prädikat |
| Nebensatz | | |

**Überblick über die Adverbialsätze**

Die Adverbialsätze nehmen im Satz die Satzgliedrolle *Adverbiale/adverbiale Bestimmung* ein.
Ihre Bedeutung und Bezeichnung richtet sich nach den einleitenden Konjunktionen.

| Adverbialsatz | Konjunktion | Beispiel |
|---|---|---|
| ***Kausalsatz*** (Ursache, Begründung) | weil, da | Weil sie nicht kam, war er traurig. |
| ***Temporalsatz*** (Zeitpunkt, Zeitdauer) | als, nachdem sooft, während bis | Er freute sich, als sie kam. |
| ***Konditionalsatz*** (Bedingung, Voraussetzung) | wenn, falls, sofern | Wenn sie heute wieder nicht kommt, gibt es Streit. |
| ***Konsekutivsatz*** (Folge) | sodass (so dass), dass | Sie hatte sich so auf das Treffen gefreut, dass sie an nichts anderes mehr dachte. |
| ***Finalsatz*** (Absicht, Zweck) | damit, auf dass, dass | Sie tröstet ihn, damit er sich wieder beruhigt. |
| ***Konzessivsatz*** (Einräumung) | obwohl, obschon | Sie mögen sich noch immer, obwohl sie sich oft streiten. |
| ***Modalsatz*** (Art und Weise) | dadurch dass, indem | Dadurch, dass sie nichts sagte, war alles schnell vergessen. |
| ***Komparativsatz*** (Vergleich) | wie, als ob, als wenn | Es kam ihm so vor, als wenn sie traurig sei. |

**Überblick über die Satzgliedrollen (Funktionen) im Satz**

***Subjekt*** (Satzgegenstand)
Hilfsfrage: Wer?/Was?
**Beispiel:** *Seine neue Freundin* ist nicht gekommen.
*Er* wartet vergebens.

***Prädikat*** (Satzaussage)
Hilfsfragen: Was tut? Was ist? Was geschieht?
**Beispiel:** Lars *wartet* in der Pausenhalle.
Tina *ist* eben *zurückgekommen.*

***Prädikativ*** (auch: Prädikatsnomen )
Besteht aus der Ergänzung zu den Verben *sein, werden, bleiben*
**Beispiele**: Lara ist *meine Freundin.*
Er ist *schlau.*
Sie bleibt *hier.*
Meine Meinung ist, *dass ich meine Mathe-Note nicht ändern kann.*

***Objekte*** (Ergänzungen)
***Akkusativobjekt*** (Ergänzung im 4. Fall)
Hilfsfrage: Wen?/Was?
**Beispiel:** Karlo bemerkt *das Fehlen seines Mopeds.*
Karlo bemerkt, *dass sein Moped fehlt.*

***Dativobjekt*** (Ergänzung im 3. Fall)
Hilfsfrage: Wem?
**Beispiel:** Sie schenkt *ihrem Freund* ein spannendes Buch.
Er gibt *ihr* einen Kuss.

***Genitivobjekt*** (Ergänzung im 2. Fall, nur noch selten)
Hilfsfrage: Wessen?
**Beispiel:** Sie erinnern sich *der schönen Stunden.* Häufiger mit präpositionalem Objekt: Sie erinnern sich *an* die schönen Stunden.

***Präpositionales Objekt*** (Ergänzung mit Präposition)
Hilfsfragen: Auf was? Mit wem? Für wen?
**Beispiel:** Er beruft sich *auf die Abmachung.*
Er beruft sich *darauf, was sie abgemacht haben.*

**Adverbiale Bestimmung**
Die adverbiale Bestimmung wird auch *Adverbiale* (Umstandsbestimmung der Zeit, des Ortes, der Art und Weise, des Grundes, des Zweckes, ...) genannt.
Hilfsfragen: Wann? Wo? Wie ? Warum? Zu welchem Zweck? ...

**Beispiele**: *Gestern* war Michael mit Julia verabredet.
*Wegen des schlechten Wetters* wurde der Wandertag durch einen Studientag ersetzt.
*Trotz kurzer Vorbereitungszeit* war ihr Vortrag vorzüglich.
*Obwohl sie nur kurze Zeit zur Vorbereitung hatte,* war ihr Vortrag vorzüglich.

***Attribut*** (Beifügung)
Das Attribut ist kein Satzglied, sondern ein Satzgliedteil; es drückt eine nähere Bestimmung eines Nomens/Substantivs oder Pronomens aus (vgl. Abb. S. 203).

**Beispiele**:
Die *kleine* Tanja kann gut tanzen.
Tanja, *die klein ist,* kann gut tanzen.
Tanja, *meine Freundin*, kann gut tanzen.
Tanja, *sie ist meine Freundin,* kann gut tanzen.
Das Tanzen *seiner Freundin* gefällt vielen gut.

## 1.3 Zeichen- und Bedeutungsaspekt von Sprache

Sprachliche Elemente haben ***Zeichencharakter*** (↗ S. 9). Zeichen haben Bedeutungen; mit Zeichen bezieht sich ein Sprecher/Schreiber geistig auf Wirklichkeit (↗ S. 10).
Hier geht es um die ***Symbolfunktion*** von Sprache, das heißt darum, wie der Mensch sich geistig mit seiner Wirklichkeit auseinandersetzt. Außerdem geht es um die Bedeutung von Wörtern und um die Bedeutungsbeziehungen zwischen Wörtern, die eine zusätzliche Bedeutung aus ihren sprachlichen und situativen Kontexten erhalten.
Diese situativen Kontexte können auch historischer Art sein. Wörter können ihre Bedeutungen im Verlaufe der Geschichte verändern im Sinne von

## Satzgliedrollen und Attribut (Zusammenfassung)

Die Satzglieder spielen im Satz jeweils eine bestimmte Rolle:
Subjekt, Prädikat, Prädikativ, Objekt, adverbiale Bestimmung.
Jedes Satzglied, außer das verbale Satzglied *Prädikat*, kann durch ein Attribut näher bestimmt werden.

| **Subjekt** | **Prädikat** | **Prädikativ** | **Objekt** | **adverbiale Bestimmung** |
|---|---|---|---|---|
| Nominativ: wer? was? | (Verb-Satzglied) was tut? was geschieht? was ist? | (Ergänzung zu den Verben: sein, bleiben, werden, heißen) | Genitiv: wessen? Dativ: wem? Akkusativ: wen? was? | Zeit: wann? Ort: wo? Art und Weise: wie? Grund: warum? Zweck: wozu? Mittel: womit? |
| **Attribut** | | **Attribut** | **Attribut** | **Attribut** |

*Beispiele:*

| | | | | |
|---|---|---|---|---|
| Pia | ist | ein hübsches Mädchen. | | |
| Der **aufmerksame** Autofahrer | bemerkt | | das **spielende** Kind | in der engen Einfahrt. |
| Sie | schenkt | | ihm ein Buch. | |

- Bedeutungsverengung
- Bedeutungserweiterung
- Bedeutungsverschiebung
- Bedeutungsverbesserung
- Bedeutungsverschlechterung

**Beispiel** zur Bedeutungsverengung: Im Mittelhochdeutschen bedeutete das Wort *hochgezît* ein hohes kirchliches oder weltliches Fest; heute hat das Wort *Hochzeit* die verengte Bedeutung: Feier zum Anlass der Eheschließung.

### 1.4 Handlungsaspekt von Sprache

Sprechen und Schreiben sind Formen sprachlichen Handelns. Damit unterliegt Sprechen den gleichen Grundbedingungen wie Handeln allgemein.
Entsprechend lassen sich deshalb folgende Einzelaspekte verdeutlichen:

- Sprachliches Handeln hat Voraussetzungen und Folgen.
- Sprachliches Handeln ist durch Absichten geleitet.

Es lassen sich unterschiedliche Arten des sprachlichen Handelns unterscheiden, so genannte Sprechakte, z. B. auffordern, behaupten, aussagen, feststellen, entschuldigen, fragen, bitten, argumentieren.
Für das sprachliche Handeln werden durch soziale und persönliche Beziehungen Bedingungen gesetzt. So kann, ausgehend von dem oben genannten Beispiel (↗ S. 196), die Schülerin dem Lehrer kaum seinen Wunsch, ihm die Hausaufgaben zu zeigen, verweigern, es sei denn, sie muss zugeben, dass sie diese nicht gemacht hat.

## 2 Rechtschreibung

### 2.1 Wichtige Grundprinzipien

Unter Grundprinzipien sind allgemeine Grundlagen des Schreibens zu verstehen, die sich mit der Zeit herausgebildet haben. Jedes der folgenden Prinzipien, das als Beispiel zu betrachten ist, gilt nicht absolut, sondern ist im Zusammenhang der anderen zu sehen.

**Lautprinzip: Schreiben, wie man spricht.**

**Beispiele**:
- Dem lang gesprochenen Vokal **o** entsprechen drei unterschiedliche Schreibungen: T**o**n, S**oh**n, B**oo**t
- Bei der Trennung werden die Silben von Wörtern berücksichtigt: spie – len, Pä – da –go – gik

**Stammprinzip: Gleiches möglichst gleich schreiben.**

**Beispiele**: Pla**tz** – pla**tz**ieren; G**ä**mse – G**a**ms; A**ss**e – A**ss**; ti**pp**en – Ti**pp**; H**a**nd – beh**ä**nde

**Grammatisches Prinzip: Grammatische Regularitäten beachten.**

**Beispiele**:
- Schreibung bestimmter Wortarten (Groß- und Kleinschreibung); diese gliedern den Text beim Schreiben und Lesen
- Großschreibung der höflichen Anredeform: Sie, Ihnen

**Prinzip der Homonymie: Gleich klingende Wörter mit unterschiedlicher Bedeutung unterschiedlich schreiben.**

**Beispiele**: Lied – Lid; mahlen – malen; Saite – Seite; Lärche – Lerche

**Tipps für die Praxis der Rechtschreibung**

**1. Genau hinsehen, sorgfältig schreiben.**
Für die Schreibung vieler Wörter lässt sich keine Regel benennen, man muss sich die Schreibweise daher einprägen.
**Beispiele**: Verwandte, vielleicht, Rhythmus

**2. Deutlich sprechen, genau hinhören.**
Bei vielen Wörtern lässt sich die richtige Schreibung heraushören (vgl. Lautprinzip).
**Beispiele**: **D**orf – **T**orf, **K**uss – **G**uss, s**ä**gen – S**e**gen

**3. Verlängern oder verwandte Wörter (vgl. Stammprinzip) suchen.**
**Beispiele**: Qu**ä**ntchen – Qu**a**ntum, du gr**ä**bst – gr**a**ben, er san**k** – sie san**k**en, sie san**g** – sie san**g**en

**4. Rechtschreibregeln (oder „Eselsbrücken“) anwenden.**
**Beispiele**:
• Substantivierte/nominalisierte Infinitive werden großgeschrieben (das **L**aufen, rasches **L**esen)
• *gar nicht* wird gar nicht zusammengeschrieben

**5. Grammatikwissen anwenden (vgl. grammatisches Prinzip).**
**Beispiel:** Nomen/Substantive schreibt man groß; jedes Wort kann im Satz zum Nomen werden (die Sonne, das Schreiben, etwas Schönes, das Hier und Heute).

**6. Die Bedeutung beachten.**
**Beispiele**: Seite – Saite, Antrag-steller nicht Antrags-teller

**7. Der wichtigste Tipp: Das Wörterbuch benutzen.**

## 2.3 Wichtige Problembereiche der Rechtschreibung

### s-Laute

Die Schreibung des scharfen s-Lautes richtet sich wie die Schreibung anderer Konsonanten nach dem vorangehenden Vokal:

- Schreibung nach kurz ausgesprochenem Vokal: analog von Ka**nn**e, So**mm**er, Schna**ll**e, Ka**mm** auch die s-Laut-Schreibung Ta**ss**e, Nu**ss**
- Schreibung nach langem Vokal oder Doppellaut (nie Konsonantenverdopplung): analog von er ka**m**, Sah**n**e, Saa**l** auch die s-Laut-Schreibung Spie**ß**, er sa**ß**

### Grundregeln

Das *weich ausgesprochene* (stimmhafte) s wird immer mit **s** geschrieben (lesen, Häuser, Reise). Die Schreibung des Wortstammes wird nach dem Stammprinzip beibehalten, auch wenn das s in Ableitungen scharf (stimmlos) ausgesprochen wird (er liest – lesen, das Häuschen – Häuser, sie reist – reisen).

Das *scharf ausgesprochene* (stimmlose) s wird mit **ss** oder **ß** geschrieben, und zwar

- nach kurzem Vokal mit ss (Se**ss**el, na**ss**, Flu**ss**),
- nach langem Vokal mit ß (flie**ß**en, er sa**ß**, rei**ß**en).

Das *scharf ausgesprochene* s wird in seltenen Fällen mit s geschrieben (z.B. Partikeln: bis, es, morgens, als; Fremdwörter: Bus, Iltis; Wörter mit der Endung -nis: Verhängnis).

Die Schreibung der Konjunktion *dass* folgt der Grundregel (oben: ss); die Pronomen *das* und der Artikel *das* werden mit s geschrieben.
Faustregel: Wenn man *ein, dieses, jenes, welches* einsetzen kann (Ersatzprobe) wird *das* geschrieben.
**Beispiele**:
Sie hofft, *dass* morgen schönes Wetter wird. (dass = Konjunktion)
Er liest *das* spannende Buch. (ein spannendes Buch = Artikel)
Sie weiß *das* nicht. (dieses/jenes = Demonstrativpronomen)
Das Buch, *das* sie gelesen hat, ist spannend. (welches = Relativpronomen)

### Groß- und Kleinschreibung

Nomen/Substantive werden immer großgeschrieben, andere Wortarten nur in Ausnahmefällen.

**Großschreibung**

- Nomen/Substantive: der Fuß, das Center, eine Million
- Nomen als Bestandteile in festen Gefügen: mit Bezug auf, im Grunde, in Acht nehmen, Recht haben
- Bezeichnung von Tageszeiten nach Adverbien wie *heute, morgen, …*: heute Morgen, gestern Abend
- Farb- und Sprachbezeichnungen nach Präpositionen: bei Grün, in Englisch
- Eigennamen: Katharina die Große, der Heilige Abend
- Ableitungen von geografischen Eigennamen auf -er: Stuttgarter Nachrichten, Frankfurter Würstchen
- Auch andere Wortarten außer dem Nomen/Substantiv können zu Nomen werden:

Verb: das Laufen, beim Gehen, langes Schreiben, sein Lesen
Adjektiv: das Beste, wenig Neues, der Nächste, alles Übrige, im Wesentlichen, im Allgemeinen, Arm und Reich
Pronomen als (höfliche) Anredeform: Sie, Ihnen
Andere Wortarten: das Wenn und Aber, das Hier und Heute

**Kleinschreibung**

- Alle Wortarten außer dem Nomen/Substantiv
- Zahladjektive: sehr viel, ganz wenige, der andere, ein anderer
- Pronomen: mancher, ein jeder, alle, beide, die beiden, beides
- feste Verbindungen: schwarz auf weiß, von fern, durch dick und dünn, von neuem
- Superlative von Adjektiven: am besten, am schnellsten
- Desubstantivierungen: Nomen wie *Pleite, Angst, Schuld, Leid* in Verbindung mit den Verben *bleiben, sein, werden: schuld sein*
- unbestimmte Zahlwörter: ein bisschen, ein paar
- bestimmte Adverbien, Konjunktionen, Präpositionen, die ihre Aufgabe als Nomen verloren haben: morgens, anfangs, dank seiner Hilfe, kraft Gesetzes, seitens meiner Verwandtschaft, mittels Gewalt

**Groß- oder Kleinschreibung möglich**

- auf die Frage wie: aufs Schönste – aufs schönste
- als Nomen oder Pronomen: die Deinen – die deinen
- Zusammensetzung oder Wortgruppe: auf Seiten – auf seiten

**Getrennt- und Zusammenschreibung**

**Getrenntschreibung**

- Wortgruppe aus Nomen/Substantiv und Verb: Rad fahren, Ski laufen, Kopf stehen; entsprechend abgeleitet: Wortgruppe aus Substantiv und Partizip: Rad fahrend, Krebs erregend, Stahl erzeugend
- Wortgruppe aus Adjektiv und Verb, wenn das Adjektiv steigerbar oder erweiterbar ist:genau nehmen (ganz genau nehmen, genauer nehmen), gut gehen
- Wortgruppe aus zwei Verben: kennen lernen
- Wortgruppe aus Adverb und Verb: vorwärts kommen, überhand nehmen, zugute halten
- das Verb sein in Verbindung mit anderen Wörtern: fertig sein, fort sein, da sein,
- folgende Wortgruppen: ohne dass statt dass, gar nicht, gar nichts, gar kein, zu viel, wie viel, zu wenig
- Adjektive auf -ig, -lich, -isch in Verbindung mit einem Verb: heilig sprechen, friedlich lachend

**Zusammenschreibung**

- untrennbare Verben: wetteifern, vollenden (Sie wetteiferten miteinander)
- Zusammensetzungen mit verblassten Nomen: preisgeben, standhalten, heimkommen
- Zusammensetzungen, in denen der erste Bestandteil für eine Wortgruppe steht: freudestrahlend (vor Freude strahlend), herzerfrischend, stromabwärts
- Zusammensetzungen, in denen (wenigstens) ein Bestandteil nicht selbstständig vorkommt: **red**selig, viel**deutig,** ein**malig**
- Zusammensetzungen mit einem bedeutungsverstärkenden Bestandteil: **tod**ernst, super**schlau**

**Getrennt- oder Zusammenschreibung möglich**

- auf Grund – aufgrund
- sodass – so dass
- zu Gunsten – zugunsten

## 3 Regeln zur Kommasetzung: Auf einen Blick

**Komma bei *Aufzählungen***

Auf der Jahrgangsstufen-Fete trifft Jonas seine früheren Klassenkameraden *Tim, Jan* und *Christof.*

**Komma zwischen Hauptsätzen (Satzreihe)**

Sie ging schon früh weg, daraufhin ging er auch.
Ulrike liebt Katzen, Ulrich mag Hunde lieber.

**Komma vor *entgegensetzenden Konjunktionen***

Kai tanzt gerne lateinamerikanisch, *aber* auf keinen Fall Walzer. Peter hat den Satz lange geübt, *doch* im entscheidenden Moment fiel er ihm nicht ein.

**Komma zwischen Hauptsatz und *Nebensatz* (einfaches Satzgefüge)**

*Obwohl nicht alle kommen konnten*, ist die Stimmung spitze.
Das Sortiment an Getränken, *das Tina und Tim zusammengestellt hatten,* kam bei allen gut an.

**Komma zwischen Hauptsätzen und *Nebensätzen* (komplexes Satzgefüge)**
*Weil plötzlich alle verschwunden waren,* räumte Catrin nach der Fete allein auf, *obwohl Tina und Lars, die als Erste die Fete verlassen hatten,* sich gestern, *als die Aufgaben verteilt wurden, zum Aufräumen bereit erklärt hatten.*

**Komma bei *Infinitiv-* und *Partizipgruppen* in Verbindung mit einem hinweisenden Wort**
Sie hatten nicht **daran** gedacht, *nach der Fete aufzuräumen. Nach der Fete aufzuräumen,* **daran** hatten sie einfach nicht mehr gedacht. **Daran,** *nach der Fete aufzuräumen,* hatten sie nicht mehr gedacht.

**Komma bei *Zusätzen* und *Nachträgen***
Nur eine war nach der Fete noch dageblieben, *nämlich Catrin.*

**Komma bei *Anreden* und *Ausrufen***
Gehst du morgen mit ins Kino, *Johanna?*
*Hallo, hörst du mich nicht?*
*Malena, komm doch auch mit!*

## 3.1 Besondere Probleme

**Das Komma zwischen Hauptsätzen, die durch *und* und *oder* aufgezählt oder verbunden sind (vgl. Aufzählung)**
Es muss kein Komma gesetzt werden.
**Beispiel:**
Er will heute ins Kino *und* sie möchte lieber ins Theater.
Peter will Fußball sehen *oder* ein Buch lesen.

Es kann ein Komma gesetzt werden, wenn der Satz dadurch übersichtlicher gegliedert wird oder Missverständnisse vermieden werden.
**Beispiel:**
Sie wartet vor dem Kino noch auf Jan (,) *und* Sven holt schon mal die Karten.
Hier kann man ein Komma setzen, weil man zunächst lesen könnte: sie wartet noch auf Jan und Sven.

Es muss ein Komma gesetzt werden, wenn ein eingeschobener Nebensatz oder ein anderer Einschub durch Komma eingeschlossen wird.

**Beispiele**:

Er bestätigt die allgemeine Meinung, dies sei langweilig, *und* sieht aus dem Fenster.

Sie spielt Tennis mit Boris, ihrem Freund, *und* noch zwei Mädchen aus ihrer Kursgruppe Sport.

**Das Komma bei Infinitiv- und Partizipialkonstruktionen**

Es muss ein Komma gesetzt werden, wenn diese zwischen Subjekt und Prädikat treten.

**Beispiele:**

Er, *ohne zu zögern,* sagt sofort zu.

Sie, *vor Langeweile gähnend,* sah sich den Film zu Ende an.

Es muss ein Komma gesetzt werden, wenn die Konstruktionen angekündigt werden oder nachträglich darauf Bezug genommen wird (vgl. auch oben).

**Beispiele:**

Darauf, *sie ins Kino einzuladen,* kam er nicht. Er kam nicht darauf, *sie ins Kino einzuladen. Sie ins Kino einzuladen,* darauf kam er nicht.

Das Komma kann gesetzt werden, um den Satz besser zu gliedern und ihn damit verständlicher zu machen oder um Missverständnisse zu vermeiden.

**Beispiele**:

Sie riet, *ihm schnell zu helfen*. Sie riet ihm, *schnell zu helfen.*

Er versprach ihr (,) sie im nächsten Jahr auf jeden Fall wieder einmal in ihrem Heimatort zu besuchen.

# Die Abiturprüfung

## 1 Die mündliche Prüfung

Die mündliche Abiturprüfung ist ein Beispiel praktischer Rhetorik (↗ S. 172). Die Situation ist bestimmt durch ihren Prüfungscharakter, sie ist eine formalisierte Situation. Dies heißt, dass die formelle und kompetenzbedingte Dominanz des Prüfers während der Prüfung nicht zur Diskussion steht.

### 1.1 Leistungserwartungen und Anforderungen

Mit der mündlichen Prüfung soll der Prüfling vor allem beweisen, dass er

- mit der Arbeitsweise des Faches vertraut ist,
- einen Text unter bestimmten Fragestellungen verstehen und beurteilen kann,
- Thema und Aufgabenstellung(en) (z.B. Arbeiten Sie heraus .../ Klären sie .../Erläutern Sie .../Bestimmen Sie ...) erfassen,
- den Inhalt des Prüfungsstoffes deutlich gliedern und anschaulich darstellen kann,
- schlüssig argumentieren kann,
- Texte und Sachzusammenhänge sinnvoll und sachkompetent zu beurteilen vermag,
- fachspezifische Begriffe und Methoden zum Verstehen und zur Darstellung nutzen kann.

Für die Prüfung (Vorbereitungszeit 30 Min.) erhält der Prüfling einen kürzeren Text oder Textausschnitt (etwa 1-1 1/2 DIN-A4-Seiten) mit einer (möglicherweise) gegliederten Aufgabenstellung (zu einem begrenzten Arbeitsschwerpunkt). Es werden folgende Aufgabenarten unterschieden:

- Bearbeitung eines Sachtextes (↗ S. 88 ff.)
- Bearbeitung eines literarischen Textes (↗ S. 71 ff.)
- Argumentation im Zusammenhang mit einer Text- bzw. Medienvorlage, z.B. auch Bild oder Foto (↗ S. 99 ff.).

## 1.2 Bestandteile der Prüfung

Die mündliche Prüfung im engeren Sinne besteht aus zwei Teilen mit insgesamt (maximal) 30 Min.:

- Zusammenhängende Darstellung der Aufgabenlösungen („Referat", s. o.: ca. 10 Min.)
- Prüfungsgespräch („Kolloquium", 10–20 Min.)

### Vorbereitung des Referats (3o Min. Arbeitszeit)

Wichtig für die Vorbereitungsphase ist die Beachtung des Zeitfaktors. Man sollte darauf achten, dass man sich nicht in ein Teilproblem „verbeißt", sondern die zur Verfügung stehende Zeit auf die Teilaufgaben verteilt. Es ist besonders wichtig, sich genau auf Einzelheiten des Arbeitstextes einzulassen.

**Checkliste:** Vorbereitung

- Aufgabenstellung klarmachen
- Text ernst nehmen
- auf Übersichtlichkeit der Notizen achten (z. B. nicht die Rückseite des Konzeptpapiers beschreiben, Konzeptpapier nummerieren, groß schreiben, übersichtlich anordnen, Randspalte mit persönlichem Kommentar wie „Blickkontakt", „Sprechtempo")
- Definitionen ggfs. wörtlich notieren
- Gliederung übersichtlich aufschreiben (nicht „übergliedern")
- Redezeit für jede einzelne Arbeitsaufgabe festlegen (fakultative Punkte kennzeichnen, die man bei Zeitnot auch weglassen kann)
- positive Selbstkonditionierung und Autosuggestion: „Ich kann das! Ich kann das! Ich kann das!"

### Referat

Die Lösung zu den Aufgabenstellungen werden in einem zusammenhängenden freien Vortrag (mit Hilfe eines Stichwortzettels) mit Bezug auf den Text/das Medium vorgetragen.

Ein gewisses Maß an Aufregung und Spannung ist beim Vortrag normal; sie zeigt auch, dass man die Prüfung wichtig nimmt. Auch während des Referats sollte die Zeit beachtet werden: Alle Aufgabenpunkte sollten angesprochen werden. Je nachdem, ob genügend Zeit vorhanden ist oder die Zeit drängt, kann man entweder langsamer sprechen, Zwischenzusammenfassungen geben bzw. zügiger sprechen und (zusätzlich) Einzelaspekte zusammenfassen.
Für den Schülervortrag gelten folgende Anforderungen: Thema und Aufgabenstellung erfassen; präzises Eingehen auf die Aufgabenstellungen; selbstständig und sachgerecht gliedern im Sinne der Aufgabe (z. B. gliedern nach den Aufgabenschwerpunkten); fachspezifische Methoden und Fachvokabular nutzen.

**Checkliste:** Referat
- weitgehend frei sprechen (dabei Notizen nutzen, nicht „vorlesen“)
- ruhig und deutlich sprechen; stimmlich variieren
- Blickkontakt halten
- zu Beginn Thema/Gliederung/Vorgehensweise nennen
- Zeit beachten
- entspannt sitzen

## Prüfungsgespräch (Kolloquium)

Das Prüfungsgespräch ist zwar wie ein normales Gespräch (↗ S. 173) durch Frage und Antwort bestimmt, lässt aber keine symmetrische Kommunikation zu, weil das Fragerecht beim Prüfer liegt. Hier ergibt sich vieles (insbesondere die Beziehung zwischen Prüfer und Prüfling) aus der Situation und dem vorgeprägten Verhalten der beiden Gesprächspartner. Das Prüfungsgespräch soll größere fachliche Zusammenhänge überprüfen.
Der Prüfling sollte auf Fragen ausführlich und in komplexer Weise (z. B. „Insgesamt lassen sich von diesem Text aus Bezüge zu unterschiedlichen Epochen herstellen: 1. Zum Sturm und Drang, weil …“) eingehen. Ist eine Frage des Prüfers nicht verstanden, so ist eine Rückfrage notwendig (nach Möglichkeit nur einmal!). Ist eine Frage uneindeutig/offen formuliert, sollte der Prüfling mehrere Möglichkeiten anbieten und dabei „laut den-

ken“ (dies ist besser, als längere Zeit überhaupt nichts zu sagen). Ein gutes Prüfungsgespräch zeichnet sich dadurch aus, dass Prüfer und Prüfling sich gegenseitig „Bälle zuwerfen“ (z. B. nennt der Prüfling im Rahmen seiner Darstellung Begriffe/Zusammenhänge, um deren Klärung daraufhin der Prüfer bittet. Verhaltensregel für den Prüfling: Keinen Ball zuwerfen, den man nicht wieder aufzufangen vermag.
Insbesondere in diesem Teil sind neben fachlichem Wissen auch argumentative Fähigkeiten und die Anwendung von Fertigkeiten der Gesprächsrhetorik (↗ S. 174 f.) einzubringen, z. B. Fachfragen erfassen, auf Fragen des Prüfers eingehen, zielbewusst argumentieren, Thesen begründen, Argumente mit Beispielen belegen, eine klare Begrifflichkeit (Fachvokabular) benutzen, die Situation richtig einschätzen (z. B. Reaktionen des Prüfers, auch seine Körpersprache).

**Checkliste:** Prüfungsgespräch
- Blickkontakt
- entspannte Haltung
- auf Fragen ausführlich und strukturiert eingehen
- auf offene Fragen mehrere Aspekte anbieten
- bei unverstandenen Aufgabenstellungen zurückfragen
- Zeit zum Überlegen nehmen
- Gesprächstaktik beachten

## 1.3 Prüfer

Diese können sich recht unterschiedlich verhalten, z. B.:
- Der Prüfer lenkt das Gespräch sehr stark, indem er in systematischer Abfolge knappe Fragen stellt.
- Der Prüfer lässt das Gespräch offen, gibt einen Rahmen vor und überlässt Richtung und Ausführung dem Prüfling; er greift nur ein, wenn sich der Prüfling in Details verliert.
- Der Prüfer will möglichst viel Prüfungsstoff einbeziehen, seine Fragen wirken eher sprunghaft, weil er schnell von einem Sachgebiet zum andern wechselt.
- Der Prüfer unterbricht sofort, wenn eine Antwort nicht korrekt ist.

- Der Prüfer lässt den Prüfling weitersprechen, um ihn nicht zu verunsichern, auch wenn seine Antworten nicht richtig sind.
- Der Prüfer bevorzugt übergreifende Aspekte.

## 1.4 Bewertung von Prüfungsleistungen

Die Bewertung der Leistungen orientiert sich vor allem an zwei Anforderungsniveaus.

**Anforderungsniveau 1**

- einfache Wiedergabe von Sachverhalten im Rahmen eines begrenzten gelernten Zusammenhangs
- selbstständiges Auswählen, Anordnen, Darstellen bekannter Sachverhalte
- selbstständiges Übertragen des Gelernten auf neue Aspekte

**Anforderungsniveau 2**

- zu selbstständigen Lösungen, Gestaltungen, Deutungen, Folgerungen, Begründungen, Wertungen kommen.

Im Fach Deutsch werden für die Beurteilung die *Verstehensleistung* und die *Darstellungsleistung* herangezogen. Es geht dabei um die Beherrschung und den Nachweis von Referatstechniken (Prüfungsteil 1) und den Nachweis von Gesprächsfähigkeit (Prüfungsteil 2). Bewertet wird z. B. nach folgenden Kriterien (s. auch oben ↗ S. 214–215):

**Fachliche Kompetenz**

- Erfassung des Themas/Eingehen auf Aufgabenstellungen
- Kenntnis fachlicher Zusammenhänge
- Korrekter Gebrauch der Fachterminologie
- Kenntnis und Anwendung fachbezogener Methoden
- Kritische Beurteilung von Problemen

**Gesprächsfähigkeit**

- weitgehend freie Darstellung (mit Bezug auf Stichworte)
- Ausdruck (flüssiger Vortrag, angemessener Stil, Wortschatz)
- sachlich sinnvolle, logische Strukturierung
- differenzierte Argumentation
- Eingehen auf Fragen, Einwände des Prüfers

### 1.5 Langfristige Vorbereitung auf die mündliche Prüfung

Grundlage für die Prüfung ist der vorausgegangene Unterricht in den Jahrgangsstufen 12 und 13 (Qualifikationsphase). Dieser sollte im Hinblick auf die Prüfung sorgfältig wiederholt werden, z. B. durch

- Festigung des Wissens mit Hilfe des Lehrbuches,
- Nachlesen der eigenen Mitschriften und der Protokolle der Lerngruppe,
- Einordnung des Wissens in Zusammenhänge (z. B. Literaturepochen),
- Gliederung des Wissens nach Schwerpunkten (z. B. poetische Texte ↗ S. 80, Gebrauchstexte ↗ S. 88, Sprachvarietäten ↗ S. 23),
- individuelles Üben und Nachlesen fachspezifischer Methoden z. B.:
  - einen Text analysieren (↗ S. 71, 88),
  - argumentieren im Anschluss an einen Text (↗ S. 99),
- Gespräche und Gesprächskreise unter Mitschülern,
- Simulieren der Prüfungssituation; mentales Durchspielen des „schlimmstmöglichen Falls“ (z. B.: Wie verhalte ich mich, wenn ich den Faden verloren habe? Wie verhalte ich mich, wenn mir Fachbegriffe nicht einfallen und ich drum herum reden muss? Wie verhalte ich mich bei einem Blackout?).

## 2 Die schriftliche Prüfung

### 2.1 Aufgabenarten

- Analyse (Interpretation/ Erschließung) eines literarischen Textes
  Variation: vergleichende Analyse von literarischen Texten
- Analyse eines Gebrauchstextes
  Variation: vergleichende Analyse von Gebrauchstexten
- Argumentation im Anschluss an eine fachspezifische Textvorlage

Die Aufgabenstellungen können (in manchen Bundesländern) auch eine weiterführende Schreibaufgabe oder eine produktionsorientierte Aufgabenstellung enthalten.

**Beispiel:**
Fritz Deppert: Sterntaler (Grundkurs)
Analysieren und deuten Sie den Text und beziehen Sie diese auf das Sterntaler-Märchen der Brüder Grimm und der Großmutter in Büchners Dramenfragment Woyzeck. Entwerfen Sie danach nach eigenen Motiven selbst einen Sterntaler-Text. (Der letzte Aufgabenteil ist nicht in allen Bundesländern möglich.)

**Weitere Beispiele für Aufgabenstellungen**
Thomas Mann: Deutsche Hörer (Rundfunkrede vom 10. 5.1945) – (Grundkurs)
Analysieren Sie die Rede, konzentrieren Sie sich dabei vor allem auf die folgenden Gesichtspunkte:
• in knapper Form die Redesituation kennzeichnen
• Intention des Redners, inhaltliche Akzentsetzungen, rhetorische Besonderheiten und ihre Funktion verdeutlichen
• abschließend Stellung nehmen zu der Frage, welche Gesichtspunkte in Thomas Manns Rede für die aktuelle Gegenwart noch von Bedeutung sein könnten.

Textvergleich (Goethe, Faust I/Büchner, Woyzeck) – (Leistungskurs)
Interpretieren und vergleichen Sie die Gebete von Gretchen und Marie in den beiden Ausschnitten aus Goethes *Faust* und Büchners *Woyzeck*. Beachten Sie auch die beiden jeweils vorhergehenden Szenen und den Zusammenhang im gesamten Drama. Beziehen Sie in Ihrer Interpretation historische und soziologische Aspekte mit ein und machen Sie Ihren jeweiligen methodischen Zugriff deutlich.

## 2.2 Zweckmäßige Vorbereitung

Zur Vorbereitung auf die schriftliche Abiturprüfung sollte man sich auf entsprechende Aufgabenstellungen (s. o.) einstellen und diese noch einmal üben:
- Analyse/Interpretation/Erschließung literarischer Texte (↗ S. 71)
- Analyse von Sachtexten (↗ S. 88)
- Argumentieren im Anschluss an Texte (↗ S. 99)

Wichtig ist es auch, besondere Arbeitsweisen, Techniken und Textarten zu wiederholen, z. B.

- sinnvoll und richtig zitieren (↗ S. 61–62)
- den Text beschreiben (↗ S. 53, 74)
- den Text inhaltlich zusammenfassen (↗ S. 50, 74)
- wesentliche Kennzeichen epischer, lyrischer und dramatischer Dichtung (↗ S. 80 ff.)
- wichtige sprachlich-rhetorische Wirkungsmittel erkennen und ihre Funktion im Text nachweisen (↗ S. 74, 183, 192)

## 2.3 Rationelles Arbeiten während der Prüfung

**Das Thema/die Aufgabenstellung erfassen**

Da in der Regel mehrere Themen zur Wahl gestellt werden, ist es wichtig, sich klarzumachen, welche sachlichen Details zur Erfüllung der Aufgabe notwendig sind.

**Beispiel:** Hans-Joachim Grünwaldt: Sind Klassiker etwa nicht antiquiert? Arbeiten Sie die Argumentation des Textes heraus und beurteilen Sie diese; nehmen Sie zu der Kernthese des Verfassers Stellung und stellen Sie argumentierend ihre eigene Meinung zu den Thesen des Verfassers dar; nutzen Sie dabei als Beispiele literarische Texte aus der Klassik, die Ihnen aus dem Unterricht bekannt sind.

Bei dieser Aufgabenstellung wäre es wichtig für Sie, dass Sie sich klarmachen, ob sie genügend Detailkenntnisse zu klassischer Literatur haben, um mit diesen argumentieren zu können.

**Wahl des endgültigen Themas**

**Bearbeitung des Themas**

Konzept mit Aufbau entwerfen; Hauptgedanken herausstellen und markieren (↗ S. 91 f.), stichwortartige Notizen machen

**Niederschrift**

Zu achten ist insbesondere auf

- strengen Bezug auf Schwerpunkte der Aufgabenstellung
- logisch aufgebaute Gedankenfolge
- Textnähe

- Verwendung eindeutiger Begriffe, Vermeidung von Redundanzen und Leerformeln
- strukturierte Darstellung in Absätzen zur Erhöhung der Lesbarkeit

**Kritische Überprüfung der Niederschrift**
Zu achten ist dabei insbesondere auf
- Bezug zum Thema
- Zusammenhang und Verständlichkeit
- Einhaltung sprachlicher Normen (↗ S. 195 ff.)

## 2.4 Leistungsanforderungen/Bewertungen

Die Bewertung der Leistungen geht aus von den Anforderungen, die in der Aufgabenstellung enthalten sind. Grundsätzlich werden bei allen Aufgabenstellungen die Verstehensleistung und die Darstellungsleistung beurteilt. Besondere Gewichtung haben:
- sachliche Richtigkeit
- Folgerichtigkeit und logischer Gedankengang
- Vielfalt der Gesichtspunkte
- Differenziertheit des Verstehens und Darstellens
- Grad der Selbstständigkeit und Originalität der Darstellung
- Klarheit im Aufbau und in der Sprache
- Sicherheit im Umgang mit fachspezifischen Begriffen und fachlichen Methoden
- Berücksichtigung standardsprachlicher Normen (dazu gehören Sicherheit im Ausdruck, in der Rechtschreibung und in der Zeichensetzung)

## Stichwortverzeichnis